Datenstrategien für Data Governance

DIE SCHAFFUNG EINER **P**RAGMATISCHEN, **A**GILEN UND **K**OMMUNIZIERBAREN GRUNDLAGE FÜR IHR DATENMANAGEMENT- PRAXIS

Marilu Lopez

Technics Publications
SEDONA, ARIZONA

Herausgegeben von:

TECHNICS PUBLICATIONS
TECHNOLOGY / LEADERSHIP

115 Linda Vista, Sedona, AZ 86336 USA

https://www.TechnicsPub.com

Redaktion: Laura Sebastian-Coleman

Coverentwurf: Christian Inchaustegui

Erste Auflage 2023

ISBN, Druckausgabe 9798898161422

ISBN, Kindle-Ausgabe 9798898161439

ISBN, PDF-Ausgabe 9798898161446

Bibliothekskontrollnummer- Library of Congress Control Number: 2023940653

Für meine Mutter, die von der anderen Seite der Wolken über mich wacht. Sie hat mir zwei Engel auf meinen Weg geschickt, die ein Traumteam bildeten: Danette McGilvray, meine Sherpa auf dieser Reise, und Laura Sebastian-Coleman, meine beste Englischlehrerin.

Für Miguel, Omar und Adrian, die mir mit ihrer liebevollen Unterstützung beigestanden haben. Gemeinsam werden wir immer die Kraft von MMOA haben.

Für meine erweiterte Familie und meine Freunde, die mir während dieser Reise mit aufmunternden Worten beigestanden haben.

Ein Traum wird nicht durch Zauberei zur Realität; sondern erfordert Schweiß, Entschlossenheit und harte Arbeit.

Colin Powell

Lob für Datenstrategien zur Data Governance

Wir alle wissen, dass Daten in Zukunft eine immer wichtigere Rolle spielen werden. Wie Sie und Ihr Unternehmen Daten nutzen, wird über Erfolg oder Fehler entscheiden. Ich arbeite seit vielen Jahren in diesem Bereich, und jetzt ist es Zeit für den nächsten Schritt in der Datenstrategie-Entwicklung. Marilu hat diesen Schritt gemacht. Als großer Fan der Business-Canvas-Methode bewundere ich, wie sorgfältig sie diese auf die Datenstrategie-Entwicklung angewendet hat. Dieses Buch ist sehr inhaltsreich und voller praktischer Tipps, Methoden und Anleitungen. Das Schwierigste bei der Datenstrategie-Entwicklung ist wahrscheinlich, verschiedene Stakeholder in die notwendigen Gespräche einzubinden - Gespräche, die nötig sind, um die Daten Ihres Unternehmens sinnvoll zu nutzen und Ihre Unternehmensstrategie zu unterstützen. Die Methode, die sie beschreibt, gibt Ihnen alle Anleitungen, die Sie dafür brauchen.

Peter Aiken
Präsident, DAMA International

Dies ist ein umfassendes Buch über Datenstrategien. Marilu Lopez hat einen Weg gefunden, die Datenstrategie mit der Geschäftsführung zu verbinden - etwas, was bisher gefehlt hat: nämlich wie man Datenstrategien tatsächlich umsetzt. Sie erklärt nicht nur, wie man eine Datenstrategie entwickelt, als wäre es ein Kuchenrezept. Stattdessen bringt sie die Lesenden dazu, darüber nachzudenken, welche Art von Datenstrategien wirklich benötigt werden und wie diese zu den Herausforderungen, Zielen und Bestrebungen Ihres Unternehmens passen. Der Inhalt ist sehr glaubwürdig, da Marilu Lopez durchgehend auf aktuelle Forschung, Fachliteratur und die Erfahrungen von Experten zurückgreift. Ihr PAC-Framework baut auf diesem Wissen auf und führt Sie von dort aus weiter. Falls Sie an einer Datenstrategie arbeiten, sollten Sie unbedingt erst einmal schauen, was Marilu Lopez zu sagen hat.

Håkan Edvinsson
CTO, Principal Consultant, Informed Decisions

Marilu Lopez' Buch stellt eine wesentliche Ergänzung zum Kanon der Data Governance dar. Viele Bücher präsentieren das ‚Was' und das ‚Warum'- dieses Buch lehrt Sie das ‚Wie' beim Aufbau eines erfolgreichen Programms. Der erste Abschnitt adressiert Führungskräfte und leistet exzellente Arbeit bei der Aufklärung nicht-technischer Personen über die Bedeutung eines Data Governance-Programms. Der wahre Wert liegt jedoch in der Bereitstellung einer detaillierten Roadmap mit praktischen Werkzeugen für Praktiker, um Programmergebnisse zu liefern - und den Wert zu erfassen, zu demonstrieren und zu kommunizieren.

Wärmstens empfohlen!

Charles Harbour
Data Governance Program Manager bei HP

Die heutigen Hochschulabsolventen denken, dass Technologie nur darum geht, eine Technologie oder einen Tech-Stack zu wählen, um Arbeit zu erledigen. Sie sehen nicht, dass sie Teil einer größeren Infrastruktur sind. Was benötigt wird, ist ein Buch über die übergeordneten Konzepte, die die IT-Branche prägen. Ich empfehle das Buch von Marilu Lopez als Ausgangspunkt, um das größere Framework zu verstehen, unter dem IT operiert.

Bill Inmon
CEO von Forest Rim Technology

Sie hatten mich schon bei „Pragmatisch, agil und kommunizierbar" erwischt. Eine Wahrnehmung bezüglich des Datenmanagements ist, dass wir langsam sind und übermäßig komplizierte und verschachtelte Begriffe und Ideen verwenden. Diese Arbeit zeigt jedoch, dass es möglich ist, eine für alle Beteiligten verständliche und nutzbare Datenstrategie zu definieren: für Führungskräfte, Management, Wissensarbeiter, Entwickler und Datenexperten. Marilu zeigt Ihnen alles, was Sie benötigen, um Ihrem Unternehmen einen Datenwert zu verleihen, zugeschnitten auf Ihre Branche und Unternehmenskultur. Ich freue mich darauf, die PAC-Methode in meinen zukünftigen Projekten anzuwenden.

Karen Lopez
Sr. Project Manager, InfoAdvisors

Mit diesem sehr umfassenden Leitfaden zur Entwicklung einer unternehmensweiten Datenstrategie, die pragmatisch, agil und kommunizierbar ist, hat Marilu ein wertvolles und detailliertes Meisterwerk geschaffen. Aus ihrer eigenen umfangreichen Erfahrung erkennt sie, dass die meisten Organisationen nicht in der Lage waren, das nötige Engagement und die Zusammenarbeit aufzubringen, um unternehmensweite Vereinbarungen darüber zu erzielen, wie die Schlüsselkomponenten - also Datenmanagement, Technologie, Architektur und Governance - artikuliert und ausgerichtet werden sollen.

Die Herausforderung, der sie sich gestellt und gemeistert hat, ist die Frage, WIE Geschäftsinteressen angesichts der aktuellen und zukünftigen Datenlandschaft und Technologiemöglichkeiten genutzt werden können. Ihr 10-stufiger Datenstrategiezyklus wird vollständig erläutert, und alle Aktivitäten sowie Unteraktivitäten mit den entsprechenden Zielen und Vorgaben werden ausführlich beschrieben. Keine aufmerksamen Lesenden werden zu dem Schluss kommen können, dass irgendeine Ebene der Anleitung - wer, warum, was, wann und wie - vernachlässigt wurde. Diagramme und Schaubilder fassen die vorgeschlagene Methode durchgehend effektiv zusammen. Da ich aus Erfahrung weiß, dass jede Organisation, vom riesigen Konzern bis zum neuen Start-up, von einer Datenmanagement-Bewertung profitiert, war es erfreulich zu sehen, dass dies als grundlegende Anforderung in Teil 1, Schritt 2, sehr früh im Strategiezyklus steht.

In meinen Datenmanagement-Kursen der letzten zehn Jahre ist die Erstellung einer Datenmanagement-Strategie eine der Hauptteamübungen, da dies die verschiedenen Disziplinen des Datenmanagements zusammenführt und unternehmensweites Denken fördert, was für einen Chief

Data Officer von entscheidender Bedeutung ist. Darüber hinaus entmystifiziert Marilu die entscheidende Aufgabe, die Geschäftsstrategie zu zerlegen und sie an die Bereiche Daten, Architektur und Governance auszurichten. Der letzte Schritt dieser Phase ist die Entwicklung von Key Performance Indicators (KPIs), die es Führungskräften ermöglichen, den Fortschritt in Richtung der strategischen Unternehmensziele zu messen. Die von ihr beschriebenen Phasen der Datenstrategie-Entwicklung bilden zusammen ein systematisches und konsistentes Fundament für alle Schlüsselelemente, die für die effektive Verwaltung von Datenbeständen erforderlich sind.

Die Datenstrategie-Canvases sind ein nützlicher Mechanismus, um Komplexität Schritt für Schritt zu entpacken und dabei bei jedem Schritt Zustimmung zu erlangen. Darüber hinaus eignen sie sich als Proof-of-Concept-Test für Eigentümer- und Verwalterrollen, die anschließend über eine integrierte, mehrstufige Roadmap geplant und umgesetzt werden

Die Teilnehmer der Entwicklung der Datenstrategie werden ihr Verständnis für Daten in der gesamten Organisation erweitern und vertiefen. Zudem werden sie ihre Verantwortlichkeiten von Grund auf kennenlernen. Unterwegs klärt Marilu mehrere Fachbegriffe unserer Branche wie „datengetrieben", „Data Literacy" und „digitale Transformation". Sie verwendet einen rationalen, funktionalen Ansatz, um die Frage zu beantworten, die wir oft auf Konferenzen hören: „Was ist der Unterschied zwischen Datenmanagement und Data Governance?" In diesem Buch erhalten die Lesenden eine evidenzbasierte Antwort, da Marilu akribisch die Rollen und Verantwortlichkeiten beschreibt, die mit den einzelnen Phasen und Strategieentwicklungsaufgaben verknüpft sind.

Wenn Ihr Unternehmen erkannt hat, dass es eine Datenstrategie entwickeln muss, empfehle ich dieses Buch wärmstens! (Keine Ausreden, Leute, ihr könnt das schaffen!)

Melanie Mecca
CEO & Principal EDM Expertin
DataWise, Inc.

Eine Datenstrategie ist ein wichtiger Eckpfeiler für den Aufbau von ausgereiften und sich weiterentwickelnden Datenmanagement-Praktiken. Die Reife des Prozesses zu ihrer Definition entwickelt sich im Laufe der Zeit weiter. Marilu hat diesen Prozess in einem umsetzbaren Modell erfasst, das die Datenstrategie in einen sich stetig weiterentwickelnden Zyklus zur strategischen Unternehmensplanung (Geschäftsplanung) integriert.

Mike Meriton
Enterprise Data Management Council
Mitbegründer und COO EDM Council

Dieses fesselnde Buch bietet eine hervorragende Sammlung von Anleitungen, Vorlagen und Methoden. Diese sind äußerst hilfreich, um Datenmanagement-Fähigkeiten für eine Vielzahl von Unternehmen unterschiedlicher Größe und Reifegrad zu entwickeln und zu fördern. Es enthält ausgezeichnete Beispiele und Erläuterungen für Datenmanagement-Fachkräfte auf ihrem Weg mit einem steten Blick darauf, wie sie sich an Geschäftsstrategien ausrichten können, und die dabei helfen, die Frage „Warum sollte es sie interessieren?" zu beantworten. Es werden relevante Szenarien beschrieben und Ideen aufgezeigt, wie viele Situationen auf dem Weg zum Erfolg bewältigt werden können. Am überzeugendsten sind die Canvas-Beispiele, die als benutzerfreundliche Visualisierungen dienen. Sie verbinden einen vollständigen Prozess und Ablauf, während jedes Dokument lesbar und verständlich bleibt. Das Akronym PAC für „Pragmatisch, Agil und Kommunizierbar" erfasst die Essenz dieses Buches. Der Ansatz ist praktisch, nutzbar und relevant. Er ist agil, da eine eingebaute Flexibilität vorhanden ist und Sie selbst bestimmen können, wie Sie ihn nutzen und Ihre Geschäfts- und Datenmanagement-Fähigkeiten gemeinsam weiterentwickeln. Schließlich wird die Kommunizierbarkeit durch die verschiedenen Canvas-Arten optimal umgesetzt. Die Interviews im gesamten Buch verknüpfen Geschäftsstrategien und sorgen für ein zusätzliches Verständnis der Notwendigkeit von etwas so Praktischem in vielen Unternehmen. Ich empfehle dieses Buch wärmstens als Leitfaden für alle, die ihr Unternehmen durch Datenmanagement-Reife voranbringen möchten.

Dawn Michels
DAMA International Board
Presidents' Council Chair

Was mir an Marilu Lopez' Buch über Datenstrategien am besten gefallen hat, war das „P" (Pragmatisch) ihrer PAC-Methode. Anstatt viel Theorie bietet dieses Buch praktische Ideen, wie man eine Datenstrategie für ein Unternehmen entweder neu aufsetzt oder verbessert. Marilus gesprächiger Ton macht es leicht, die verschiedenen Strategien zu verstehen, die eine Organisation im Bereich Datenmanagement umsetzen sollte. Die Interviews mit Experten liefern praktische Ratschläge aus jahrelanger Erfahrung in der Arbeit mit verschiedenen Organisationen und zeigen, dass Datenmanagement mehr ist als das Sammeln und Organisieren von Daten. Zunächst braucht man einen umfassenden Plan, nämlich die PAC-Methode.

Wie Melanie Mecca in ihrem Interview sagt: „Im Grunde sind Daten für immer da; man muss sie für immer effektiv verwalten ..." Die PAC-Methode mit ihren verständlichen Grafiken und Tabellen nimmt die Herausforderung an, eine dauerhafte Datenstruktur zu implementieren, die zu neuen Technologien und Tools beiträgt und sogar dem Ansturm der künstlichen Intelligenz standhält.

Catherine Nolan
Board Member, DAMA International

Dieses Buch ist eine direkte Methode voller praktischer Schritte zur Entwicklung geeigneter Datenstrategien für jede Organisation. Dieses Buch beantwortet die Frage, „Wie" sich Geschäftsziele mithilfe wichtiger Ergebnisse mit Datenstrategien abstimmen lassen. Ein Muss für alle Datenfachkräfte, die eine Führungsrolle im Datenbereich anstreben.

CDMP Diego Palacios
Gründer und Präsident der DAMA-Sektion Perú

Endlich scheinen wir uns darüber einig zu sein, dass unsere Daten, Informationen und unser Wissen wertvoll sind. Der Begriff ‚Information Asset' gewinnt an Bedeutung. Ein globales Weinunternehmen hat in zwei separaten Übungen einfache Schritte unternommen, um den Wert seiner Informations-Assets zu realisieren. In der ersten Übung trieb die Organisation durch die Entwicklung und Implementierung einiger einfacher Instrumente - einschließlich eines Dateiplans und Namenskonventionen - eine Produktivitätssteigerung von 10800 Dollar pro Person und Jahr voran, was einer Leistungsverbesserung von etwa 10% entspricht. Der Kellereimanager sagte: ‚Es gibt kein anderes Projekt in unserem gesamten Investitionsportfolio, das ein besseres Ergebnis schneller und mit größerer Mitarbeiterzufriedenheit hätte liefern können.' In der zweiten Übung bewertete und verkaufte die Organisation Ernte- und Ertragsdaten und erzielte eine Kapitalrendite von 1200 % über drei Jahre mit einer Amortisationszeit von 13 Wochen. Wie wir, die Data Leaders, in unserem Manifest sagen: ‚Die besten Möglichkeiten für organisches Wachstum Ihres Unternehmens liegen in den Daten.'

Auch uns wird regelmäßig und schmerzhaft bewusst, dass unsere Daten, Informationen und unser Wissen verwundbar sind. Ein unangenehmes Beispiel ist, dass eine kürzliche Datenpanne dem zweitgrößten Telekommunikationsanbieter Australiens 10 % seiner Mobilfunkkunden gekostet hat. 56 % der aktuellen Kunden erwägen einen Wechsel des Telekommunikationsanbieters. Eine noch neuere Datenpanne bei Australiens größtem privaten Krankenversicherer hat fast zwei Milliarden Dollar von dessen Marktkapitalisierung weggewischt.

Egal, ob wir Risiken managen oder Geschäftsergebnisse vorantreiben - es lohnt sich, unsere Daten gut zu verwalten. Wie machen wir das also? Wir beginnen mit der Entwicklung und Umsetzung einer Datenstrategie. Das ist mehr als leere Worte und vage Absichten. Es geht um mehr als glänzende, neue Software-Tools. Marilu hat eine leicht verständliche, schrittweise und durch Hilfsmittel unterstützte Methode entwickelt, die zeigt, wie Datenstrategien definiert werden. Dies ist eine wertvolle Ressource, die uns dabei anleitet, unsere wichtigsten Assets - unsere Daten, Informationen und unser Wissen - zu bewerten und zu schützen. Ich empfehle die PAC-Methode allen, die es ernst meinen.

James Price
CEO und Gründer, Experience Matters

Seit Jahrzehnten wird Datenfachkräften geraten, „näher an das Geschäft heranzurücken" und „die Geschäfts- und Datenstrategie zu verbinden". Aber wie? Endlich gibt es ein Buch, das diese Frage beantwortet! Gut gemacht, Marilu Lopez!

Tom Redman
"The Data Doc." Data Quality Solutions

In ihrem Buch hebt ***Marilu Lopez*** *die „Datenstrategie" auf eine neue Ebene. Mit mehr als 20 Jahren Erfahrung in den Bereichen Data Governance und Datenmanagement ist sie in der Lage, eine* ***Datenstrategie*** *von idealistisch zu pragmatisch, von ungenau zu präzise und von theoretisch zu praktisch weiterzuentwickeln. Die* ***PAC-Methode*** *führt Sie Schritt für Schritt zur erfolgreichen*

Implementierung einer Datenstrategie (oder mehrerer Strategien, wie Sie beim Lesen des Buches erfahren werden). Das Buch ist ein Muss für Datenfachkräfte, die einen „Wettbewerbsvorteil" beim Management von „Datenbeständen" in ihren Unternehmen durch eine robuste Datenstrategie anstreben.

Alejandro Rejon
Data Governance Professional | DAMA CDMP | ISO 8000 Master Data Quality Manager Certified | M.Sc. Finance

Ein wunderbarer Leitfaden zur effektiven Gestaltung fundierter Datenstrategien! Marilu schließt mit diesem Buch geschickt eine wichtige Lücke, indem sie ihr gesamtes Wissen, ihre Erfahrung und ihre Intelligenz einsetzt, um eine der komplexesten Aufgaben im Datenmanagement zu vereinfachen: die Erstellung einer fundierten und erreichbaren Datenstrategie. Ich habe bereits viele der beschriebenen Richtlinien der Methode in die Praktiken umgesetzt und bin sicher, dass sie Institutionen, insbesondere in Lateinamerika, die es als unmöglichen Traum empfinden, langfristige Strategien zu definieren und zu erreichen, enorm helfen wird.

David Rivera
Academic Development VP, DAMA-Sektion Ecuador

Marilu hat zwei große Ideen miteinander verbunden. Erstens zeigt sie, dass eine Datenstrategie wie ein Schirm ist, unter dem andere zielgerichtete Strategien angesiedelt sind. Zweitens demonstriert sie, wie man Canvases nutzt, um einseitige Zusammenfassungen zu erstellen, die jeder Mitarbeiter bei der Umsetzung bei sich tragen kann. Es ist ein einfacher, aber informationsreicher und sehr praktischer Ansatz. Bravo!!!!

Gwen Thomas
Gründer, The Data Governance Institute and Principal, DGI Consulting

Inhaltsverzeichnis

Abbildungen

Tabellen

Über die Autorin

Marilu López (geborene María Guadalupe López Flores, mexikanisch-amerikanische Staatsbürgerin, geboren in Los Angeles, Kalifornien, aber ab dem vierten Lebensjahr in Mexiko aufgewachsen) hat mehr als 30 Jahre ihres Lebens im Finanzsektor verbracht, bevor sie als Beraterin und Trainerin für Datenmanagement tätig wurde. Sie war Pionierin der Enterprise-Architecture-Praktiken in Mexiko. Dies führte dazu, dass sie sich auf Datenarchitektur konzentrierte und von dort aus ihre Tätigkeitsbereiche auf Datenmanagement ausweitete. Dabei spezialisierte sie sich auf Data Governance, Metadatenmanagement und Datenqualitätsmanagement. Über Jahrzehnte hinweg litt sie unter dem Fehlen einer ganzheitlichen und umfassenden Datenstrategie. Ihre Leidenschaft für das Datenmanagement hat sie dazu bewegt, ihre ehrenamtliche Arbeit DAMA International zu widmen - in verschiedenen Rollen, von der Präsidentin des DAMA Mexico Chapter bis hin zur VP für Chapter Services.

In ihrer Rolle als Unternehmerin ist Marilu Gründerin und CEO von SEGDA (Servicios de Estrategia y Gestión de Datos Aplicada, -zu Deutsch: „Datenstrategie und Angewandte Datenmanagement Services"). Das mexikanische Unternehmen hat sich zum Ziel gesetzt, zur Ausbildung von Datenfachkräften beizutragen und Organisationen dabei zu unterstützen, ihre Daten zu verwalten. Mithilfe der Definition von Datenstrategien und der Implementierung von Betriebsmodellen sollen sie in die Lage versetzt werden, Wert aus ihren Daten zu schöpfen.

Danksagungen

Ohne das zeitliche und räumliche Zusammentreffen dreier Schlüsselpersonen hätte dieses Buch ohne Zweifel nicht Wirklichkeit werden können. Ihnen werde ich stets zu Dank verpflichtet sein: Danette, Laura und Steve.

Ich werde jenes Mittagessen bei der DGIQ 2021 in San Diego niemals vergessen. Inmitten der Freude über ein persönliches Treffen nach der Zeit der Corona-Pandemie, dem Wiedersehen mit geschätzten und bewunderten Freunden und dem gemeinsamen Tisch mit Danette McGilvray. Es war ein außergewöhnlicher Moment: In einem informellen und ungeplanten Gespräch erzählte ich ihr von meinem Traum, eines Tages ein Buch zu schreiben. Nur wenige Minuten später saß sie an meiner Seite und gab mir Anleitung, wie man ein Buch schreibt. Ich könnte nicht dankbarer sein für alles, was sie mir über das Schreiben und die Veröffentlichung eines Buches beigebracht hat. Nicht nur erhielt ich von ihr all diese wertvollen Anleitungen, sondern auch kontinuierliche Ermutigung, insbesondere, wenn ich dachte, meine Arbeit sei nutzlos. Ihr unschätzbares Mentoring inspiriert mich, meinen Vorschlag mit der breiten Datengemeinschaft zu teilen - in der Hoffnung, dass diese Saat unvorstellbare Orte erreichen und zu einer Welt mit besseren Daten beitragen kann.

Obwohl ich in den USA geboren wurde, ist meine Muttersprache Spanisch. Eine meiner größten Herausforderungen bestand darin, dieses Buch auf Englisch zu verfassen, um es mit Vordenkern des Datenmanagements teilen und ihr Feedback erhalten zu können. Ich hatte Laura Sebastian-Coleman 2019 kennengelernt, als sie eingeladen wurde, auf der Jahreskonferenz des DAMA Mexico Chapter zu sprechen. Dabei lernte ich ihre Freundlichkeit und Zugänglichkeit kennen. Das bewegte mich dazu, ihr meinen Buchvorschlag zu senden und sie zu fragen, ob sie der Meinung war, dass er für Leser interessant sein könnte. Als ich ihre Überarbeitung meines Vorschlags erhielt, war ich von der Detailgenauigkeit, den Einsichten und dem Wert ihres Feedbacks beeindruckt. Sie war so freundlich, mein Buch zu redigieren. Während ich an der Koordination und Redaktion der Übersetzung der DAMA-DMBOK®2.-Auflage ins Spanische arbeitete, erinnerte ich mich daran, wie schwierig ihre Arbeit gewesen sein musste - eine Arbeit, um die ich sie überhaupt nicht beneide. Das zweite unschätzbare Geschenk, das mir das Leben auf dieser Reise machte, war Lauras Unterstützung. Sie war nicht nur die beste Englischlehrerin, die ich mir hätte wünschen können. Sie verkörpert die wertvolle Kombination aus Englischexpertin und Vordenkerin des Datenmanagements.

Selbst mit der wunderbaren Unterstützung von Danette und Laura würden Sie dies nicht lesen, wenn Steve Hoberman nicht an diese Arbeit geglaubt hätte. Während der Übersetzung der DAMA-DMBOK®-2.-Auflage ins Spanische lernte ich Steves Pragmatismus kennen. Das ist etwas, das ich zutiefst an ihm bewundere. Das gab mir das Vertrauen, dass mein Traum wahr werden könnte. Daher: Danke, Steve, dass du mir und meiner Arbeit vertraut hast.

Das Leben hat mir das Glück beschert, Menschen mit umfassender Erfahrung im Datenmanagement und wahre Vordenker zu treffen. Von ihnen habe ich das meiste gelernt, was ich über diese faszinierende Datenwelt weiß. Ich erinnere mich zum Beispiel daran, Bill Inmon Anfang der 1990er Jahre getroffen zu haben. Er beriet die Bank, in der ich arbeitete, bezüglich unseres Data Warehouse. Er sagte mir etwas, das ich nie vergessen werde: „Wenn Sie einen Bericht zur Hand nehmen und nicht sagen können, woher die Daten stammen, dann verwalten Sie Ihre Daten nicht." Neunundzwanzig Jahre später bewegte mich diese Erinnerung dazu, ihn zur letzten Jahreskonferenz des DAMA Mexico Chapter einzuladen, die ich organisierte. Ich war beeindruckt, als er sofort antwortete und zusagte. Die Erfahrung war unvergesslich. Ich bin dankbar für seine prompte Antwort auf das Interview, aber vor allem für seine Freundschaft.

Manche Menschen haben mich gefragt, warum ich so viel Zeit meines Lebens in meine ehrenamtliche Arbeit bei DAMA International investiere. Meine Antwort lautet: Ich erhalte eine sehr hohe Rendite in Form all der Erfahrungen, die ich gesammelt habe, und der großartigen Menschen, die ich treffen durfte. Auf der zweiten Jahreskonferenz des DAMA Mexico Chapter haben wir Tom Redman und James Price eingeladen. Ich habe sehr viel von ihnen gelernt. Die praktische Art, Datenqualität zu vermitteln, die Tom an den Tag legt, und die wunderbare Geschichte hinter Experience Matters von James haben mich sehr inspiriert. Vielen Dank, dass ihr zugestimmt habt, durch die Datenstrategie-Interviews Teil dieses Buches zu werden.

Bei der ersten Konferenz des DAMA Mexico Chapter war Melanie Mecca als Rednerin eingeladen. Ich erinnere mich noch gut an die Aufregung, die ich empfand, als ich beim Abendessen neben der Direktorin des Data Management Maturity Models saß, das ich bei der Arbeit verwendet hatte. Da die Einführung eines Data Management Maturity Models ein wesentlicher Bestandteil der PAC-Methode zur Datenstrategie ist, wollte ich von Melanie wissen, welche Erfahrungen sie damit gemacht hat. Vielen Dank, Melanie, dass du zugestimmt hast, teilzunehmen, und meine Erkenntnisse über die Auswirkungen fehlender Datenstrategien unterstützt hast.

Ich traf David Plotkin, auf den ich in meinen Kursen so oft Bezug genommen habe, auf der DGIQ 2021 in San Diego. Ich erinnere mich noch genau daran, wie ich mit ihm neben dem Stand von DAMA International sprach. Ich erzählte ihm von meinem Buch und dass ich gerne seine Sichtweise zur Datenstrategie erfahren würde. Er stimmte einem Interview zu. Vielen Dank dafür, David, und für dein konstruktives Feedback.

Es gibt einen Ansatz zur Data Governance, der mir sehr gut gefällt: die Data Diplomacy von Håkan Edvinsson. Die Idee, von einem zwingenden Modell zu einer auf Prinzipien basierenden Data Governance überzugehen und den Einfluss dieser Funktion über Datenrichtlinien hinaus auszudehnen, hat mich sofort gefesselt. Ich habe das Interview mit Håkan sehr genossen und dabei festgestellt, dass wir eine ähnliche Sicht auf Datenstrategien haben. Vielen Dank, Håkan.

Die stärkste Motivation, dieses Buch zu schreiben, kam aus dem positiven Feedback, das ich von den Zuhörern erhielt, als ich auf den EDW- und DGIQ-Konferenzen über die PAC-Methode zur

Datenstrategien sprach. Daher geht ein besonderer Dank an Tony Shaw, der mir diese Gelegenheit gab.

Mehrere Arbeiten haben mich zu diesem Buch inspiriert. Ich möchte Donna Burbank für ihre Offenheit danken und dass sie mir erlaubt hat, auf ihr Datenstrategie-Framework zu verweisen.

Die stärkste Inspiration erhielt ich durch das Business Model Canvas. Daher vielen Dank an Alex Osterwalder, dass er es entwickelt und weltweit verbreitet hat.

Alle Ideen, die ich für die PAC-Methode zur Entwicklung von Datenstrategien zusammengetragen habe, wären wertlos, wenn sie nicht in den Praktiken verschiedener Organisationen Anwendung fänden. Ich bin besonders dankbar für meine ehemaligen Weggefährten, mit denen ich das Abenteuer erlebt habe, die Methode in den ersten Organisationen umzusetzen. Ramon Hernandez und Christian Vazquez sind Kollegen, die ich bei der Gründung des DAMA Mexico Chapter kennengelernt habe. Vielen Dank, Ramón, dass du Gelegenheiten gefunden hast, die Methodik anzuwenden.

Während der Arbeit an diesem Buch habe ich einen großartigen Unterstützer gefunden. Ein Venezolaner, der in Australien lebt, wurde mein erster Leser. Da er Data Governance praktiziert, konnte er mir sehr gutes Feedback aus der Perspektive eines normalen Lesers geben. Vielen Dank, Alex Rejon!

Ohne DAMA International wäre ich nicht auf diesem Weg. Ich bin dieser großartigen Organisation und all ihren ehemaligen und gegenwärtigen Vorstandsmitgliedern, die ich kennengelernt habe, sehr dankbar für die tollen Erfahrungen, die sie mir ermöglicht haben.

Ich danke allen meinen anderen Beta-Lesern - Gwen Thomas, Cathy Nolan, Karen Lopez, Dawn Michels, Charles Harbour, Diego Palacios, David Rivera, Peter Aiken und Mike Meriton - dafür, dass sie sich die Zeit genommen haben, mein Buch zu lesen, und bedanke mich herzlich für ihre freundlichen und unterstützenden Worte. Das gibt mir das Gefühl, dass sich all die Anstrengung gelohnt hat.

Ich hatte das Glück, jemanden an meiner Seite zu haben, der das Wesen meiner Arbeit im Coverentwurf des Buches eingefangen hat. Christian Inchaustegui. Vielen Dank, Peech! Nicht zu vergessen sind Aaron Torres und Carlos Sanchez, die die Web-Begleitseite zu diesem Buch erstellt haben. Sie alle sind Teil des großartigen Treehouse-Marketingteams unter der Leitung von Omar Perez. Vielen Dank euch allen!

Zu guter Letzt, aber nicht am wenigsten wichtig, ein großer Dank an Miguel, meinen geliebten Partner in so vieler Hinsicht, für seine besondere Art, mich zu ermutigen.

Vorwort

Falls Sie Marilu López noch nicht kennen, möchte ich sie Ihnen gerne vorstellen. Marilu ist in der mexikanischen Datenmanagement-Gemeinschaft sehr bekannt, da sie DAMA Mexico mitgegründet und als Vorstandsmitglied gedient hat. Auch international ist sie für ihre umfangreiche Arbeit im Vorstand von DAMA International (DAMA steht für Data Management Association) bekannt. Ihre jahrelange Tätigkeit im Finanzsektor sowie ihre jetzige Tätigkeit als selbstständige Beraterin verleihen ihr umfassende Expertise im Datenmanagement. Sie versteht grundlegende Konzepte und verfügt über praktische Erfahrung in der erfolgreichen Umsetzung dieser Ideen. Sie können sicher sein, dass sie über die erforderlichen Qualifikationen verfügt, um dieses Buch zu verfassen.

Beim Mittagessen auf der DGIQ-Konferenz (Data Governance Information Quality) im Dezember 2021 teilte sie ihre Ideen zu Strategien mit und beschrieb, wie sie das Business Model Canvas von Alex Osterwalder auf Daten anwandte. Ich war fasziniert. Da ich selbst die Notwendigkeit einer Strategie predige, um zu priorisieren, was für eine Organisation wichtig ist, und um die Datenmanagement-Reise zu leiten, wollte ich mehr wissen. Marilu hatte ihre eigene Methode für die Datenstrategie entwickelt und erwog, ein Buch zu schreiben. Ich ermutigte sie sofort. Ich war mir sicher, dass sie etwas Einzigartiges zu teilen hatte und dass ihr Ansatz einen bedeutenden Beitrag zum Bereich des Datenmanagements leisten würde.

Meine anfänglichen Instinkte waren richtig. Unsere Datengemeinschaft braucht dieses Buch - und letztlich brauchen auch diejenigen, denen wir dienen, es. Mit dem hier dargelegten „Was", „Warum" und „Wie" sind Sie gut gerüstet, eine Datenstrategie zu nutzen, um Ihrer Organisation zu größerem Erfolg zu verhelfen.

Abschließend sollten wir die Tatsache feiern, dass dies eines der ersten Bücher zum Thema Datenmanagement einer Frau aus Lateinamerika ist. Wer wäre besser geeignet als Marilu, um diese Botschaft voranzubringen und mit der Welt zu teilen?

Sind Sie bereit? Blättern Sie um und legen Sie los!

Danette McGilvray
Präsidentin, Granite Falls Consulting, Inc.
Beraterin, Trainerin, Rednerin, Coach.
Autorin von *Executing Data Quality Projects: Ten Steps to Quality Data and Trusted Information™, 2nd Ed.* (2021, Elsevier/Academic Press)

Einführung

Die meisten Bücher mit „Datenstrategie" im Titel konzentrieren sich auf Strategien für Data Analytics und Big Data.[1] Bei der Durchsicht der verfügbaren Bücher auf dem Markt ist mir das typische Muster aufgefallen, Datenstrategien aus philosophischer Sicht zu behandeln und zu beschreiben, **WAS** sie sind und **WARUM** sie wesentlich sind. Einige Bücher erörtern die Umsetzung einer Datenstrategie, aber keines der von mir gefundenen Bücher präsentiert eine schrittweise, durch Artefakte unterstützte Methode dafür, **WIE** Datenstrategien definiert werden - eine Lücke, die dieses Buch schließen wird. Es wird die **PAC-Methode zur Datenstrategie** vorstellen (Pragmatisch, Agil und Kommunizierbar im Sinne von leicht vermittelbar). Ich habe diese Methode bereits auf hoher Ebene in internationalen Foren wie Dataversity EDW 2021, DGIQ 2021, EDW Digital 2022 und EDW Digital 2023 präsentiert und dabei hervorragendes und positives Feedback von den Teilnehmenden erhalten. Nun möchte ich diese Methodologie detailliert mit der breiteren Datenmanagement-Gemeinschaft teilen.

Bei der PAC-Methode zur Datenstrategie stehen drei miteinander abhängige Konzepte im Mittelpunkt:

- Die **Datenstrategie** ist die höchstrangige Orientierungshilfe, die einer Organisation zur Verfügung steht. Sie richtet datenbezogene Aktivitäten auf die **Erreichung der formulierten Datenziele** aus und bietet Orientierung und spezifische Leitlinien, wenn sie mit einer Reihe von Entscheidungen oder Unsicherheiten konfrontiert wird. (Aiken & Harbour, 2017)

- **Datenmanagement** umfasst die Entwicklung, Umsetzung und Überwachung von Plänen, Richtlinien, Programmen und Praktiken, die den Wert von Daten- und Informationsbeständen während ihres gesamten Lebenszyklus sicherstellen, kontrollieren, schützen und steigern. (DAMA International, 2017)

- **Data Governance** bezeichnet die Ausübung von Autorität, Kontrolle und gemeinsamer Entscheidungsfindung (Planung, Überwachung und Durchsetzung) bei der Verwaltung von Datenbeständen. (DAMA International, 2017)

---

[1] Modern Data Strategy (Fleckenstein, 2018); Data Strategy and the Enterprise Data Executive (Aiken & Harbour, 2017); Data Strategy: from definition to Execution (Wallis, 2021); Data Strategy: How to Profit from a World of Big Data, Analytics, and the Internet of Things (Marr, 2021); Driving Data Strategy: The Ultimate Data Marketing Strategy to Rocket Your Global Business (Fawzi, 2021); AI and Data Strategy: Harnessing the business potential of Artificial Intelligence and Big Data (Marshall, 2019); Data Strategy (Adelman, 2005); Data Strategy Canvas for Healthcare Organizations (Walters, 2019).

Das Datenmanagement-Gebäude (siehe Abbildung 1) veranschaulicht, wie diese Konzepte miteinander in Beziehung stehen. Das Gebäude repräsentiert eine Organisation. Das Datenmanagement mit all seinen Funktionen, umgeben von der Kernfunktion Data Governance, stellt das Fundament des Gebäudes dar. Die Wohnungen auf jeder Etage des Gebäudes repräsentieren die Organisationseinheiten. Die Stabilität des Gebäudes beruht auf der Robustheit des Fundaments und wird durch die Ausweitung von Data Governance mittels Data Stewards, die auf jeder Etage leben, sowie durch Datenrichtlinien, die von den Bewohnern jeder Wohnung befolgt werden müssen, ergänzt. Vier Säulen ergänzen die Gebäudestruktur und verhindern einen Einsturz: das Data-Governance-Betriebsmodell, das Datenarchitektur-Betriebsmodell, das Metadatenmanagement-Betriebsmodell und das das Datenqualitäts-Betriebsmodell.

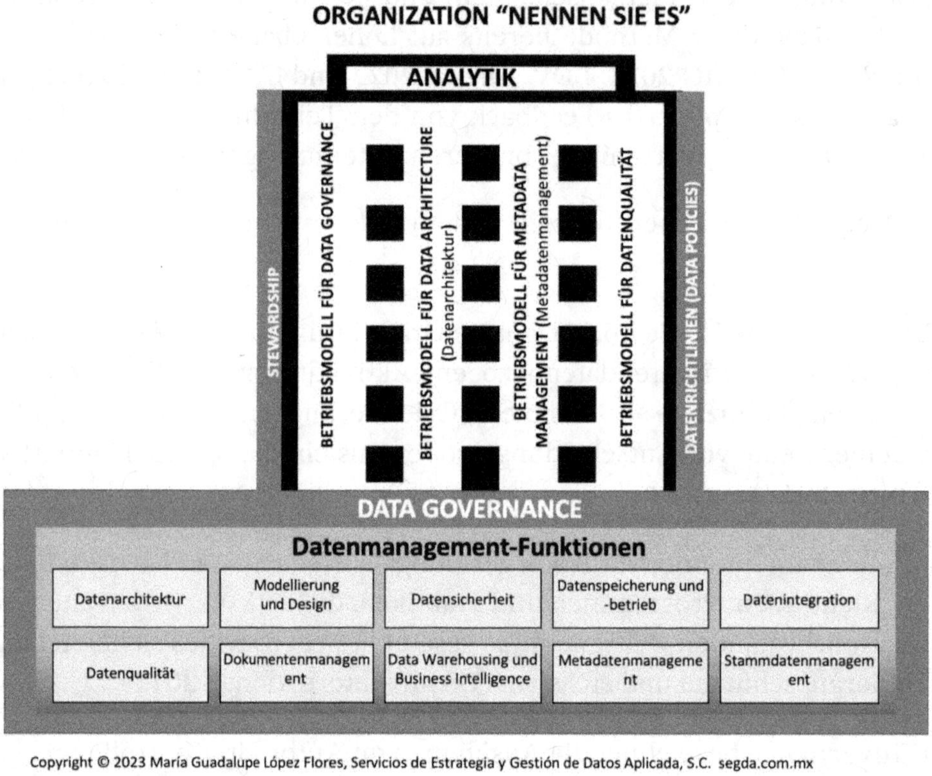

Abb. 1: Die Metapher des Datenmanagement-Gebäudes

Basierend auf dem Datenstrategien-Framework (siehe Abbildungen 2 und 3) ist die Datenstrategie der Master-Leitfaden für den gesamten Bau - vom Fundament bis zum Dach. Die Datenstrategien-Canvases sind die Baupläne, mit denen den Bauarbeitern die Strategie vermittelt wird. Der Data Leader (z. B. Chief Data Officer oder Data-Governance-Leiter) übernimmt die Rolle des Bauleiters. In diesem Buch finden Sie detaillierte Erklärungen des Datenstrategien-Frameworks, der Canvases zur Dokumentation von Datenstrategien sowie der spezifischen

Schritte, die zu befolgen sind, um einen kontinuierlichen Prozess zur Erstellung und Wartung der Datenstrategien zu etablieren.

Die Hälfte meiner 32-jährigen Unternehmenslaufbahn im Finanzsektor widmete ich Themen im Zusammenhang mit dem Datenmanagement. In dieser Zeit begegnete ich verschiedenen Datenstrategien. Zwar wusste ich nicht genau, was in eine Datenstrategie gehört, doch ich erkannte, dass sie unvollständig waren und nicht optimal mit den Geschäftsprioritäten abgestimmt. Als ich 2019 in Rente ging, wollte ich meinen Geist aktiv halten. Also begann ich meine Reise als Datenmanagement-Beraterin und -Trainerin. Mein erster Auftrag war die Definition einer Datenstrategie. Da ich nicht wusste, wie ich das angehen sollte, suchte ich im Internet nach spezifischen Methoden. Zwar fand ich nicht genau das, was ich wollte, doch ich ließ mich inspirieren und entwickelte neue Ideen.

Eine Quelle der Inspiration für Datenstrategien war das Framework von Global Data Strategy Ltd. (GDS), das von Donna Burbank.[2] Daraus lernte ich, wie man Datenstrategien mit Unternehmensstrategien in Beziehung setzt.

Darüber hinaus ist DAMA (Data Management Association)[3] eine Inspiration für mich. DAMA ist eine gemeinnützige, anbieter- und technologieneutrale Berufsorganisation, die ein umfassendes Datenmanagement-Framework entwickelt hat. Dieses Framework leitet mich seit 2012.[4] (siehe *DAMA-DMBOK®, 2. Auflage* (2017).[5]) Ich habe mich intensiv dafür engagiert, als ich die Übersetzung ins Spanische koordinierte und redigierte. Von dieser Organisation erfuhr ich, als ich mich darüber informierte, wie man eine Data-Governance-Praktiken aufbaut. So begann meine langjährige Beziehung zu DAMA.

Eine weitere Inspirationsquelle war DCAM (Data Management Capability Assessment Model Guide, 2.2, Enterprise Data Management Council, 2021 (Enterprise Data Management Council, 2021).[6] Durch meine Beteiligung als eine der Übersetzerinnen der spanischen Ausgabe konnte ich ein tiefes Verständnis dafür entwickeln.

---

[2] Global Data Strategy, Ltd.´s (GDS) Framework https://globaldatastrategy.com/

[3] Data Management Association International https://www.dama.org

[4] DAMA‘s Framework https://www.dama.org/cpages/dmbok-2-wheel-images

[5] DAMA-DMBOK® 2. Auflage https://technicspub.com/dmbok/

[6] Enterprise Data Management Council -DCAM Framework https://edmcouncil.org/frameworks/dcam/

Die stärkste Inspirationsquelle war jedoch Alex Osterwalders *Business Model Canvas.*[7] Ich wurde 2006 während der Entwicklung eines Enterprise-Architecture-Kurses mit einer Universität in Mexiko mit Osterwalders Ansatz vertraut gemacht und verwende ihn seitdem. Ähnlich einem Künstler-Canvas stellt Osterwalder auf einer einzigen Folie alles dar, was erforderlich ist, um auf den ersten Blick das Geschäftsmodell jeder Organisation zu verstehen - unabhängig von ihrer Größe und dem Sektor, dem sie angehört. Wenn ein Business Model Canvas erfolgreich Geschäftsmodelle dokumentieren kann, warum sollte es dann nicht auch ein mächtiges Werkzeug für das Verfassen von Datenstrategien sein?

Diese Quellen inspirierten mich dazu, eine Methode für das Verfassen von Datenstrategien mithilfe von Canvas zu entwickeln. Diese Methode zeigt auf einer einzigen Folie klar, was zu tun ist, welche Organisationsstruktur zu verwenden ist, welche Art von Daten einzubeziehen ist, welche Initiativen zu beteiligen sind und welche Kennzahlen anzuzeigen sind, um Fortschritt und Effektivität zu dokumentieren. **Die PAC-Methode zur Datenstrategie** besteht aus drei Komponente: ein Framework, eine Reihe von Canvases und einen Strategiezyklus (siehe Abbildung 2).

- **Das Datenstrategien-Framework** ist die erste Komponente **der PAC-Methode zur Datenstrategie** (siehe Abbildung 3). Es basiert auf der Idee, dass es nicht die eine Datenstrategie gibt, sondern mehrere. Das Framework zeigt die verschiedenen Datenstrategien sowie ihre Beziehungen zu anderen Organisationsstrategien auf. Wir werden dieses Framework in Kapitel 3 betrachten.

- Das Unternehmensleben hat mir gezeigt, wie schwierig es ist, Stakeholder zu engagieren. Um ihre Aufmerksamkeit zu gewinnen und ihr Einverständnis zu erhalten, ist ein pragmatischer, agiler und klarer Ansatz erforderlich. Deshalb habe ich die zweite Komponente, **das Set von Datenstrategie-Canvases**, entwickelt, um jeden Typ von Datenstrategie zu beschreiben (siehe Abbildung 4). Wir werden alle Canvases in Kapitel 5 näher entdecken.

- Die dritte Komponente, **der Datenstrategiezyklus**, besteht aus einer Reihe von zehn Schritten, die jährlich zu befolgen sind, um die Strategien aufeinander abzustimmen (siehe Abbildung 5). Wir werden diesen Zyklus in Kapitel 7 behandeln.

Seit 2019 wende ich diese Methode in mehreren Organisationen aus verschiedenen Sektoren an. Ich gründete SEGDA (spanisches Akronym für Strategie und angewandte Datenmanagement-Dienstleistungen), ein Beratungsunternehmen mit Sitz in Mexiko, das Organisationen weltweit remote betreut. SEGDA unterstützt Organisationen dabei, ihre Datenstrategien zu definieren und Datenmanagement-Betriebsmodelle umzusetzen. Die Arbeit mit realen Fällen hat es mir ermöglicht, die Methodik zu verfeinern.

---

[7] Alexander Osterwalder https://www.alexosterwalder.com/ Business Model Canvas https://bit.ly/3LSV4bb

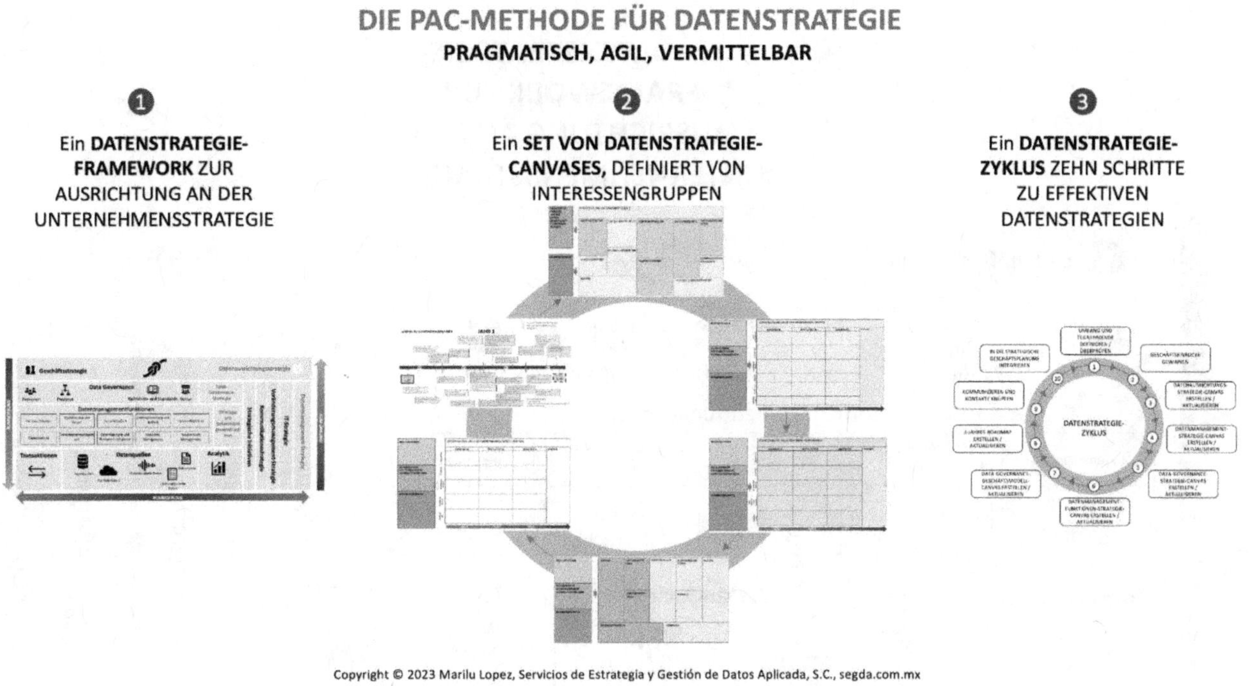

Abb. 2: Komponenten der PAC-Methode zur die Datenstrategie

In den Jahren 2021, 2022 und 2023 stellte ich **die PAC-Methode zur Datenstrategie** auf der Enterprise Data World (EDW) vor. Aufgrund der Corona-Pandemie fanden diese drei Konferenzen digital statt, das Feedback der Teilnehmenden war jedoch sehr positiv. Die DGIQ (Data Governance and Information Quality) 2021 in San Diego war eine Präsenzkonferenz, bei der ich die positive Reaktion des Publikums bei der ausverkauften Veranstaltung erleben konnte. Die Kommentare, die ich nach der EDW Digital 2022 erhielt, waren für mich ein Ansporn und zeigten mir, dass ich auf dem richtigen Weg war. Ich wusste, dass es sich lohnte, die Geschichte, die ich in 40 Minuten erzählen konnte, in ein Buch mit ausreichend Details zu verwandeln, damit Sie verstehen, wie die Methode anzuwenden ist, ohne dass Sie die Last eines langen theoretischen Werks tragen müssen. Ich hoffe, Sie finden es hilfreich.

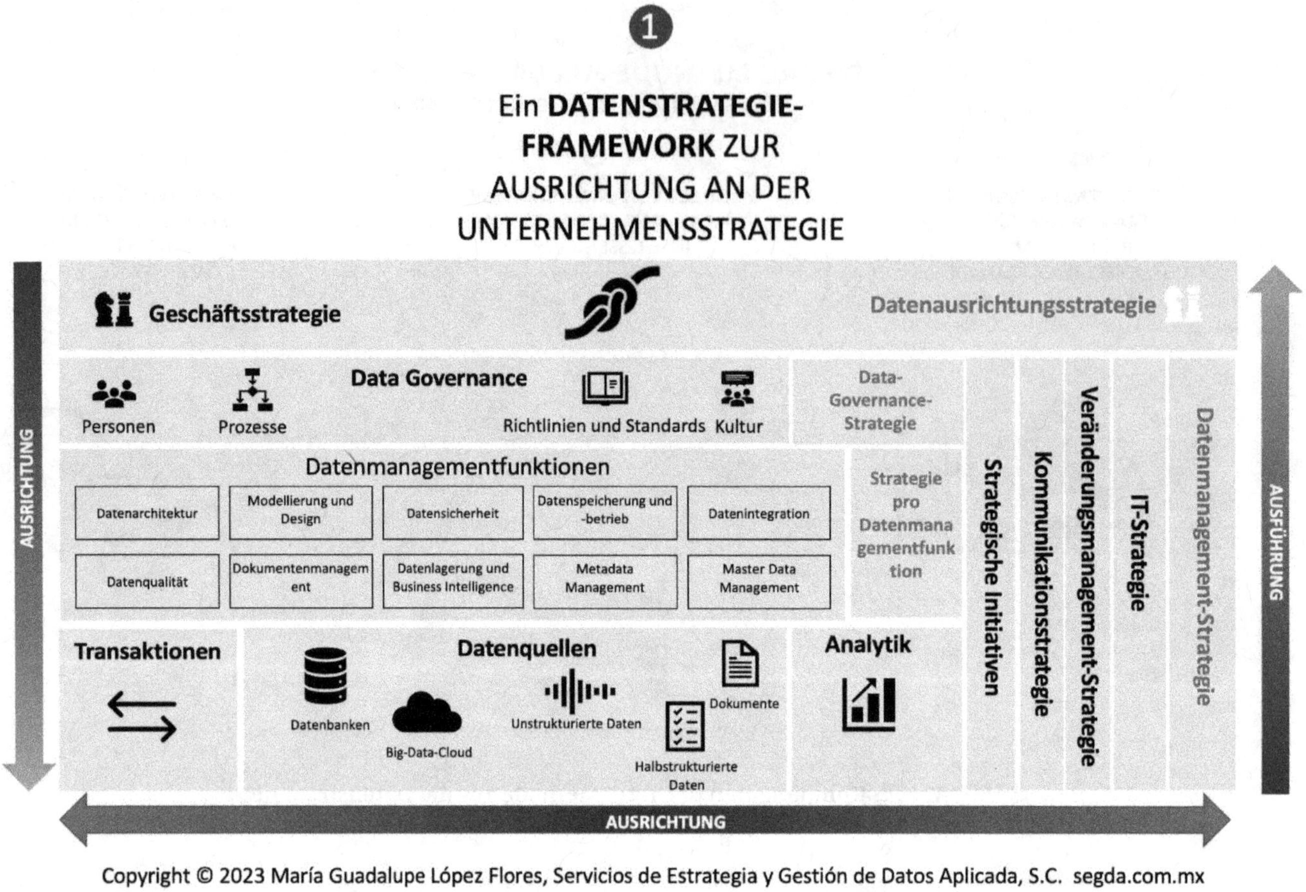

Abb. 3: Komponente 1: Das Datenstrategie-Framework

Basierend auf meinen Erfahrungen in den Organisationen, mit denen ich zusammenarbeitete, sowie dem Feedback von Personen, die ich im Datenmanagement schulte, stellte ich fest, dass es nur wenige Datenstrategien gab, die Datenbemühungen an strategische Geschäftsziele ausrichteten. Unter den Führungskräften ist das Bewusstsein für die Bedeutung einer mit Geschäftszielen abgestimmten Datenstrategie kaum verbreitet. Zudem behandeln die meisten Organisationen Daten nicht als das strategische Unternehmenskapital, das sie darstellen.

Seit 2017 habe ich auf meiner fantastischen Reise im Bereich des Datenmanagements einige Experten kennengelernt. Ich hatte sogar das Glück, mit einigen von ihnen Freundschaften zu schließen. Da ich denke, dass die Lesenden daran interessiert sind zu erfahren, was diese Experten über die Rolle der Datenstrategie bei der Ermöglichung einer erfolgreichen Data Governance denken, habe ich sie gefragt. Ich fühle mich geehrt, die Gelegenheit gehabt zu haben, Bill Inmon, Melanie Mecca, James Price, Håkan Edvinsson, Tom Redman, David Plotkin und Danette McGilvray zu interviewen. Sie finden ein Interview mit jedem von ihnen am Ende jedes Kapitels dieses Buches.

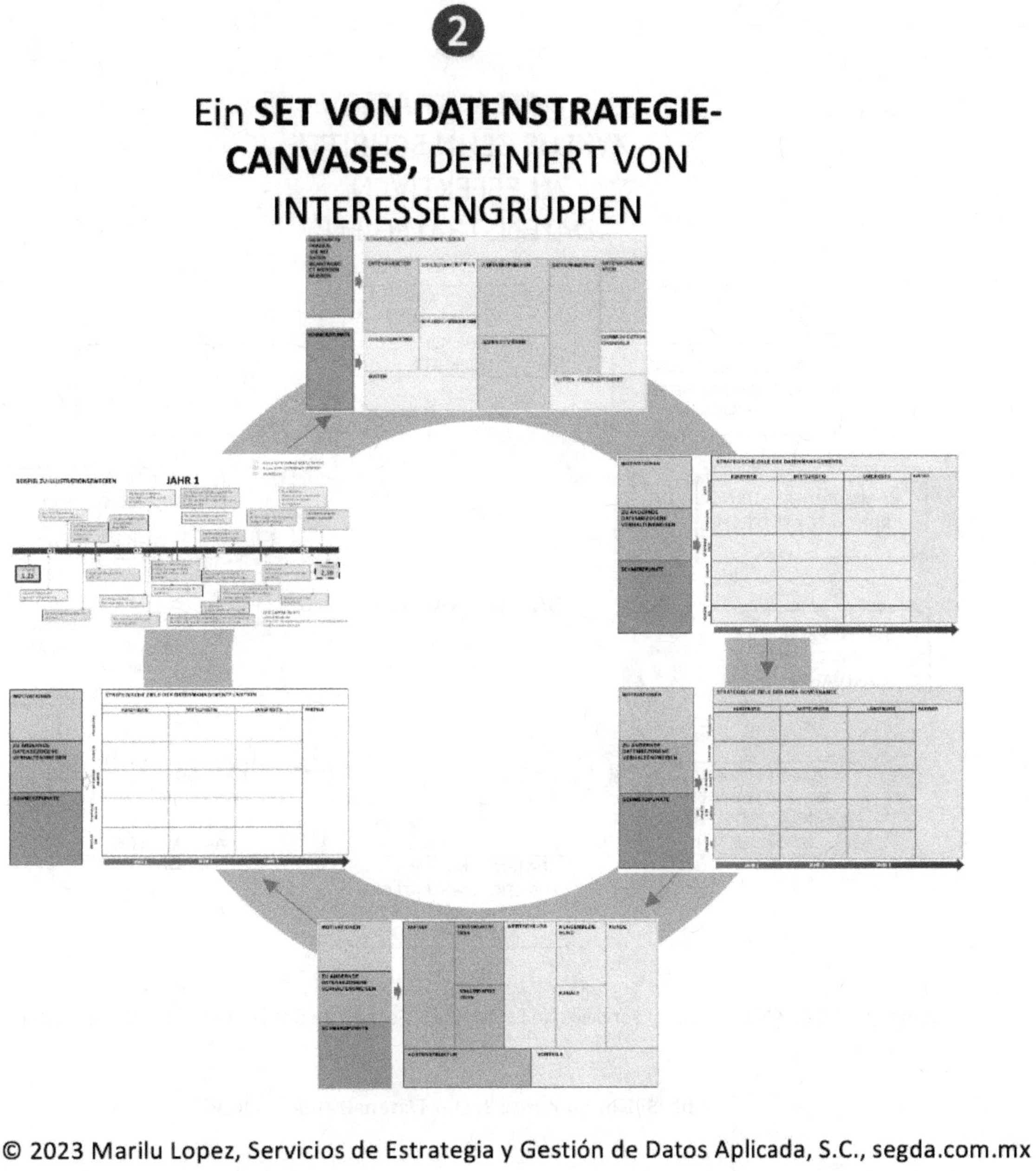

Abb. 4: Komponente 2: Das Set von Datenstrategie-Canvases

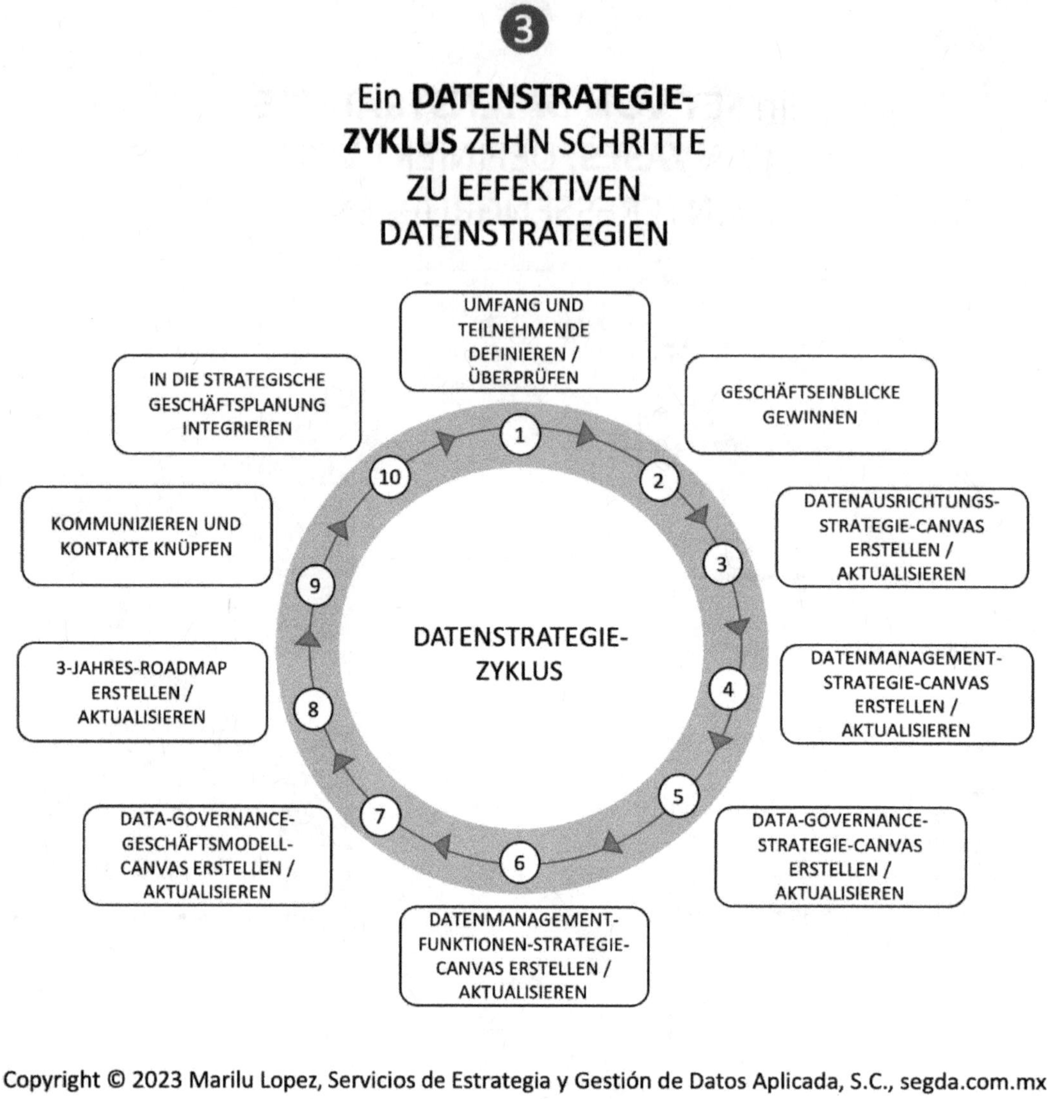

Abb. 5: Komponente 3: Der Datenstrategiezyklus

Wie Sie dieses Buch verwenden

Das Buch ist in zwei Teile unterteilt (siehe Abbildung 6):

- Teil 1 bietet den Kontext, um die Konzepte und die Begründung hinter **der PAC-Methode zur Datenstrategie** zu verstehen. Er beschreibt Komponente 1, das Datenstrategie-Framework, sowie Komponente 2, das Set von Datenstrategie-Canvases.

- Teil 2 beschreibt Komponente 3 **der PAC-Methode zur Datenstrategie**: den Datenstrategiezyklus, der sich auf die Umsetzung der Methodik.

Vielleicht möchten Sie Teil 1 überspringen und direkt zum Datenstrategiezyklus übergehen. Ich empfehle Ihnen jedoch dringend, Teil 1 durchzugehen, um die Hintergründe und die Motivation hinter jedem Schritt des Zyklus zu verstehen. Außerdem erhalten Sie in jedem Kapitel spezifische Lern- und Erkenntnispunkte. Ich habe die Kapitel so konzipiert, dass sie eine zusammenhängende Geschichte erzählen, wenn man sie der Reihe nach liest.

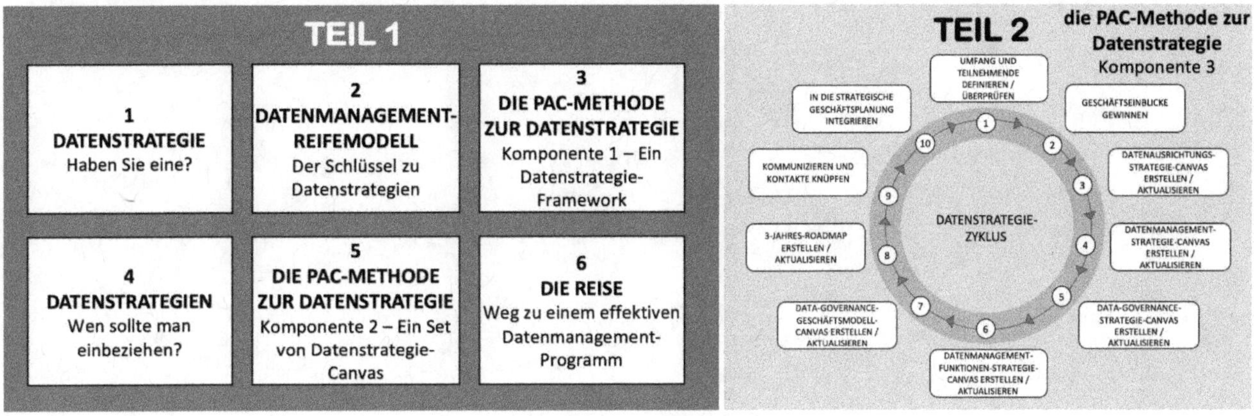

Abb. 6: Buchübersicht

Am Beginn jedes Kapitels finden Sie eine Buchübersicht, die Ihnen anzeigt, wo Sie sich auf Ihrer Reise befinden. In Teil 2 enthält jeder der beschriebenen Schritte die Datenstrategiezyklus-Karte, die anzeigt, wo Sie sich in dem jeweiligen Schritt des Zyklus befinden.

Konvention zur Großschreibung: Ich habe alle für die in diesem Buch präsentierten Ideen relevanten Begriffe mit GROSSEN BUCHSTABEN, um ihre Bedeutung in den Datenmanagement-Praktiken hervorzuheben (dies ist das erste Beispiel dieser Konvention). Einzelne Begriffe (wie Daten, Management oder Strategie) schreibe ich hingegen nicht mit großen Buchstaben. Ebenso habe ich die Schlagwörter mit GROSSEN BUCHSTABEN, die eng mit den in dieser Arbeit behandelten Themen verwandt sind.

Zu diesem Buch gibt es eine begleitende Website. Dort finden Sie Vorlagen für die in diesem Buch erwähnten Artefakte, Beispiele der Datenstrategie-Canvas, Fallstudien und weitere Referenzen. Dies ist auch der Ort, an dem Sie Ihre Kommentare hinterlassen und Ihre Erfahrungen mit dieser Methode teilen können. Wir würden uns freuen, wenn Sie die Methode ausprobieren und uns mitteilen, wie Ihre Erfahrungen waren.

TEIL 1

Der Kontext

Obwohl dieses Buch nicht den Anspruch erhebt, eine Abhandlung über Datenstrategie oder Datenmanagement zu sein, muss ich eine gemeinsame Grundlage schaffen und einen Kontext etablieren, bevor ich die Methodik selbst beschreibe.

Teil 1 wird diesen Kontext in den Kapiteln 1 bis 6 präsentieren, beginnend mit den allgemeineren Themen und übergehend zu den Kernkomponenten der Methode.

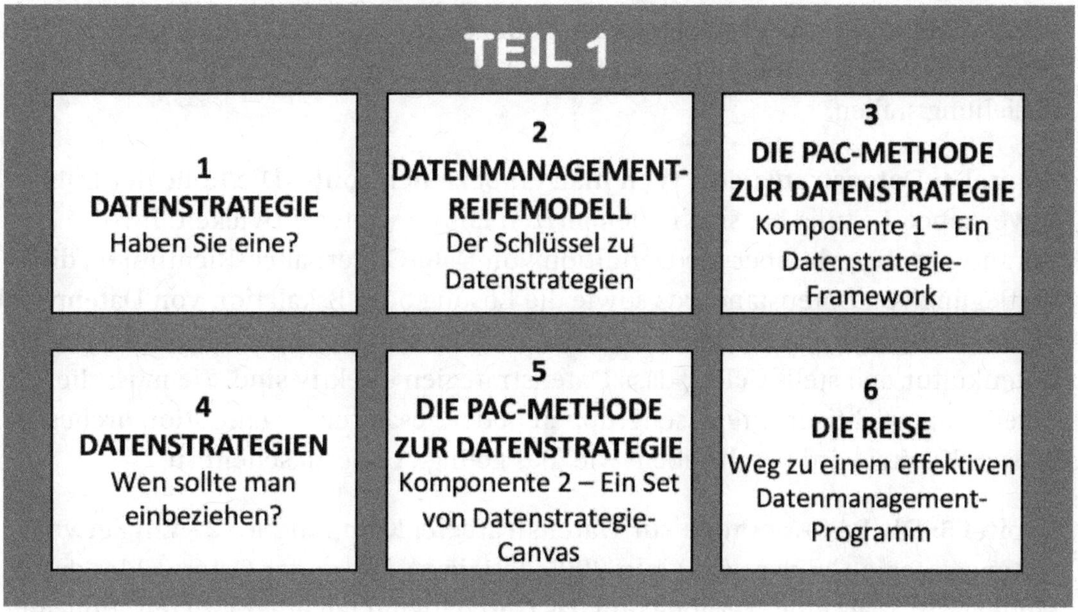

Abb. 7: Teil 1 Buchübersicht

- **Kapitel 1: Datenstrategie - Haben Sie eine?** In diesem Eröffnungskapitel wird die Bühne für **die PAC-Methode zur Datenstrategie** bereitet. Es präsentiert verschiedene Strategiedefinitionen, die die in diesem Buch beschriebene Methode inspirierten, und schafft eine gemeinsame Grundlage für die hier verwendete Definition von Datenstrategie. In diesem Kapitel wird die wahrgenommene Reife von Organisationen in Bezug auf Datenstrategien untersucht. Dazu werden bestehende Studien herangezogen, darunter eine von der Autorin in Zusammenarbeit mit einer Universität in Mexiko durchgeführte Studie, um den aktuellen Stand des Datenmanagements und dessen Beziehung zur Datenstrategie in Lateinamerika zu ermitteln.

- **Kapitel 2: Datenmanagement-Reifemodell - der Schlüssel zu Datenstrategien.** Der Hauptzweck von Datenstrategien besteht darin, eine Organisation von ihrem aktuellen in einen gewünschten Zustand zu überführen. Eine entscheidende Frage ist dabei, wie dieser Zustand genau aussieht. Hier ist die Verwendung eines Datenmanagement-Reifemodells von zentraler Bedeutung, um zu verstehen, welche Fähigkeiten vorhanden sind und welche geschaffen werden müssen. In diesem Kapitel wird die Relevanz fähigkeitsbasierter Datenmanagement-Reifemodelle und ihre Rolle bei der Lenkung von Datenstrategien behandelt.

- **Kapitel 3: Die PAC-Methode zur Datenstrategie: Komponente 1 - Das Datenstrategien-Framework.** Eine der wesentlichen Botschaften dieses Buches ist, dass es nicht die eine Datenstrategie gibt, sondern viele. In diesem Kapitel werden die verschiedenen Datenstrategien beschrieben, die eine Organisation entwickeln muss, um mehr Wert aus ihren Daten zu ziehen. Zudem wird erläutert, wie diese Strategien zueinander und zu anderen Geschäfts- und IT-Strategien in der Organisation in Beziehung stehen.

- **Kapitel 4: Datenstrategien - Wen man einbeziehen sollte.** Die Rolle der Data-Governance-Leitung hat sich in den letzten Jahren weiterentwickelt. Ihre Verantwortung geht über die Definition von Data-Governance-Richtlinien, die Festlegung von Datenstandards sowie die Lösung oder Eskalation von Datenproblemen hinaus. Die heutige Data-Governance-Leitung ist sehr aktiv bei der Förderung einer Datenkultur und stellt sicher, dass Datenstrategien effektiv sind. Sie muss die Beteiligung wichtiger Interessengruppen in der gesamten Organisation orchestrieren. In diesem Kapitel wird beschrieben, wie dies gelingt, ohne zu scheitern.

- **Kapitel 5: Die PAC-Methode zur Datenstrategie: Komponente 2 - Ein Set von Datenstrategie-Canvases.** Im Jahr 2005 definierte Alexander Osterwalder das Business Model Canvas als eine Methode, um das Geschäftsmodell einer Organisation auf einer einzigen Folie zu erfassen und zu kommunizieren. Dieser Ansatz diente als grundlegende Inspirationsquelle für die PAC-Methode zur Datenstrategie, die Canvases vorschlägt, die speziell für jede der Datenstrategien im Datenstrategien-Framework entwickelt wurden. In diesem Kapitel werden alle diese Canvases beschrieben.

- **Kapitel 6: Die Reise - Der Weg zu einem effektiven Datenmanagementprogramm.** In diesem Kapitel wird der Weg zu einem effektiven Datenmanagement-Programm erläutert. Ausgangspunkt ist eine häufig gestellte Frage von Personen, die in diesem Bereich arbeiten: „Wo fangen wir an?"

Am Ende jedes Kapitels finden Sie drei abschließende Elemente:

Schlüsselkonzepte

Drei Dinge, die Sie im Hinterkopf behalten sollten

Ein Interview zur Datenstrategie

1. DATENSTRATEGIE: Haben Sie eine?

Das Wesen der Strategie besteht darin, zu entscheiden, was man nicht tun wird.

Michael Porter

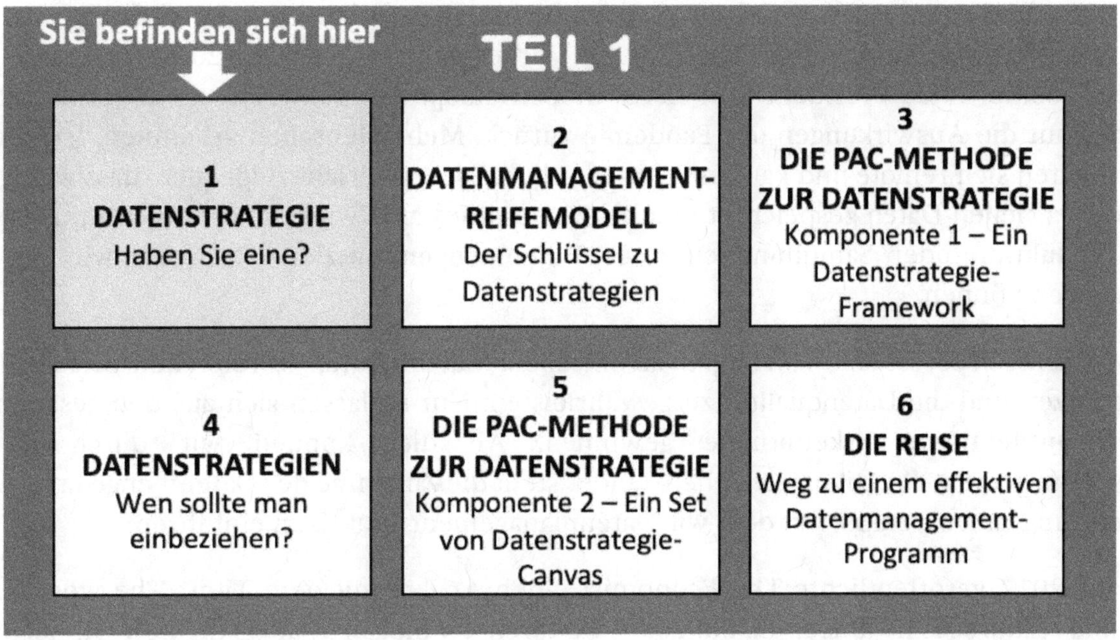

1.1. Die Rolle des Datenmanagements im Zeitalter der digitalen Transformation

2012 wurde ich intensiv in das Datenmanagement eingebunden, als das Management mich bat, das erste Data Governance Office in der Organisation zu schaffen, in der ich 32 Jahre meines Berufslebens verbracht hatte. Aufgrund der Finanzkrise von 2008 ergab sich für mich die Gelegenheit, meine Reise im Datenmanagement zu beginnen. Zuvor hatte ich mehrere Jahre lang versucht, die Enterprise-Architecture-Disziplin zu fördern und Architecture Governance zu implementieren.[8] Um mich besser auf die Implementierung der Data-Governance-Praktiken vorzubereiten, besuchte ich zum ersten Mal die EDW-Konferenz (Enterprise Data World), wo ich DAMA International kennenlernte. Seitdem habe ich als Freiwillige viel Zeit damit verbracht, die Bedeutung des Datenmanagements zu vermitteln.

Überzeugt davon, dass dies eine kontinuierliche Reise ist, auf der wir niemals aufhören zu lernen, besuche ich regelmäßig datenbezogene Veranstaltungen. Die Redner bemerken oft das explosive Wachstum der Daten in den letzten Jahren. In meinen frühen Präsentationen habe ich Statistiken von IDC[9] zitiert, in denen der globale Datenanstieg für das Jahr 2020 auf 44 ZB (Zettabyte) geschätzt wurde. Im März 2021 veröffentlichte IDC seine jährlichen Datensphäre (DataSphere)- und Speichersphäre (StorageSphere[10])- Prognosen, die die Menge der jährlich erstellten, genutzten und gespeicherten Daten messen. Bis 2020 wurden 64,2 ZB erstellt, was einer Steigerung von 45 % gegenüber der früheren Vorhersage aus dem Jahr 2019 entspricht. Dave Reinsel, Senior Vice President von IDCs GlobalDataSphere, führt diesen unvorhergesagten Anstieg auf die Auswirkungen der Pandemie zurück. Mehr Menschen arbeiteten, lernten und unterhielten sich remote und kauften Waren online. Dieser Bericht zeigt auch, dass weniger als 2 % dieser neuen Daten gespeichert und bis 2021 aufbewahrt wurden. Die Erkenntnis ist, dass die Produktion oder Sammlung enormer Datenmengen nutzlos ist, wenn wir sie nicht verwenden können.

Transparente Prozesse sind von Beginn an entscheidend, um Daten zu verstehen, sensible Daten zu schützen und die Datenqualität zu gewährleisten. Nur so lassen sich aus den gesammelten Daten authentische Erkenntnisse gewinnen. All dies können wir durch formelle Datenmanagement-Praktiken erreichen. Leider steht die Zunahme der Datenmenge im Kontrast zu dem langsamen Tempo, mit dem wir Datenmanagement-Praktiken einführen.

Im Jahr 2017 veröffentlichte The Economist einen Artikel mit dem Titel „The world's most valuable resource is no longer oil, but data", wodurch der Slogan „Data is the new Oil" allgemein bekannt wurde. Seither wurde in zahlreichen Artikeln und Diskussionen die Frage aufgeworfen, ob Daten wirklich das neue Öl sind und ob ein Vergleich zwischen nicht erneuerbarem Öl und kontinuierlich wachsenden Daten sinnvoll ist.

Zwar behaupten viele, dass Daten ein strategisches Unternehmensgut sind, doch in der Praxis werden sie jedoch nicht immer entsprechend behandelt. Die Gründe hierfür werden in „The Leader's Data Manifesto" (Manifesto, 2016),[11] sehr deutlich erfasst. Das Buch ist eine

---

[8] Financial crisis of 2007-2008 https://bit.ly/3yUEkNK; 2008 Financial Crisis https://bit.ly/3ySiiva; The Collapse of Lehman Brothers: A Case Study https://bit.ly/3NBEy0F

[9] International Data Corporation https://www.idc.com/

[10] Worldwide Global DataSphere Forecast, 2021-2025 https://bit.ly/4fOl0Fk

[11] https://dataleaders.org

unverzichtbare Lektüre für alle Führungskräfte in Organisationen, einschließlich der Datenfachkräfte. Es eignet sich hervorragend, um es mit den eigenen Teams zu durchdringen und zu diskutieren und dabei die Relevanz von Daten zu verstehen.

In den letzten Jahren haben zwei Schlagwörter Konferenzen und spezialisierte Fachnetzwerke erobert: *„Digitale Transformation"* und *„Data Driven"*. Dabei handelt es sich jedoch keineswegs um neue Konzepte. Die digitale Transformation begann bereits in den späten 1990er Jahren, als die Prozessautomatisierung einsetzte und die Internetnutzung sich ausbreitete.[12] Verweise auf Data-Driven-Ansätze (datenbezogene Aktivitäten oder Entscheidungen anstelle von Intuition) finden sich bereits seit über 15 Jahren. Der Begriff wird auf Lernprozesse oder jeden spezifischen Prozess angewendet, der datengetrieben ist. In den letzten Jahren haben sich jedoch die meisten Organisationen zum Ziel gesetzt, datengetrieben zu werden; das bedeutet, sie versuchen, Daten effizient und in Echtzeit zur Unterstützung von Entscheidungsprozessen und anderen verwandten Aktivitäten zu nutzen.[13]

Was die digitale Transformation anbelangt, die durch die Corona-Pandemie beschleunigt wurde, gibt es noch immer kein umfassendes Verständnis dafür, was sie bedeutet. Eine grundlegende Definition lautet: „*Digitale Transformation* ist die Einführung digitaler Technologie durch ein Unternehmen. Häufige Ziele ihrer Umsetzung sind die Steigerung der Effizienz, Wertschöpfung oder Innovation." (Wikipedia, 2022). Eine hilfreiche Definition stammt von TechTarget: „*Digitale Transformation* ist die Integration computerbasierter Technologien in die Produkte, Prozesse und Strategien einer Organisation. Organisationen unternehmen eine digitale Transformation, um ihre Belegschaft und Kunden besser einzubinden und zu betreuen und somit ihre Wettbewerbsfähigkeit zu verbessern" (TechTarget, 2022). Die digitale Transformation bedeutet jedoch mehr, als nur neue digitale Technologien für den Online-Verkauf von Produkten oder Dienstleistungen einzuführen. Sie umfasst auch die Anpassung des Geschäftsmodells, interner Prozesse und der Organisationskultur. Darüber hinaus müssen wir im Rahmen dessen eine große Menge an Daten angemessen verwalten, um eine erfolgreiche digitale Transformation zu erreichen. Daher betrachte ich das Datenmanagement als Fundament für den Erfolg jeder Initiative zur digitalen Transformation.

Während ich den Kurs „Datenmanagement - Grundlagen" leitete, erzählte mir ein Student, dass er das Datenmanagement wie das Fundament eines Gebäudes betrachte. Diese Analogie ergab für mich Sinn, da ich die Enterprise-Architecture-Perspektive kenne und weiß, was für den Bau eines Gebäudes erforderlich ist. Das Legen des Fundaments gehört zu den teuersten Phasen des Bauprozesses. Das Fundament wird jedoch nicht wahrgenommen, wenn das Gebäude fertiggestellt ist, da es verdeckt liegt. Normalerweise bewundern Menschen die Fassade eines Gebäudes, sein Design und seine Funktionalität sowie seine Intelligenz. Ich lebe in Mexiko-Stadt,

---

[12] Digital Transformation History https://bit.ly/3cww7q8

[13] What is Data Driven https://bit.ly/3cFtKB9

einer seismischen Zone, die von schweren Erdbeben heimgesucht wird. Ich habe miterlebt, wie neue, moderne Gebäude eingestürzt sind, weil sie keine ordnungsgemäßen Fundamente hatten. Dasselbe geschieht mit dem Datenmanagement. Es ist teuer und fällt nicht auf. Datenmanagement-Disziplinen glänzen zwar nicht, können aber den Unterschied ausmachen zwischen einer Organisation, die gesund wächst, und einer, die ums Überleben kämpft und schließlich verschwindet.

Die unsichere Wirtschaftslage und unerwartete Veränderungen im Verbraucherverhalten waren wichtige Gründe für Organisationen, das Ziel zu formulieren, zu Data-Driven-Organisationen zu werden. Datenwissenschaftler erstellen Informationsmodelle, um Einblicke in die Organisation zu ermöglichen und das Verhalten von Kunden in Bezug auf die angebotenen Produkte oder Dienstleistungen vorherzusagen. Die Funktionen des Datenmanagements scheinen auf den ersten Blick weit entfernt von den attraktiven und begehrten Jobs zu sein, die junge Menschen im Bereich Data Science suchen. Sie möchten Daten mithilfe innovativer Algorithmen und modernster Tools wie KI (Künstliche Intelligenz) und ML (Maschinelles Lernen) analysieren. Diese Tools und Algorithmen können ihre Arbeit jedoch nicht verrichten, wenn ihnen keine verlässlichen Daten zur Verfügung stehen. Die Aufgabe des Datenmanagements ist es, Daten verlässlich zu machen. Schlecht verwaltete Daten bergen Risiken und sind kostspielig, auch wenn diese Kosten größtenteils verborgen bleiben. Ein Datenmanagement-Programm am Laufen zu halten, kann teuer sein, doch ohne ein solches Programm kann die Organisation zusammenbrechen. Folglich hängt die Analytik als datenbezogener Prozess von der Qualität der bereitgestellten Daten ab.

Täglich sind mehr Organisationen bereit, auf erweiterte Analytik zu setzen, um den Wert ihrer Daten zu erschließen. Manchmal wissen sie jedoch nicht genau, welche Fragen sie beantworten möchten. In den letzten Jahren hat sich weltweit die Aussage verbreitet, dass Datenwissenschaftler über 80 % ihrer Zeit mit der Datensammlung und -bereinigung verbringen, statt am Design und Training von Informationsmodellen zu arbeiten und die Magie ihrer Algorithmen anzuwenden.[14] Tatsächlich verwenden sie viel Zeit und Aufwand darauf, Daten zu finden, zu bereinigen und zu verstehen, was auf den Mangel an Metadaten zurückzuführen ist.

Vor ein paar Wochen unterhielt ich mich mit meinem Neffen, der einen Bachelor-Abschluss in Data Science macht. Ich war überrascht zu hören, dass sie einen Kurs zur Datenqualität in ihrem Studienprogramm haben. Zunächst freute ich mich darüber, doch dann wurde mir klar, dass die Universität normalisiert, dass sich Datenwissenschaftler mit Datenbereinigung befassen müssen, anstatt Programme zu entwickeln, um Datenmanagement-Fachkräfte auszubilden. Der wesentliche Gedanke hierbei ist: Damit Datenwissenschaftler ihre Arbeit verrichten und wahre

---

[14] Ich fand einen interessanten Artikel, der verschiedene Studien zu diesem Thema analysiert und zu dem Schluss kommt, dass Datenwissenschaftler nicht mehr als 80 % ihrer Zeit mit der Datenbereinigung verbringen. Vielleicht gibt es ein Datenqualitätsproblem im Zusammenhang mit der Messung dieses Konzepts? Do data scientists spend 80% of their time cleaning data? Turns out, no? https://bit.ly/3lJBF1H

Erkenntnisse vermitteln können, müssen Organisationen formell alle Disziplinen des Datenmanagements einführen. Diese dienen dazu, Daten zu sammeln, zu produzieren, zu bewahren, zu dokumentieren, zu sichern und bereitzustellen, die dem Zweck der verschiedenen Interessengruppen in der Organisation entsprechen. Deshalb ist das Datenmanagement die Grundlage für eine erfolgreiche digitale Transformation und Data-Driven-Initiativen.

Eine im November 2018 durchgeführte BARC-Umfrage zur Datenmonetarisierung zeigte, dass 40 % der 200 befragten Organisationen angaben, ein Datenmonetarisierungsprojekt durchgeführt oder bereits begonnen zu haben, um Daten durch die Verbesserung interner Prozesse zu monetarisieren.[15] Demgegenüber bezogen sich nur 6 % der Organisationen auf die Monetarisierung von Daten durch die Schaffung neuer Geschäftsbereiche. Am aufschlussreichsten war jedoch, dass 56 % der Befragten angaben, ein Mangel an Datenqualität sei eine ständige Herausforderung bei der Verfolgung der Datenmonetarisierung. Und hier kommt erneut der Punkt ins Spiel, der den Datenkonsum mit der effektiven Anwendung des Datenmanagements verknüpft.

1.2. Wie wird die Datenstrategie von Organisationen wahrgenommen?

Die Datenstrategie erobert sich ihren eigenen Raum in der Datenwelt. Zu diesem Konzept finden wir verschiedene Artikel und Bücher. Selbst internationale Konferenzveranstaltungen wie EDW und DGIQ umfassen einen Themenbereich, der der Datenstrategie gewidmet ist. Der Großteil der Literatur zur Datenstrategie befasst sich mit der Erklärung dessen, **WAS** sie ist, während andere einschließen, **WARUM** es so wichtig ist, eine zu haben. Dennoch erklären nur wenige Texte, **WIE** man eine Datenstrategie erstellt, die Geschäftsanforderungen auf priorisierte Weise adressiert

Während ich mich auf meine Teilnahme an der DGIQ 2021 vorbereitete, suchte ich nach Statistiken darüber, wie Organisationen Datenstrategien entwickeln. Obwohl ich nicht genau das fand, wonach ich suchte, entdeckte ich eine interessante BARC-Studie zu den Auswirkungen von Datensilos.[16] Als Antwort auf Fragen zu den kulturellen und organisatorischen Herausforderungen, die die Existenz von Informationssilos beeinflussen, gaben 42 % der Befragten an, dass mangelnde Kommunikation die kritischste Herausforderung sei, die gelöst

---

15 Business Application Research Center https://barc-research.com/ . BARC Survey Finds Data Monetization Is in The Early Stages of Adoption But Is Expanding https://bit.ly/3LMyCAv/

16 BARC: Infografics - "DATA Black Holes" https://bit.ly/3sWK5qm

werden müsse, um Datensilos zu reduzieren, und 30 % sagten, es sei der Mangel an Datenstrategie.

Die meisten Studien zum Datenmanagement umfassen lediglich Organisationen aus Europa, dem asiatisch-pazifischen Raum oder Nordamerika (Kanada und USA). Nur wenige versuchen zu verstehen, wie lateinamerikanische Organisationen das Datenmanagement einführen. Deshalb habe ich gerne zugestimmt, als ich von der UPAEP (Universidad Popular Autónoma del Estado de Puebla) in Mexiko gebeten wurde, bei der Konzeption und Umsetzung einer Studie zum aktuellen Stand des Datenmanagements in Lateinamerika mitzuwirken. Ich schlug vor, den Umfang der Studie zu erweitern, um auch die Zusammenhänge zwischen Datenmanagement und Datenstrategie zu erforschen. Die Ergebnisse dieser Forschung werden am Ende dieses Kapitels präsentiert.

Noch bevor ich harte Daten über Lateinamerika erhielt, machte ich mir Gedanken darüber, was mit dem Datenmanagement und der Datenstrategie in der Region vor sich ging.

In den letzten Jahren hat das Interesse am Datenmanagement zugenommen. Die meisten Organisationen schenken Daten mehr Aufmerksamkeit, da sie entweder in regulierten Sektoren wie dem Finanzwesen, dem Versicherungswesen oder dem Gesundheitswesen tätig sind oder bereits schlechte Erfahrungen mit minderwertigen Daten gemacht haben. Sie stellen Mitarbeiter für datenspezifische Rollen ein und investieren große Geldmengen in modernste Technologien und professionelle Dienstleistungen. Sie implementieren Data Lakes und MDM-Plattformen (Master Data Management) und setzen KI (Künstliche Intelligenz) ein, um Daten „zum Sprechen zu bringen" und Erkenntnisse zu vermitteln.

In meiner Rolle als Berater spreche ich ausführlich mit Personen, die Data-Governance-Programme leiten. Wenn ich das Thema Datenstrategie anspreche, erhalte ich häufig eine von zwei Antworten: „Ach, wir haben bereits eine Datenstrategie" oder „Ich arbeite daran; deshalb haben sie mich eingestellt." Bei genauerer Betrachtung stelle ich jedoch meist fest, dass Organisationen keine Datenstrategie haben, zumindest keine ganzheitliche und effektive. Eine Datenstrategie ist ganzheitlich, wenn sie die Bedürfnisse der gesamten Organisation abdeckt und die Anforderungen jeder Organisationseinheit berücksichtigt. Eine effektive Strategie erfordert die Einbindung von Vertretern der Organisation in ihre Definition. Werden diese nicht einbezogen, kann die Strategie Merkmale aufweisen, die sie weniger effektiv machen. Datenmanagement-Fachkräfte haben mir gemeinsame Charakteristika ineffektiver Strategien mitgeteilt. Zum Beispiel:

- **Technische Ausrichtung:** Organisationen, die über Datenstrategie-Dokumente einschließlich Architekturdiagrammen verfügen und technologieorientiert sowie auf den Wechsel zu datenbezogenen Plattformen fokussiert sind.

- **Fehlende Abstimmung mit Geschäftszielen:** Organisationen, die zwar dokumentierte Strategien für die Akquise, Aufnahme und den Konsum von Big Data haben, diese jedoch nicht auf die zentralen Geschäftsanforderungen und -prioritäten abstimmen.

- **Fehlende Aufmerksamkeit für Quelldaten:** Organisationen, in denen sich das Dateninteresse auf die Einführung von Advanced-Analytics-Plattformen konzentriert, um prädiktive Informationsmodelle zu erstellen, ohne dabei Datenbereiche, Quellen und Prioritäten klar zu definieren.

- **Es gibt keinen Plan zur Verbesserung:** Data-Governance-Leiter/in berichten, dass sie keine weiteren Bewertungen benötigen, da sie bereits mehrere durchlaufen haben. Dennoch verwenden sie kein Datenmanagement-Reifegradmodell, um ihre datenbezogenen Maßnahmen zu steuern.

- **Das technische Design berücksichtigt keine Geschäftsziele:** Organisationen, die darauf abzielen, Data-Warehouse-zentriert zu sein, verstehen nicht, warum ihr Datenrepositorium nicht weit verbreitet genutzt wird. Dies liegt daran, dass dessen Design den strategischen Geschäftszielen nicht entspricht.

- **Mangelnde Kenntnis der Geschäftsstrategie:** Die Geschäftsstrategie ist nicht einmal bekannt.

    - Es gibt keine schriftliche Datenstrategie, aber es läuft ein Customer-MDM-Projekt (Master Data Management), weil andere Organisationen im Sektor dies tun. Dennoch gibt es kein Problem mit Kundenduplikaten.
    - Organisationen mit hoher Effizienz im Metadatenmanagement, deren Datenverantwortliche jedoch nicht wissen, wie es als Nächstes weitergeht.
    - Organisationen, die den dritten oder vierten Versuch zur Implementierung von Data Governance erleben, nach gescheiterten Erfahrungen, und bestimmte Begriffe zensieren: „Bitte erwähnen Sie Data Stewardship nicht."

- **Eine Datenstrategie existiert, wird aber nicht genutzt:** Es gibt Organisationen, in denen eine Datenstrategie zwar existiert, die aber nicht zur Steuerung und Priorisierung datenbezogener Maßnahmen oder zur Verwaltung der Erwartungen für das Datenmanagement in der gesamten Organisation genutzt wird.

Kommt Ihnen eine dieser Situationen bekannt vor? Schauen Sie jetzt einmal in Ihre Organisation hinein. Haben Sie eine Datenstrategie implementiert? Ist sie für alle zugänglich, die sich dafür interessieren könnten? Ist sie leicht zu lesen und zu verstehen? Wird sie zur Steuerung von Maßnahmen und zur Verwaltung der Erwartungen bezüglich des Datenmanagements verwendet? Ist sie ein lebendiges Dokument, das bei Bedarf aktualisiert wird? Werden wichtige Interessengruppen in der gesamten Organisation in die Definition einbezogen? Wird sie als Teil der jährlichen strategischen Geschäftsplanung des Unternehmens betrachtet? Wenn Sie alle diese Fragen mit „Ja" beantworten konnten, herzlichen Glückwunsch! Ihre Organisation gehört zu den seltenen Fällen und Sie können das Lesen hier beenden. Wenn Sie jedoch mindestens eine Frage mit „Nein" beantwortet haben, könnte es sich für Sie lohnen, weiterzulesen. Sie werden nicht allein sein. Eine Führungskräfte-Umfrage von New Vantage Partners aus dem Jahr

2021, an der vor allem Vertreter datenintensiver Branchen teilnahmen, zeigte, dass nur 30 % der Blue-Chip-Organisationen angaben, über eine artikulierte Datenstrategie zu verfügen.[17]

Ich stützte die von mir der UPAEP-Universität vorgeschlagene Forschung auf die folgende Problemstellung und Hypothese:

Trotz der Existenz verschiedener Datenmanagement-Frameworks und des wachsenden Bewusstseins in Unternehmen, dass sie ein formelles System für das Management und die Pflege ihrer Daten einführen müssen - was im Allgemeinen durch Data Governance zum Ausdruck kommt –, scheint noch kein Reifegrad erreicht worden zu sein, der es ermöglicht, den erwarteten Wert des sogenannten „strategischen Vermögenswerts" wirklich zu realisieren. Die Verweise auf explorative Studien in diesem Bereich konzentrieren sich normalerweise auf die europäischen und angelsächsischen Märkte und ignorieren dabei die Realität in Lateinamerika. Zunehmend äußern Unternehmen ihre Frustration über ineffektive Data-Governance-Praktiken, wenn sie in technologische Plattformen investieren, die als Allheilmittel für das Management und die Nutzung von Daten beworben werden. Dennoch erzielen sie nicht den erwarteten Nutzen.

Hypothese: Das Fehlen einer umfassenden Datenstrategie behindert das Erreichen effektiver Ergebnisse bei der Implementierung des Datenmanagements.

Die Studie trug den Titel ***„Situación de la Gestión de Datos y su Vinculación con la Estrategia de Datos en América Latina"*** (Aktueller Stand des Datenmanagements und seine Beziehung zur Datenstrategie in Lateinamerika). Die Forschung war eine Kollaboration zwischen der UPAEP-Universität und SEGDA, einem auf Datenstrategien und Betriebsmodelle für das Datenmanagement spezialisierten Beratungsunternehmen.[18]

Die im Jahr 2022 erstmals durchgeführte Studie zur Erfassung der wahrgenommenen Datenmanagement-Reife in Lateinamerika wird künftig jährlich wiederholt. Diese allererste Studie zur Datenstrategie und zum Datenmanagement in Lateinamerika wird selbstverständlich für die Länder dieser Region von Interesse sein. Doch auch Organisationen in anderen Teilen der Welt, insbesondere solche mit Geschäftseinheiten in mehreren Ländern und vor allem mit aktuellen oder erwarteten Geschäftstätigkeiten in dieser Region, werden von den Erkenntnissen profitieren, die sie bei der Ausarbeitung ihrer Datenstrategien unterstützen können. Im Folgenden finden Sie eine Zusammenfassung der Erkenntnisse:

- Im ersten Jahr wurde mit 126 Antworten eine gute Durchdringung erreicht. Die Antworten stammten überwiegend aus Mexiko (40 %), Kolumbien (14 %), Argentinien

[17] 10 Reasons Why Your Organization Still Isn't Data Driven https://bit.ly/3wScRcT

[18] Situación de la Gestión de Datos y su vinculación con la Estrategia de Datos en América Latina https://bit.ly/3oM7Fnt

(8 %), Chile (8 %), Peru (8 %) und Ecuador (7 %). Die übrigen 15 % verteilten sich auf sieben Länder.

- Unter den Antworten waren die Sektoren Finanzwesen (25 %), öffentlicher Sektor (17 %) und Informationstechnologie (12 %) am stärksten vertreten, gefolgt von Bildung, Beratung, Versicherung, Telekommunikation, Einzelhandel, Energie und Agrarindustrie.
- Die Befragten waren hauptsächlich Manager von auf Daten fokussierten Bereichen (31 %), gefolgt von IT-Managern (13 %) und Managern aus anderen Geschäftsbereichen (11 %). Nur 10 % der Befragten hatten eine C-Level-Position in ihrer Organisation inne.

Tabelle 1: Erkenntnisse der lateinamerikanischen Forschung zum Datenmanagement und zur Datenstrategie

Erkenntnisse der lateinamerikanischen Forschung		
Datenstrategie	In welchem Maße wird eine Datenstrategie in Organisationen entwickelt und genutzt?	Die größte Gruppe der Befragten (46 %) gab an, dass sich ihre Datenstrategie noch in der Entwicklung befindet. Dies spricht für ein erhebliches Interesse an diesem Thema sowie für ein Bewusstsein für dessen Relevanz. Von diesen 46 % geben 12 % an, dass eine Abstimmung mit dem Geschäft vorgesehen ist. Nur 9 % sagen jedoch, dass die Datenstrategie zur Priorisierung der Datenmanagement-Aktivitäten genutzt wird, und 8 % berichten, dass sie zur Priorisierung der Data-Governance-Entwicklung eingesetzt wird. 32 % der Befragten gaben an, dass ihre Organisation über eine genehmigte Datenstrategie verfügt.

Erkenntnisse der lateinamerikanischen Forschung		
Frameworks	Wie gut sind bestehende Ressourcen bekannt?	Die Ergebnisse zeigen deutlich, dass das Framework von DAMA mit 55 % in der Region am bekanntesten ist, gefolgt von DCAM mit 22 % und DMM (Data Management Maturity Model [19]) mit 11 %. Interessant ist, dass 13 % angaben, mit keinem Datenmanagement-Framework vertraut zu sein. Dies zeigt, dass in diesem Bereich noch viel Aufklärungsarbeit zu leisten ist.
Hindernisse für effektive Data Governance	Was ist das größte Hindernis bei der Implementierung von Data Governance?	Viele Befragte erkannten die Notwendigkeit von Data Governance, um datenbezogene Probleme zu lösen. Es herrscht die weit verbreitete Annahme, dass es schwierig ist, die Geschäftsführung davon zu überzeugen, in Data-Governance-Maßnahmen zu investieren. Nur 12 % der Befragten bezeichnen jedoch eine nicht überzeugte Geschäftsführung als Hindernis für die Implementierung von Data Governance. 31 % gaben an, dass das Haupthindernis ein mangelndes Verständnis von Data Governance sei, und 20 % nannten das Fehlen einer klaren und umfassenden Datenstrategie als größtes Hindernis.

[19] Data Management Maturity Model Introduction https:// https://bit.ly/4n3vOlD

Erkenntnisse der lateinamerikanischen Forschung		
Datenmanagement-Reife	Welcher Reifegrad wird wahrgenommen?	Die meisten Organisationen beginnen damit, ihre Datenmanagement-Disziplinen einzeln aufzubauen. Oft sind regulatorischer Druck und die Notwendigkeit des Informationsaustauschs die Motivatoren. Deshalb sind die Bereiche Sicherheit, Speicherung und Datenarchitektur häufig ausgereifter als die anderen Disziplinen. Es besteht jedoch ein Bewusstsein für die Notwendigkeit, alle Disziplinen miteinander zu verknüpfen. Dies wird durch den wahrgenommenen Reifegrad von Data Governance bestätigt, der an vierter Stelle liegt. Überraschend ist, dass die Datenqualität erst an achter Stelle der Prioritäten steht und Metadaten sogar erst an neunter Stelle, obwohl beide für ein besseres und agileres Verständnis der Daten notwendig sind.
Datenkultur	Wie weit verbreitet ist das Verständnis von Datenmanagement?	44 % der Befragten erkennen erhebliche Bemühungen an, die Bedeutung von Daten und deren ordnungsgemäßer Verwaltung in ihren Organisationen zu vermitteln. Nur 8 % geben jedoch an, über eine gemeinsame Sprache zu verfügen, um das Datenmanagement und dessen Relevanz zu beschreiben. Letzteres unterstreicht, dass 31 % der Befragten angeben, das Haupthindernis für die erfolgreiche Implementierung von Data Governance sei ein mangelndes Wissen darüber. Dies zeigt, dass in der lateinamerikanischen Region noch Bedarf besteht, Bildungsprogramme im Bereich Datenmanagement zu stärken.

Erkenntnisse der lateinamerikanischen Forschung		
Data Analytics	Wie eng ist sie mit dem Datenmanagement verknüpft?	32 % der Befragten gaben an, eine etablierte Analytik-Praktiken in ihren Organisationen zu erkennen. Nur 10 % gaben jedoch an, dass diese Praktiken vollständig implementiert sind und für die gesamte Organisation funktioniert (ein Indikator für eine datenorientierte Organisation). 50 % der letztgenannten Gruppe sagten, sie hätten Belege dafür, welchen Beitrag Informationsmodelle zur Erfüllung strategischer Ziele leisten. Bemerkenswert ist, dass 31 % der Befragten eine Verknüpfung zwischen Datenmanagement und Data Analytics in ihren Organisationen berichteten. In 8 % der Fälle werden beide Praktiken von derselben Person geleitet.

Die Befragten beantworteten zwei offene Fragen zu den Auswirkungen und Vorteilen einer Datenstrategie in Fällen, in denen das Datenmanagement teilweise oder vollständig implementiert war, sehr ausführlich.

Das Ergebnis zeigt ein starkes Bewusstsein für die Vorteile einer Datenstrategie im Vergleich zu den vielfältigen negativen Auswirkungen, die entstehen, wenn keine vorhanden ist. Dazu zählen beispielsweise hohe Kosten, die mit isolierten oder duplizierten Bemühungen und Investitionen in nicht ausreichend genutzte technologische Plattformen verbunden sind.

Die Ergebnisse für Lateinamerika ähneln denen, die New Vantage Partners in ihrer Führungskräfte-Umfrage von 2021 berichteten, zumindest was die Existenz einer Datenstrategie betrifft (32 % in Lateinamerika gegenüber 30 % in der Studie von New Vantage Partners). Auf die Frage nach dem Haupthindernis für die Implementierung effektiver Data Governance gaben 30 % der Befragten an, es sei der Mangel an Verständnis sowohl für Data Governance als auch für die Datenstrategie (was bedeutet, dass mehr Schulungen erforderlich sind). Der Mangel an einer Datenstrategie wurde von 20 % der Befragten als Haupthindernis genannt. Diese Ergebnisse implizieren, dass Personen, die im Bereich Datenmanagement und Data Governance tätig sind, davon profitieren werden, zu lernen, wie man Datenstrategien formuliert und nutzt.

1.3. Ein guter Ausgangspunkt: Was ist eine Strategie?

Beginnen wir mit einer Definition: Was ist eine Strategie? Meiner Meinung nach ist es das, was man braucht, um ein Spiel zu gewinnen. Eine meiner schönsten Kindheitserinnerungen ist das Spielen von Tic-Tac-Toe mit meinem Vater. Es hat mir gefallen, aber es war frustrierend, nicht gewinnen zu können. Dann brachte mir mein Vater eine Strategie bei, die den Unterschied machte. Mir ist jetzt klar, dass man zwar jedes Spiel spielen kann, wenn man die Regeln kennt, aber um zu gewinnen, sind Strategie, Übung und Disziplin erforderlich.

Mein erstes Projekt als Berater fand bei einem großen, etablierten Unterhaltungsunternehmen statt. Das Unternehmen hatte bereits mit verschiedenen Beratungsunternehmen zusammengearbeitet, um eine solide Datenstrategie zu definieren, war mit dem Ergebnis jedoch nicht zufrieden. Meine erste Aufgabe bestand also darin, ihnen bei der Definition ihrer Datenstrategie zu helfen. Zu diesem Zeitpunkt konnte ich zwar erkennen, wenn etwas keine Datenstrategie war, wusste aber nicht, wie eine effektive Datenstrategie aussehen sollte. Also begann ich zu recherchieren. Ich fand einige Bücher und Artikel mit interessanten Titeln, die mir erklärten, was eine Datenstrategie ist und warum es wichtig ist, eine zu haben. Doch ich brauchte etwas, das mir half, eine solche Strategie zu erstellen.

Obwohl der Begriff „*Strategie*" militärischen Ursprungs ist, hat sich seine Anwendung im Laufe der Zeit erweitert. Mitte der 1960er Jahre wurde er erstmals von Igor Ansoff auf die Wirtschaft übertragen.[20] Das Cambridge Dictionary definiert „*Strategie*" als „einen detaillierten Plan zur Erreichung von Erfolg in Situationen wie Krieg, Politik, Wirtschaft, Industrie oder Sport oder die Fähigkeit, für solche Situationen zu planen". Laut DAMA ist „*Strategie*" „eine Reihe von Entscheidungen, die eine Richtung vorgeben und einen Ansatz zur Lösung eines Problems oder zur Erreichung eines Ziels definieren" (DAMA International, 2010).

Ich beabsichtige jedoch nicht, Definitionen zu präsentieren, die Sie selbst finden können. Stattdessen konzentriere ich mich auf jene Definitionen, die meine Aufmerksamkeit erregt haben und den Kontext für Teil 2 dieses Buches setzen: den Datenstrategiezyklus als Bestandteil **der PAC-Methode zur Datenstrategie**, der sich der Umsetzung widmet.

Die erste Definition, die meine Aufmerksamkeit erregte, stammt von Rich Horwath: „Strategie ist keine Aspiration. Strategie ist nicht die beste Praxis. Strategie ist **die intelligente Allokation von Ressourcen** durch ein einzigartiges System von Aktivitäten zur Erreichung eines Ziels."[21] Diese Definition lässt sich auf die Datenwelt übertragen. Ich habe Datenstrategien gesehen, die den gewünschten Endzustand oder die besten Praktiken und Standards der Branche beschreiben, die eingeführt werden sollen. Wenn sie jedoch nicht priorisieren, was zu tun ist, oder die

---

[20] Igor Ansoff Russian-American mathematician coined the term "strategy" for business. https://bit.ly/3yXtlDe

[21] Strategic Thinking Institute https://www.strategyskills.com/what-is-strategy/

Personen nicht berücksichtigen, die mit der Erreichung des gewünschten Zustands beauftragt sind, sind es keine wirklichen Strategien.

Peter Aiken und Todd Harbour schlagen eine hervorragende Definition vor: „Strategie ist **die höchstrangige verfügbare Orientierung** für eine Organisation, die Aktivitäten auf die **Erreichung artikulierter Ziele** ausrichtet und Richtung sowie spezifische Anleitung bietet, wenn man mit einer Vielzahl von Entscheidungen oder Unsicherheiten konfrontiert ist.“ Dieses Konzept lässt sich selbstverständlich auf die **Datenstrategie** übertragen: Eine **Datenstrategie** ist die höchstrangige verfügbare Orientierung für eine Organisation, die datenbezogene Aktivitäten auf die **Erreichung artikulierter Datenziele** ausrichtet und Richtung sowie spezifische Anleitung bietet, wenn man mit einer Vielzahl von Entscheidungen oder Unsicherheiten konfrontiert ist (Aiken & Harbour, 2017).

Donna Burbank, eine anerkannte Expertin für Datenstrategien, erklärt: „Eine Datenstrategie erfordert **ein Verständnis der Datenbedürfnisse, die der Geschäftsstrategie innewohnen**“ (DATAVERSITY, 2021).[22] Diese Erkenntnis zeigt, wo wir beginnen sollten, wenn wir eine Datenstrategie definieren: Zunächst müssen wir die Geschäftsstrategie kennen. Obwohl dies offensichtlich klingen mag, ist die Geschäftsstrategie in vielen Organisationen weder veröffentlicht noch allgemein bekannt. Das bedeutet jedoch nicht, dass es sie nicht gibt. Jede Organisation hat eine Strategie, egal wie grundlegend sie ist. Manchmal existiert sie jedoch nur im Kopf einer Person oder einer kleinen Gruppe. Das Verständnis der geschäftlichen Datenbedürfnisse ist essenziell für die Definition einer Datenstrategie. Diese Bedürfnisse auszudrücken ist nicht einfach und ebenso wenig ist es einfach, einen Konsens über die Anforderungen und deren Priorisierung zu schaffen.

Ian Wallis erörtert den Unterschied zwischen einer defensiven und einer offensiven Datenstrategie. Viele Organisationen beginnen beispielsweise mit einer defensiven Sichtweise, um Compliance-Anforderungen zu erfüllen. Wenn sie ihre Datenmanagement-Praktiken weiterentwickeln, können einige zu einer offensiven Position übergehen und das Datenmanagement zu einem Teil des normalen Geschäftsbetriebs machen. Dieser Wandel versetzt sie in die Lage, Wert aus ihren Daten zu schöpfen (Wallis, 2021).

In einem Interview im Mai 2022 teilte der Datenmanagement-Experte Bill Inmon seine Sichtweise auf die Beziehung zwischen Strategie und Datenarchitektur mit (siehe das vollständige Interview am Ende dieses Kapitels):

„Stellen Sie sich vor, Sie befinden sich auf einem Schiff. Sie sind mitten im Pazifik. Die Strategie sagt Ihnen, dass Sie das Schiff auf sinnvolle Weise steuern müssen. Andernfalls werden Sie nie dort ankommen, wo Sie hinwollen.

---

[22] https://www.linkedin.com/in/donnaburbank/ Global Data Strategy https://globaldatastrategy.com/

Datenarchitektur ist wie ein Kompass oder eine Karte. Mithilfe der Datenarchitektur wissen Sie, wohin Sie sich bewegen.

*Sie benötigen **beides**: die Strategie und das Steuern des Schiffs sowie die Karte und den Kompass, die Ihnen sagen, welcher Kurs der richtige ist. Ohne Karte wissen Sie nicht, wohin Sie fahren."*

Bei der Diskussion über Datenstrategien müssen wir zunächst horizontal denken und die verschiedenen Organisationseinheiten berücksichtigen, d. h. alle Geschäftsbereiche sowie gemeinsame Dienste wie Finanzen, Recht, Compliance, Personalwesen und IT. Diese horizontale Sichtweise hilft dabei, geschäftliche Fragestellungen, datenbezogene Probleme und Motivationen zu identifizieren und zu priorisieren. Anschließend können wir vertikal denken und einen Geschäftsbereich auswählen, mit dem wir arbeiten möchten. Dabei müssen wir die zugehörigen Geschäftsprozesse, Datenbereiche, Datenquellen und strategischen Initiativen identifizieren. Diese unterschiedlichen Sichtweisen bieten eine Übersicht über die Organisation und ihre Bedürfnisse. Eine Datenstrategie bietet eine greifbare Möglichkeit, Erwartungen im Zusammenhang mit Datenmanagement und Data Governance zu steuern, da viele Menschen diese Konzepte nicht verstehen. Datenstrategien helfen zu beschreiben, was zuerst zu tun ist, mit welchen Organisationseinheiten, Daten, Prozessen oder Berichten.

Verschiedene Organisationen werden Datenstrategien mit unterschiedlichen Reichweiten definieren. Einige konzentrieren sich auf die Einführung neuer Technologien, andere auf die Akquise von Daten. Während einige das gesamte Unternehmen berücksichtigen, fokussieren andere auf einen bestimmten Organisationsbereich. Ich schlage vor, zunächst ***eine ganzheitliche Datenstrategie*** zu entwickeln, an der Vertreter aus der gesamten Organisation beteiligt sind. Diese Gruppe muss die geschäftlichen und datenbezogenen Probleme in jedem Teil der Organisation verstehen.

Eine ganzheitliche Datenstrategie bietet eine horizontale Sicht auf die Organisation und ihre Daten. Ist diese etabliert, wenden wir uns den vertikalen Perspektiven zu. Wählen Sie zunächst ein strategisches Geschäftsziel aus. Anschließend arbeiten Sie sich durch die verschiedenen Datenmanagement-Funktionen, die dieses Ziel unterstützen, wie etwa die Data-Governance-Strategie, die Datenqualitätsstrategie, die Datenarchitektur-Strategie, die IT-Strategie usw. So entstehen verschiedene Datenstrategien mit jeweils spezifischem Fokus und spezifischer Reichweite. Durch ihre Verbindung zur übergeordneten Geschäftsstrategie und durch ihre gemeinsamen Ziele sind sie jedoch alle miteinander verknüpft. Wir beschreiben diesen Ansatz in Kapitel 3.

Vor diesem Hintergrund habe ich die folgende Definition formuliert, die wir im gesamten Buch verwenden werden:

„Datenstrategien sind die höchstrangige verfügbare Orientierung in einer Organisation für die intelligente Zuweisung von Ressourcen, um auf integrierte Weise an der Erreichung datenbezogener Ziele zu arbeiten und zur Erfüllung strategischer Geschäftsziele beizutragen."

1.4. Was können wir von einer Datenstrategie erwarten?

Als ich zum ersten Mal eine Datenstrategie erstellte, recherchierte ich, welche Inhalte eine solche Strategie umfassen sollte. Es gab keine einheitliche Übereinkunft. In einigen Publikationen wurde diskutiert, dass Datenstrategien fünf oder mehr Kernkomponenten umfassen sollten, die sich darauf beziehen, wie Daten erworben, integriert, gesichert, gespeichert, verarbeitet und analysiert werden. Andere bezogen auch die verwendeten Tools sowie die Eigentümerschaft von Daten und Tools mit ein. Einige Datenstrategie-Frameworks stammten von datenbezogenen Plattformen oder Softwaretools, wodurch die Datenstrategien sehr technologieorientiert wurden. Daher ist es nicht überraschend, dass diese Art von Strategie in vielen Organisationen zu finden ist. Jüngere Arbeiten haben dazu beigetragen, den Ansatz zu klären. Peter Aiken und Todd Harbour erörtern beispielsweise fünf kritische Komponenten einer Datenstrategie: Datenvision, Datenziele, Daten-Zielsetzungen, unterstützende Strategien und kritische Initiativen (Aiken & Harbour, 2017). Laut Ian Wallis sollte eine Datenstrategie das Datenmanagement umfassen, einschließlich der Nutzung strukturierter und unstrukturierter Daten (Wallis, 2021). Er betrachtet auch Reporting, Analytik, Erkenntnisgewinnung und Wissensmanagement als Teil der Datenstrategie. Michelle Knight beschreibt die Komponenten einer gut entwickelten Datenstrategie (Knight, 2021):

- Eine robuste Vision für das Datenmanagement
- Ein starkes Business Case/eine starke Begründung
- Leitprinzipien
- Gut durchdachte Datenziele
- Kennzahlen und Messungen von Fortschritt und Erfolg
- Kurz- und langfristige Ziele
- Angemessen konzipierte und verstandene Rollen und Verantwortlichkeiten

Dies ähnelt stark **der PAC-Methode zur Datenstrategie**, die beim Aufbau von Datenstrategien berücksichtigt wird. Eine Datenstrategie sollte auf der höchstrangigen Organisationsebene die Elemente präsentieren, die allen Ebenen ermöglichen, zu verstehen, welche Daten zur Unterstützung der Geschäftsziele in welcher Reihenfolge benötigt werden und wer handeln muss. **Die PAC-Methode zur Datenstrategie** gruppiert die Hauptinhalte von Datenstrategien in die folgenden sechs Komponenten:

1. Abstimmung mit der Geschäftsstrategie
2. Benötigte Daten
3. Die Begründung für ein Datenmanagement-Programm
4. Datenprinzipien
5. Priorisierung
    - Data-Governance-Fähigkeiten
    - Datenmanagement-Funktionen
    - Organisationsstruktur

    - Schwerpunktbereiche
    - KPIs
6. Partners

1. **Abstimmung mit der Geschäftsstrategie**: Wie können Daten strategische Ziele und Datenmanagement-Motivationen unterstützen (z. B. durch präzise Informationen über geschäftliche Erkenntnisse und Kundenverhalten)? Eine gute Datenstrategie muss die Geschichte erzählen, welche Maßnahmen in welcher Reihenfolge zu ergreifen sind, um zur Erfüllung der strategischen Geschäftsziele beizutragen. Personen in verschiedenen Teilen der Organisation können normalerweise nur schwer nachvollziehen, warum ein Data-Governance-Team existiert oder warum eine Führungskraft für das Metadatenmanagement erforderlich ist. Daher ist es wichtig, aufzuzeigen, wie das Metadatenmanagement beispielsweise die Datenqualität und damit das Kundenerlebnis verbessert.

2. **Benötigte Daten**: Eine Datenstrategie muss zunächst identifizieren, welche Daten zur Unterstützung der Geschäftsziele benötigt werden und ob diese innerhalb der Organisation existieren. Beispielsweise müssen die erforderlichen Daten ermittelt werden, um jene geschäftlichen Fragestellungen zu beantworten, die Führungskräfte an einem typischen Arbeitstag stellen könnten. Mögliche Beispiele sind die Standorte der am wenigsten rentablen Geschäfte, die von den rentabelsten Kunden genutzten Bankprodukte, Erfahrungen, die Kunden in den sozialen Medien geteilt haben, die Call-Center-Nachfrage und Wartezeiten usw. Auf der höchsten Ebene wird eine Datenstrategie die Datenbereiche oder -entitäten für Governance und Management identifizieren und priorisieren. Die Identifizierung spezifischer Datensätze und Datenelemente erfolgt zu einem späteren Zeitpunkt, wenn an der Strategie für die Datenmanagement-Disziplin gearbeitet wird, wie im Fall der Datenqualität.

3. **Begründung**: Warum werden Daten benötigt? Wie tragen Daten zu strategischen Geschäftszielen und datenbezogenen Problemen bei? Um ein Datenmanagement-Programm zu starten oder eine Data-Driven-Organisation zu werden, müssen die grundlegenden Motivationen und Vorteile einer besseren Datenhandhabung identifiziert werden. Ebenso müssen wünschenswerte datenbezogene Verhaltensweisen, die in der gesamten Organisation ausgeweitet werden müssen (z. B. Datenqualitätsprobleme melden, ethische Auswirkungen der Nutzung sensibler Datenfelder berücksichtigen, Bereitschaft zur Datenweitergabe zeigen usw.), sowie unerwünschte datenbezogene Verhaltensweisen (z. B. Quellen für Berichte nicht dokumentieren, Metadaten nicht dokumentieren, genehmigte Datenquellen nicht nutzen usw.) beschrieben werden, zusammen mit allen Problemen im Zusammenhang mit Daten.

4. **Datenprinzipien**: Die Definition von Prinzipien, die von der Organisation befolgt werden sollen, ist ein Kernelement der Datenstrategie. Wie Håkan Edvinsson erklärt,

führt das Versäumnis, Prinzipien zu definieren, häufig zu einer übermäßigen Abhängigkeit von Regeln. Das kann dazu führen, dass Data-Governance-Programme scheitern. In seinem nicht-zwingenden Ansatz für Data Governance (Edvinsson H. , 2020) plädiert er dafür, durch Prinzipien zu regieren, anstatt Regeln durchzusetzen.

5. **Priorisierung**: Da eine *Strategie* „eine intelligente Allokation von Ressourcen" ist, muss eine gute Datenstrategie Data-Governance-Fähigkeiten und Datenmanagement-Funktionen priorisieren. Komponenten mit hoher Priorität werden formell eingeführt und institutionell gesteuert. Wenn nicht klar ist, was zuerst gesteuert werden muss, kann dies zu Konflikten führen. Daher ist die Priorisierung datenbezogener Maßnahmen entscheidend für den Erfolg der Datenstrategie. Die wichtigsten Aspekte, die priorisiert werden müssen, sind die folgenden:

    a) **Data-Governance-Fähigkeiten**: Data Governance ist die Kernfunktion des Datenmanagements. Sie muss die anderen Disziplinen (z. B. Datenarchitektur, Datenintegration, Datenqualität usw.) orchestrieren und organisatorische Fähigkeiten ermöglichen (z. B. Richtlinien festlegen, ein Glossar verwalten, Rollen verwalten, Fortschritte kommunizieren, KPI-Dashboards erstellen usw.). Der beste Weg, um die erforderlichen Fähigkeiten zu verstehen, ist es, den Empfehlungen eines formellen Datenmanagement-Reifegradmodells zu folgen (siehe Kapitel 2). Diese Fähigkeiten verbinden den Umfang verschiedener Datenstrategien (Datenmanagement-Strategie, Data-Governance-Strategie, Datenqualitätsstrategie usw.), wie in den Kapiteln 3 und 5 erläutert wird.

    b) **Datenmanagement-Funktionen**: Datenmanagement bildet das Fundament jeder datenbezogenen Initiative. Die meisten Organisationen wenden einige Datenmanagement-Praktiken an. Ohne diese Praktiken können sie nicht operieren. Diese Praktiken werden jedoch oft nicht formell gesteuert oder ihre Governance-Praktiken sind nicht offiziell festgelegt. Daher ist ein wesentlicher Bestandteil einer Datenstrategie die formelle Festlegung der erforderlichen Datenmanagement-Funktionen und die Priorisierung ihrer Umsetzung.

    c) **Organisationsstruktur**: Ein primäres Ziel der Datenstrategie ist die Priorisierung der Ressourcenallokation. Ein kritischer Punkt in dieser Angelegenheit ist die Festlegung, welche Rollen und Gremien für den Prozessbeginn erforderlich sind. Eine Organisation, die ein Datenmanagement-Programm startet, kann klein anfangen: mit einem Kern-Data-Governance-Team, das aus einer Führungskraft, einem Richtlinien-Redakteur, einer Führungskraft für Metadatenmanagement und einem Datenqualitätsanalysten besteht. Es ist zunächst besser, ein bestehendes Gremium zu nutzen, um datenbezogene Angelegenheiten zu prüfen und zu diskutieren, als zahlreiche Räte einzurichten. Wenn sich dann die nötige Reife entwickelt hat, kann ein Data-Governance-Rat als ständiges Gremium ins Leben gerufen werden. Einen ähnlichen Ansatz können wir für Data

Stewardship verfolgen. Im ersten Jahr beginnen wir mit einer kleinen Teilzeitgruppe von Data Stewards und stellen dann schrittweise weitere Teilzeit Data Stewards in verschiedenen Geschäftsbereichen ein. Schließlich wechseln wir bei Bedarf zu einer Vollzeitgruppe von Data Stewards oder Stewardship-Koordinatoren.

d) **Schwerpunktbereiche**: Die Einführung von Datenmanagement-Praktiken ist nicht nur eine Frage der Etablierung und Entwicklung von Fähigkeiten. Die Datenstrategie muss auch die Priorität der Steuerung verschiedener Organisationseinheiten oder Geschäftsbereiche klären. Zudem muss sie spezifizieren, was gesteuert werden soll (welche Datenentitäten oder -bereiche, Berichte, Prozesse usw.). Idealerweise sind diese Schwerpunktbereiche mit strategischen Initiativen verbunden, die Daten nutzen und zu Geschäftszielen beitragen.

e) **KPIs**: Schließlich müssen wir wissen, wie gut wir vorankommen und wie effektiv die Dinge funktionieren. Daher müssen wir für jede Phase der Datenstrategie und jede priorisierte Komponente den Fortschritt durch Kennzahlen und KPIs für priorisierte Datenmanagement-Funktionen berichten. Da sich der Umfang und die Komplexität von KPIs im Laufe der Zeit ändern, müssen auch Entscheidungen darüber, was gemessen werden soll, priorisiert werden.

6. **Partner**: Bei der Beschreibung der Strategie für Data Governance oder andere Datenmanagementfunktionen ist es wichtig, die Zusammenarbeit mit anderen Teams oder Organisationseinheiten zu berücksichtigen, die an der Umsetzung der Strategie beteiligt sind. Die Einbindung wichtiger Teilnehmer in die Definition und Umsetzung der Datenstrategien ist essenziell. Ihre Relevanz muss in jeder Datenstrategie explizit beschrieben werden.

1.5. Kernkonzepte

Datenstrategien sind die höchstrangige verfügbare Orientierungsebene in einer Organisation, um Ressourcen intelligent zuzuweisen und auf integrierte Weise an der Erreichung datenbezogener Ziele zu arbeiten. Auf diese Weise tragen sie zur Erfüllung strategischer Geschäftsziele bei.

1.6. Wichtige Aspekte

1. Damit eine Organisation eine erfolgreiche digitale oder datengetriebene Transformation durchführen kann, muss ein formelles und artikuliertes Datenmanagement vorhanden sein.

2. Wir alle können versuchen, jedes Spiel zu spielen, wenn uns die Regeln erklärt werden. Aber nur mit einer guten Strategie und kontinuierlichem Training können wir erfolgreich sein. Dasselbe gilt für das Datenmanagement-Spiel. Wir benötigen eine gute Strategie und kontinuierliches Training, um als datengetriebene Organisation erfolgreich zu sein.

3. Data Governance ist eine zentrale Datenmanagement-Funktion, die für die Artikulation anderer Datenmanagement-Funktionen zuständig ist. Die Grundlage für eine effektive und erfolgreiche Data Governance ist die Existenz einer Datenstrategie.

1.7. Interview zur Datenstrategie

BEFRAGTER EXPERTE: **Bill Inmon**[23]
Bill Inmon, der als Vater des Data Warehousing gilt, ist ein herausragender Datenarchitekt, Bestsellerautor mit über 30 Titeln sowie Gründer, Vorsitzender und CEO von Forest Rim Technology. Das Unternehmen hat die weltweit erste Textual-ETL-Software entwickelt.

Sie verfügen schließlich über umfangreiche Erfahrung als Data-Intelligence-Berater und in jüngerer Zeit in der Welt der Textanalyse. Wie oft stoßen Sie bei Ihren Kunden auf eine gut definierte horizontale Datenstrategie, die die datenbezogene Arbeit leitet und auf die Geschäftsstrategie reagiert?

Leider nicht sehr oft. Die meisten Organisationen werden technisch von Anbietern geleitet. In einigen Fällen geben diese gute Ratschläge und eine gute Orientierung. In den meisten Fällen sind die Ratschläge jedoch lediglich ein Trick, um Verkäufe zu tätigen. Wenn ein Anbieter Ratschläge gibt, sollten Sie sich deshalb immer fragen: Wessen Zwecken dienen die Ratschläge? In fast jedem Fall versucht der Anbieter lediglich, mehr von dem zu verkaufen, was er anbietet.

Welche Rolle spielt Ihrer Meinung nach die Datenstrategie für den Erfolg oder Misserfolg einer Data-Driven-Transformationsinitiative?

---

[23] https://www.linkedin.com/in/billinmon/ https://en.wikipedia.org/wiki/Bill_Inmon

Die Datenstrategie ist für eine Organisation das, was der Quarterback für ein Football-Team ist. Ohne einen guten Quarterback wird das Team an der Steuerung nicht weit kommen. Bei der erfolgreichen Implementierung einer Datenarchitektur gibt es viele Aspekte und Probleme. Die Person, die für die Datenstrategie verantwortlich ist, muss vielseitig begabt sein und in der Lage sein, eine Vielzahl von Problemen zu bewältigen. Wenn die Datenstrategie mit einer gut definierten Datenarchitektur gekoppelt ist, weiß die Organisation, in welche Richtung sie vorgehen muss.

Eine Datenstrategie und eine gut definierte Datenarchitektur sind wie ein Schiff auf dem Ozean. Wenn ein Schiff nicht weiß, wohin es will, ist jede Rudereinstellung ausreichend. Wenn es jedoch eine Strategie und eine Datenarchitektur gibt, weiß die Organisation auch mitten im Pazifik, wie sie das Ruder einstellen muss.

Wer sollte Ihrer Meinung nach die Erstellung und Pflege einer Datenstrategie vorantreiben und welche Interessengruppen müssen an diesem Prozess beteiligt sein?

Im Mittelpunkt steht der geschäftliche Wert. Wenn es diesen nicht gibt, bricht alles andere zusammen. Die wichtigste Person, die in das Strategieprojekt einbezogen werden sollte, ist daher der Endnutzer. In vielen Fällen fällt es dem Datenstrategen schwer, die Verbindung zwischen der Datenstrategie und der Steigerung des geschäftlichen Werts herzustellen. Dies ist ein gutes Anzeichen dafür, dass es ein Problem gibt. In jedem Fall muss eine starke Verbindung zwischen Datenstrategie und Steigerung des geschäftlichen Werts bestehen.

Wie würden Sie einer neuen Führungskraft im Bereich Data Governance empfehlen, bei der Geschäftsführung ein Bewusstsein für die Relevanz des Aufbaus einer integralen und horizontalen Datenstrategie als Fundament für ein erfolgreiches Programm zum Datenmanagement zu schaffen und deren Zustimmung zu gewinnen?

Der stärkste Motivationsfaktor im Unternehmen ist der Schmerz. Es gibt viele Schmerzpunkte. Da wäre zum einen der Schmerz vergangener Misserfolge. Vor allem gibt es aber den Schmerz des Scheiterns am Markt, beispielsweise bei der Gewinnung neuer Kunden, der Bindung bestehender Kunden oder der Umsatzsteigerung. Die beste Strategie, um ein Projekt ins Rollen zu bringen, besteht daher darin, diese Schmerzpunkte zu identifizieren und Lösungswege aufzuzeigen.

2. Das Datenmanagement-Reifegradmodell: Der Schlüssel zu Datenstrategien

Reife … bedeutet, Dinge geschehen zu lassen.

Carolyn Heilbrun

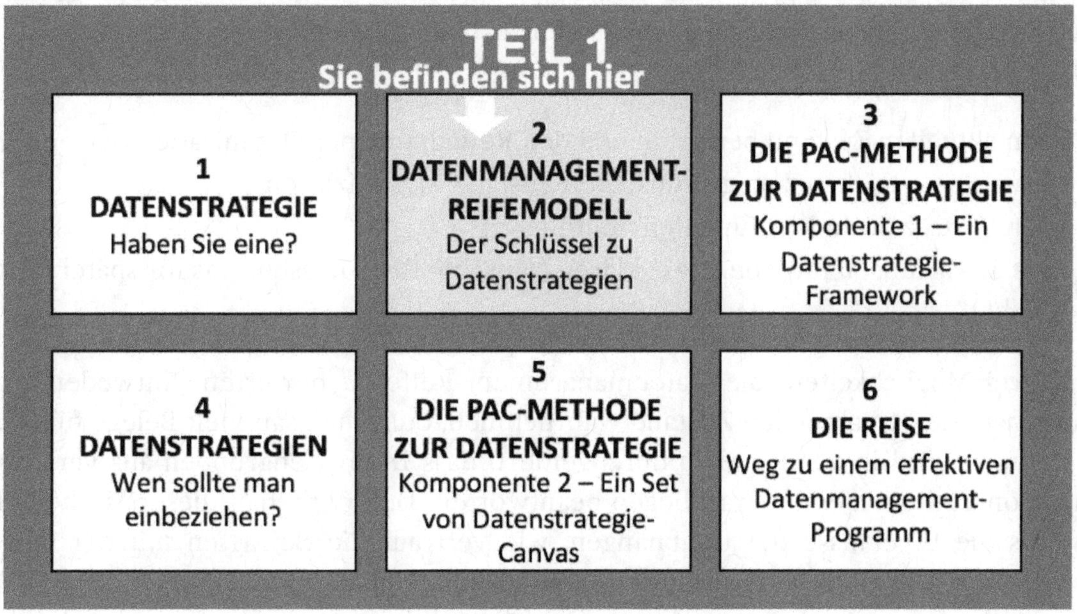

2.1. Vorteile eines Datenmanagement-Reifegradmodells

Bevor wir erklären, warum Datenmanagement-Reifegradmodelle für die Datenstrategie wichtig sind, müssen wir zunächst verstehen, was ein Reifegradmodell ist. Reifegradmodelle wurden Mitte der 1970er Jahre entwickelt, um die Fähigkeit und Effektivität von Personen bei der Durchführung bestimmter Prozesse zu messen. Sie wurden ursprünglich entwickelt, um Softwareentwicklungsprobleme zu lösen, die mit dem zunehmenden Einsatz von Computern entstanden. Das erste stufenbasierte Reifegradmodell wurde von Richard L. Nolan entwickelt, der 1973 sein Wachstumsmodell in Stufen veröffentlichte. Watts Humphrey begann 1986 mit der Definition seiner Konzepte für ein

Prozessreifegradmodell und veröffentlichte diese 1988.[24] Aus Sicht des Geschäftsprozessmanagements basieren Reifegradmodelle auf der Annahme, dass sich die organisatorische Entwicklung vorhersehbar vollzieht, indem Fähigkeiten schrittweise entlang eines logischen Pfades weiterentwickelt werden.[25] Das Konzept der Entwicklungsstufen einer bestimmten Disziplin und die Vorstellung, dass jede Stufe spezifische qualitative und quantitative Merkmale umfasst, wurde auf das Datenmanagement übertragen. Es wurden mehrere Modelle entwickelt, um zu beschreiben, was es für eine Organisation bedeutet, ihre Fähigkeiten im Datenmanagement zu verbessern, und wie der Fortschritt bei diesem Prozess gemessen werden kann.

Datenmanagement-Reifegradmodelle helfen uns nicht nur dabei, zu bewerten, wie weit eine Organisation in einer ihrer Datenmanagement-Disziplinen (z. B. Data Governance, Datenqualität, Datenarchitektur usw.) fortgeschritten ist, sondern sie können und müssen auch als Leitfaden verwendet werden, um Roadmaps zu definieren, die uns zu dem gewünschten Zustand in Bezug auf den Umgang mit Daten in einer Organisation führen. Mithilfe dieser Modelle können wir:

- Den aktuellen Zustand bewerten und den Reifegrad einer Organisation diagnostizieren
- Bestehende Lücken zum gewünschten Zustand identifizieren
- Den Fortschritt in Richtung Reife definieren
- Die Erwartungen für jede Phase klären (einschließlich dessen, was für später übrig bleibt)

Es gibt zwei Möglichkeiten, die Datenmanagement-Reife zu bewerten: Entweder man fragt Personen, wie sie den aktuellen Zustand wahrnehmen, oder man sammelt Belege für Reife. Die erste Methode wird in der Regel so durchgeführt, dass Interessengruppen aus verschiedenen Organisationseinheiten einen Fragebogen beantworten. Der Vorbehalt dieser Methode besteht darin, dass die Ergebnisse davon abhängen, wie vertraut die Befragten mit der bewerteten Disziplin sind (z. B. Data Governance, Datenqualität, Metadatenmanagement usw.). Bei der zweiten Methode werden Informationen gesammelt (z. B. Dokumente, Prozesse, Artefakte, E-Mails, Protokolle usw.), die zeigen, welche Datenmanagement-Prozesse in welchem Maße ausgeführt werden. Diese Belege müssen jedoch noch interpretiert werden.

---

[24] History of Capability Maturity Model https://bit.ly/3uHZ6xg. Das Software Engineering Institute entwickelte 1987 das fünfstufige Fähigkeitsreife-Modell *-Capability Maturity Model (CMM)-* für Software. Dieses Modell entwickelte sich zum CMM Integration™ (CMMI), das weiterhin auf die Softwareentwicklung fokussiert ist. Danach folgten mehrere Modelle, die auf verschiedene Disziplinen angewendet wurden.

[25] Maturity Models in Business Process Management https://bit.ly/3O2XuF6

Die konsequente und kontinuierliche Nutzung eines Datenmanagement-Reifegradmodells bringt viele Vorteile mit sich. Bei der Definition von Datenstrategien trägt ein Datenmanagement-Reifegradmodell zu Folgendem bei:

- **Gemeinsames Verständnis**: Wie in Kapitel 1 festgestellt, hilft die Datenstrategie dabei, Erwartungen an das Datenmanagement zu steuern. Dazu gehört die Schaffung eines Konsenses über die Definitionen reifer Datenmanagement-Praktiken. Ein Reifegradmodell trägt zu diesem Verständnis bei, da es klar definiert, welche Art von Belegen für jede Reifegradstufe vorhanden sein sollte.

- **Standardisierte Praktiken**: Bei Verwendung eines Datenmanagement-Reifegradmodells ist es nicht notwendig, erforderliche Fähigkeiten neu zu entwickeln. Diese wurden auf der Grundlage der Erfahrung und bewährter Verfahren von Praktikern aus verschiedenen Sektoren definiert und standardisiert. Während es Raum für die Anpassung der Artefakte, Vorlagen und Tools gibt, die zur Unterstützung dieser Fähigkeiten verwendet werden, definiert das Modell selbst den Großteil dessen, was erforderlich ist.

- **Leitfaden für Roadmaps**: Auch wenn Datenstrategien die höchste Ebene der Priorisierung datenbezogener Maßnahmen darstellen, wird ein Leitfaden für die erforderlichen Fähigkeiten benötigt. Die auf jeder Reifegradstufe angegebenen Fähigkeiten verankern organisationsspezifische Meilensteine in Roadmaps und Betriebsplänen.

- **Erwartungsmanagement**: In jeder Beziehung können Konflikte entstehen, wenn Erwartungen nicht kommuniziert oder nicht erfüllt werden. Ein typisches Szenario im Datenmanagement ist, dass nicht klar verstanden wird, was Datenmanagement bedeutet. Ein Datenmanagement-Reifegradmodell definiert für jede im Modell vertretene Funktion die Erwartungen auf jeder Reifegradstufe klar. Daher kann das Reifegradmodell dabei helfen, Erwartungen zu artikulieren und zu steuern, indem es angibt, welche Ziele in jeder Phase der Datenmanagement-Implementierung erreicht werden sollen.

- **Ausrichtung von Teams**: Die klare Darlegung, welche Fähigkeiten in jeder Phase etabliert werden sollen, hilft nicht nur dabei, die Erwartungen zu steuern, sondern ermöglicht auch eine Ausrichtung und Koordination dieser Aktivitäten über die verschiedenen, am Prozess beteiligten Teams hinweg.

- **Unterstützung bei Audits**: Externe Audits sind in stark regulierten Sektoren (z. B. Finanzwesen, Versicherungen, Gesundheitswesen usw.) an der Tagesordnung. Data Governance wird so zu einem roten Faden in Audits. Die Anerkennung von Schwachstellen, die in einer Datenmanagement-Reifegradbeurteilung identifiziert wurden, und die Angabe, wann diese behoben werden sollen, führt in der Regel zu positiven Ergebnissen bei einem Audit.

2.2. Optionen für Reifegradmodelle

Es wurden mehrere Reifegradmodelle entwickelt, die auf verschiedene Aspekte des Datenmanagements anwendbar sind (siehe Tabelle 2). Am besten kenne ich mich mit dem DCAM aus. Ich habe es eingehend studiert, da ich bei der Übersetzung der Version 2.2 ins Spanische mitgeholfen habe. DCAM wurde erstmals 2014 von Mitgliedern des Enterprise Data Management Council definiert. Der 2005 gegründete EDM Council ist eine gemeinnützige Organisation, die darauf abzielt, das Daten- und Analysemanagements zu fördern und die Rolle der Datenfachkräfte zu stärken.[26] Der Council funktioniert durch die Mitgliedschaft von Unternehmen. Er erleichtert die branchenübergreifende Zusammenarbeit in den Bereichen Forschung, bewährte Verfahren, Standards, Schulungen und Ausbildung im Bereich Datenmanagement und Analytik. Während der Council anfangs hauptsächlich aus Finanzorganisationen bestand, umfasst er heute über 300 Mitglieder aus einem breiten Spektrum von Branchen und Aufsichtsbehörden weltweit.

Die meisten Autoren der ersten Version stammten aus dem Finanzsektor. Ihr Ziel war es, bewährte Verfahren im Datenmanagement zu sammeln, um die Empfehlungen des BCBS 239 einzuhalten. Dieser umfasst die Grundsätze für die effektive Aggregation von Risikodaten und die Risikoberichterstattung. Diese wurden vom Basler Ausschuss für Bankenaufsicht nach der Finanzkrise von 2008 herausgegeben.[27] In den letzten Jahren hat sich DCAM weiterentwickelt und wird heute von vielen öffentlichen und regulatorischen Organisationen sowie Unternehmen aus sehr unterschiedlichen Sektoren genutzt.

DCAM kann die Implementierung des Datenmanagements in einer Organisation leiten. Es definiert die erforderlichen Fähigkeiten und Maßnahmen, um vertrauenswürdige Daten zu erwerben, zu produzieren, zu handhaben und zu pflegen. DCAM umfasst die Messung und Bewertung von Stärken und Schwächen. Am wichtigsten ist, dass DCAM Implementierungs-Roadmaps auf der Grundlage von Meilensteinen definiert, die die Etablierung der erforderlichen Fähigkeiten als Rückgrat von Datenstrategien sicherstellen.

Tabelle 2: Alternativen von Datenmanagement-Reifegradmodellen

---

[26] EDM Council https://edmcouncil.org/

[27] BCBS 239 https://bit.ly/3csR5Gt

Name	Abkürzung	Autor	Erstveröffentlichu ng	Aktuellste Version
Gartner Enterprise Information Management Maturity Model[28]	EIMM	Gartner Group	2008	2016
Data Management Maturity Model[29]	DMM	CMMI Institute	2014	Am 1. Januar 2022 von ISACA abgelehnt, wird in das CMMI-Modell aufgenommen.
Capability Maturity Model for Research Data Management [30]	CMMRDM	Syracuse University	2014	
Data Management Capability Assessment Model[31]	DCAM	Enterprise Data Management Council	2014	Version 2.2 veröffentlicht im Oktober 2021
Modelo Alarcos de Mejora de Datos (Alarcos Data Improvement Model)[32]	MAMD	Alarcos Research Group and La Mancha Castilla University, Spain	2018	Version 3.0 veröffentlicht im Mai 2020

[28] Gartner Introduces the EIM Maturity Model https://bit.ly/3zbo4aS

[29] Data Management Maturity Model Introduction https:// https://bit.ly/4n3vOlD

[30] A Capability Maturity Model for Research Data Management https://surface.syr.edu/istpub/184/

[31] EDM Council DCAM https://bit.ly/3PDW5Gw

[32] Alarcos Group MAMD 3.0 https://bit.ly/3aOucN2

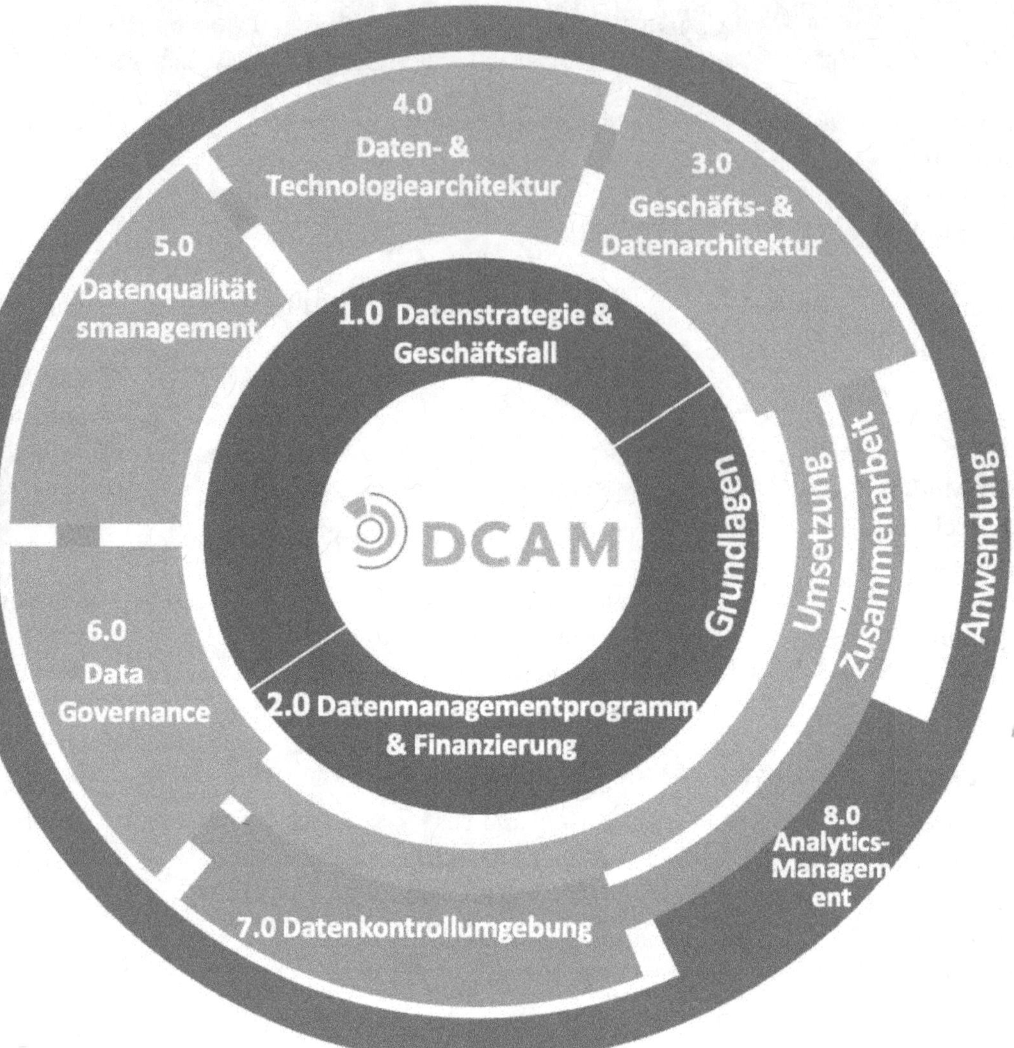

Abb. 8: DCAM 2.2 Framework

Das DCAM 2.2 (siehe Abbildung 8) umfasst sieben Hauptkomponenten und eine optionale Komponente namens „Analytics Management". Jede Komponente enthält Fähigkeiten und Unterfähigkeiten. Diese haben jeweils klare Ziele und vorgeschlagene Artefakte, die als Belege für eine etablierte Fähigkeit oder Unterfähigkeit zu betrachten sind. Insgesamt umfasst das Framework 38 Fähigkeiten, 136 Unterfähigkeiten und 488 Ziele.

Die meisten Reifegradmodelle verwenden unabhängig von den Prozessen, die sie messen, eine Reifegradskala, die ursprünglich vom CMMI definiert wurde und auch im DMM enthalten ist (siehe Abschnitt 2.2):

1. Durchgeführt (Performed)
2. Verwaltet (Managed)
3. Definiert (Defined)

4. Gemessen (Measured)
5. Optimiert (Optimized)

DCAM folgt nicht diesem fünfstufigen Format. Es umfasst sechs Reifegradstufen (siehe Abbildung 9):

1. **Nicht initiiert**: Die Fähigkeit bzw. Unterfähigkeit ist nicht etabliert und es besteht kein Bewusstsein für deren Notwendigkeit. Es können lediglich Ad-hoc-Bemühungen festgestellt werden.

2. **Konzeptionell**: Die Fähigkeit bzw. Unterfähigkeit existiert noch nicht, aber es gibt ein Bewusstsein für deren Notwendigkeit. Dies wird in verschiedenen Foren diskutiert.

3. **In Entwicklung**: Die Fähigkeit bzw. Unterfähigkeit wird entwickelt.

4. **Definiert**: Die Fähigkeit bzw. Unterfähigkeit wurde definiert und von den direkt beteiligten Interessengruppen validiert.

5. **Erreicht**: Die Fähigkeit bzw. Unterfähigkeit ist etabliert, in der gesamten Organisation verstanden und wird von den Interessengruppen befolgt. Auf dieser Stufe können Belege verschiedener Artefakttypen (Prozessdokumentation, Richtlinien, Standards, E-Mails, Sitzungsprotokolle usw.) gefunden werden, um das Erreichen dieser Reifegradstufe zu belegen.

6. **Erweitert**: Die Fähigkeit bzw. Unterfähigkeit ist als Teil der alltäglichen Geschäftspraxis etabliert und durchläuft einen kontinuierlichen Verbesserungsprozess.

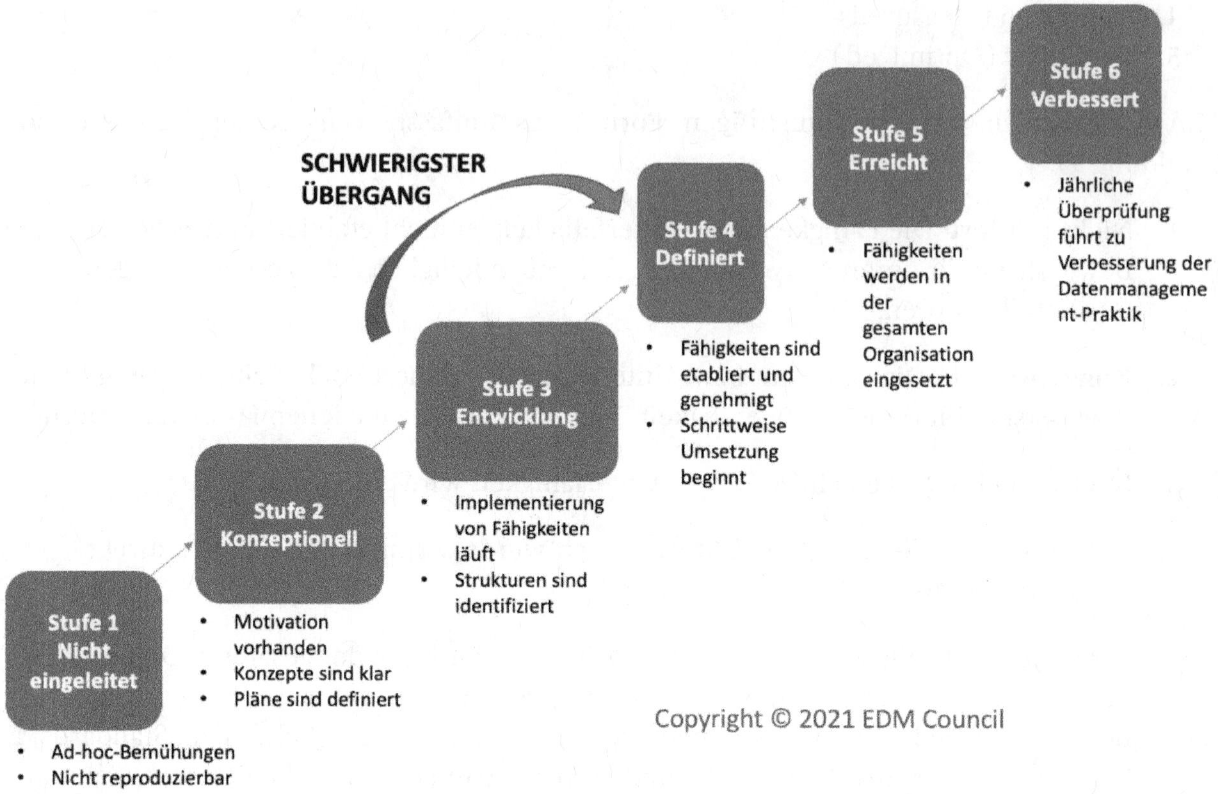

Abb. 9: DCAM-Reifegradstufen

Am besten gefällt mir an DCAM die Komponente 1: Datenstrategie & Business Case. DCAM ist der Ansicht, dass eine Datenstrategie grundlegend für die erfolgreiche Implementierung des Datenmanagements ist. DCAM erkennt an, dass ohne Datenstrategie keine klare Reihenfolge für die Implementierung des Datenmanagements existiert. Laut DCAM 2.2 „bestimmt die Datenmanagement-Strategie und der Business Case, wie Datenmanagement definiert, organisiert, finanziert, gesteuert und in die Geschäftsabläufe der Organisation eingebettet wird." Datenmanagement ist teuer und kein Projekt. Es handelt sich um eine Reihe von Funktionen, die etabliert und gepflegt werden müssen. Dies erfordert eine jährliche Finanzierung. Darin liegt die Relevanz, von Anfang an eine Datenstrategie und die Definition eines Business Cases als Kernfundament für das Datenmanagement zu haben.

Da die Definition einer Datenstrategie der erste Schritt zur Implementierung des Datenmanagements ist, müssen die Fähigkeiten eines Datenmanagement-Reifegradmodells in die Datenmanagement-Strategie einfließen. Obwohl jedes Datenmanagement-Reifegradmodell für die **PAC-Methode zur Datenstrategie** verwendet werden kann, werde ich mich auf DCAM beziehen, da es umfassend, gut durchdacht und ausgereift ist.

2.3. Relevanz fähigkeitsbasierter Reifegradmodelle

Wie in Kapitel 1 erläutert, stellen Datenstrategien die höchstrangige verfügbare Orientierungsebene in einer Organisation dar. Sie ermöglichen eine intelligente Zuweisung von Ressourcen, um auf integrierte Weise datenbezogene und strategische Geschäftsziele zu erreichen. Die Hauptidee hinter dieser Definition ist die Priorisierung. Die Liste der Aufgaben rund um das Datenökosystem ist so umfangreich, dass wir ein Mittel benötigen, um die wichtigsten Punkte zu ermitteln, auf die wir uns konzentrieren sollten. Wir haben bereits erwähnt, dass Datenmanagement die Grundlage für den Erfolg anderer Initiativen sein kann. Insgesamt bildet es die Grundlage für erfolgreiche erweiterte Analytik. Daher müssen wir zunächst die zu entwickelnden und zu implementierenden Datenmanagement-Fähigkeiten priorisieren. Um dies zu erreichen, müssen wir zunächst sehr genau definieren, was gutes und ausgereiftes Datenmanagement bedeutet. An dieser Stelle ist ein Verweis auf ein fähigkeitsbasiertes Datenmanagement-Reifegradmodell am relevantesten.

Fähigkeit bedeutet „die Eigenschaft oder der Zustand, fähig zu sein"(Merrian Webster Dictionary, 2022); sie impliziert schlicht „die Fähigkeit, etwas zu tun" (Britannica Dictionary, 2022). Sind Fähigkeiten und die dazugehörigen Artefakte (z. B. Dokumente, Protokolle, Verteilerlisten usw.) gut definiert, wird es einfacher, den Reifegrad anhand von Belegen und nicht aufgrund subjektiver Wahrnehmung zu bewerten.

Zu den Vorteilen eines auf Fähigkeiten basierenden Datenreifegradmodells gehören:

- Standardisierte Fähigkeiten werden auf der Grundlage bewährter Branchenverfahren definiert.
- Fähigkeiten ermöglichen den Vergleich mit anderen Organisationen derselben Branche.
- Fähigkeiten ermöglichen ein gemeinsames Verständnis des Datenmanagement-Reifegrads innerhalb einer Organisation. Es ist offensichtlich und greifbar, welche Maßnahmen erforderlich sind, um von einer Reifegradstufe zur nächsten zu gelangen.
- Zudem ist es einfacher, das Rückgrat einer Roadmap mit zentralen Meilensteinen für die Etablierung von Fähigkeiten zu definieren. Anschließend können wir unternehmensspezifische Meilensteine um diese herum festlegen.
- Den Fortschritt können wir anhand der im Modell beschriebenen Belege objektiv messen.
- Für unseren Zweck wird uns die Verwendung eines fähigkeitsbasierten Datenmanagement-Reifegradmodells dabei helfen, zu priorisieren, welche Fähigkeiten kurz-, mittel- und langfristig etabliert werden. Dadurch ist eine Steuerung der Erwartungen möglich, wie in Kapitel 5 gezeigt wird.

2.4. Kernkonzepte

Datenmanagement-Reifegradmodelle sind wichtige Instrumente, um die Entwicklung der verschiedenen Datenmanagement-Disziplinen zu messen.

Es wird empfohlen, fähigkeitsbasierte Datenmanagement-Reifegradmodelle zu nutzen, um den Reifegrad anhand von Belegen objektiv zu messen.

2.5. Wichtige Aspekte

1. Datenmanagement-Reifegradmodelle können als Leitfaden dienen, um Roadmaps zu definieren, die eine Organisation zu einem besseren Umgang mit Daten führen.
2. Ein fähigkeitsbasiertes Datenmanagement-Reifegradmodell kann dabei helfen, Erwartungen an ein gutes und ausgereiftes Datenmanagement in der gesamten Organisation zu definieren und zu steuern.
3. Die in einem solchen Modell berücksichtigten Fähigkeiten dienen als Leitfaden für die Priorisierung in Datenstrategien und bilden das Fundament für die daraus abgeleiteten Roadmaps.

2.6. Interview zur Datenstrategie

BEFRAGTE EXPERTIN: **Melanie Mecca**[33]

Melanie Mecca ist weltweit führende Expertin für die Bewertung von Enterprise-Datenmanagement-Fähigkeiten.

Als CEO von DataWise Inc. wurde sie 2022 vom CDO-Magazine als „führende Datenberaterin" ausgezeichnet. Sie verfügt über einzigartige Expertise und Erfahrung in der Leitung von Datenmanagement-Assessments, dem Benchmarking von Datenmanagement-Programmen und der Erstellung strategischer Roadmaps. Ihre Führungsrolle bei der Bewertung, Gestaltung und Implementierung von Datenmanagement-Programmen hat Kunden in allen Branchen dazu befähigt, ihren Erfolg zu beschleunigen.

---

33 Melanie Mecca https://www.linkedin.com/in/melanie-a-mecca-1b9b1b14/

DataWise ist stolzer Partner des Enterprise Data Management Council und im „Data Management Capability Model (DCAM)“ akkreditiert. Melanie war als Direktorin für Datenmanagement beim ISACA/CMMI Institute die leitende Autorin des „Data Management Maturity (DMM)-Modells“ und hat bisher 38 Reifegradbeurteilungen durchgeführt, die zu einer schnellen Implementierung von Fähigkeiten geführt haben. DataWise bietet umfassende Kurse mit Dozenten an, die Fallstudien und zahlreiche Teamübungen einsetzen.

DataWise bietet zudem eine Reihe von E-Learning-Kursen für Organisationen an. Diese vermitteln Schlüsselkonzepte und praktische Fähigkeiten für breite Mitarbeitergruppen. Diese Kurse fördern das Organisationswissen, etablieren eine Datenkultur, unterstützen die Zusammenarbeit und stärken die Data Governance. Die Weiterbildung von Interessengruppen ist der Schlüssel zu exzellentem Datenmanagement! Besuchen Sie *datawise-inc.com*, um herauszufinden, „wie **GUTES** Datenmanagement aussieht".

Angesichts Ihrer umfassenden Erfahrung als Beraterin und Praktikerin bei der Entwicklung von Datenmanagement-Programmen sowie als leitende Autorin des „Data Management Maturity (DMM)-Modells“: Wie beurteilen Sie die Beziehung zwischen einem fähigkeitsbasierten Datenmanagement-Reifegradmodell und einer gut definierten horizontalen Datenstrategie, die die datenbezogene Arbeit leitet und auf die Geschäftsstrategie reagiert? Haben Sie eine solche Datenstrategie in den Organisationen vorgefunden, mit denen Sie zusammengearbeitet haben?

Organisationen, die ihr Datenmanagement-Programm aufbauen oder verbessern möchten, wird eine umfassende Reifegradbeurteilung des Datenmanagements im gesamten Unternehmen empfohlen. Diese liefert eine präzise Standortbestimmung der aktuellen Fähigkeiten und ermöglicht es der Organisation, ihre Stärken und Lücken zu ermitteln. Auf dieser Grundlage kann sie einen maßgeschneiderten Implementierungsplan entwickeln, um ihren Fortschritt zu beschleunigen.

Ich habe festgestellt, dass Organisationen den Begriff „Datenstrategie” uneinheitlich verwenden und dabei in der Regel den Fokus auf die technologische Transformation legen. Meiner Erfahrung nach gibt es drei Hauptkomponenten einer organisationsweiten Datenstrategie:

- Datenarchitektur - WAS entworfen und implementiert werden muss, um Datenanforderungen zu erfüllen (Datenmodelle, Datenkomponentenpläne, Übergangspläne usw.)

- Datentechnologie/-Plattform - das WIE - was die Organisation aufbaut oder erwirbt, um Daten zu erfassen, zu speichern und zu verteilen (Schwerpunkt auf unternehmensweiten bzw. gemeinsam genutzten Daten)

- Datenmanagement - WELCHE Prozesse operationalisiert werden müssen, um die Daten aufzubauen, zu pflegen und zu steuern, und WER diese Prozesse durchführt - Personen, Rollen und Zusammenarbeitsstrukturen (Governance)

Aus Sicht des Datenmanagements rate ich Kunden, die Datenmanagement-Strategie als eigenständige Maßnahme zu entwickeln. Andernfalls wird sie fast immer zu kurz kommen und von „glänzenden Objekten" (Technologie) sowie in gewissem Maße von der Ziel-Datenarchitektur überlagert werden.

Im Grunde sind Daten dauerhaft vorhanden und müssen daher auch dauerhaft effektiv verwaltet werden. Das bedeutet die Etablierung einer dauerhaften Funktion, die von der Geschäftsführung, Richtlinien, Prozessen, Standards, Personal und Governance unterstützt wird. Sowohl das DMM als auch das DCAM betonen die Entwicklung eines breit angelegten, horizontalen und nachhaltigen Datenmanagement-Programms, das auf einer umfassenden Datenmanagement-Strategie basiert. Da sich viele Organisationen noch nicht zu dieser bedeutenden Transformation verpflichtet haben, bleiben datenzentrische Bemühungen und Implementierungen häufig projektbasiert, ineffizient und kostspielig - aufgrund von Nacharbeiten und Redundanzen.

Welche Themen sollten in der Datenmanagement-Strategie behandelt werden? Sie sollte mindestens Folgendes umfassen:

- Eine Vision (wie oben beschrieben, auch bekannt als „Daten-Nirwana" für die Organisation) mit einer Gesamtzusammenfassung und den geschäftlichen Zielen für Datenbestände, deren Erreichen die Vision ermöglichen würde
- Zentrale Betriebsprinzipien wie „redundante Daten minimieren", „Data-First-Design", „rationalisieren vor dem Aufbau" usw.
- Programmziele, die auf die Geschäftsziele der Organisation ausgerichtet sind
- Definierte Zielsetzungen zur Erreichung der EDM-Programmziele
- Den Umfang der Datenbestände (wie oben behandelt), d. h. die übergeordneten Datendomänen, die im Fokus des Datenmanagement-Programms stehen
- Wesentliche Lücken: Zusammenfassung des aktuellen Zustands der Datenbestände und Managementpraktiken sowie deren negative Auswirkungen auf die Erreichung von Geschäftszielen und - zielsetzungen
- Den Umfang des Datenmanagements: die zur Erreichung von Geschäftszielen und zur Behebung von Lücken erforderlichen Datenmanagement-Geschäftsprozesse (z. B. Geschäftsglossar, Data Profiling, Datenkatalog usw.)[34]

---

[34] Um die Vollständigkeit sicherzustellen, siehe die Liste der 25 Prozessbereiche des Datenmanagement-Reifegradmodells und die Wissensbereiche im „Data Management Body of Knowledge (DMBOK)". Man sollte beachten, dass sich das DMM auf grundlegende EDM-Praktiken konzentriert, während das DMBOK auch Lösungsbereiche (z. B. Content Management) umfasst.

- Wichtige Arbeitsergebnisse, die erstellt werden müssen, wie Richtlinien, Standards und definierte Prozesse
- Geschäftliche Vorteile: Diese sollten beschrieben werden:
    - Anwendungsfälle erfüllen, z. B. prädiktive Analyse potenzieller Produktverkäufe basierend auf Saison, geografischem Gebiet, wirtschaftlichen Faktoren, demografischen Trends usw.
    - Verbesserungen, z. B. im Kundenservice, bei der Einhaltung von Vorschriften, in der Produktentwicklung usw.
    - Greifbare Vorteile, z. B. Minimierung der Wartungskosten, Reduzierung von Qualitätsmängeln, die zu Verzögerungen beim Periodenabschluss führen, sowie höherer ROI durch schnellere Entwicklung usw.
- Prioritäten: wie Prioritäten sowohl für Datendomänen als auch für Datenmanagement-Prozesse bestimmt werden und welche Faktoren dabei eine Rolle spielen, z. B. Abhängigkeiten, geschäftlicher Wert, Ausrichtung auf strategische Initiativen und Aufwand
- Governance-Struktur: eine übergeordnete Beschreibung der Governance-Rollen, Governance-Gremien und ihrer Interaktion
- Geschäftliche Einbindung: wie Datenverantwortliche eingesetzt werden, um Daten zu definieren, Datenbestände aufzubauen, zu verbessern und zu steuern
- Personalressourcen: Schätzung der erforderlichen Ressourcen und der zu besetzenden neuen Stellen, z. B. für die Datenmanagement-Organisation oder einen Chief Data Officer usw.
- Kennzahlen: Wie lässt sich feststellen, dass die Programmzielsetzungen erreicht werden? Ein erstes übergeordnetes Set von Fortschritts- und Komponentenprozess-Kennzahlen sollte in der Strategie festgelegt werden
- Benchmarking: welche Methode und welches Datenmanagement-Referenzmodell die Organisation übernehmen wird, um eine objektive Messung der Fähigkeitenentwicklung und -implementierung zu erreichen
- Und zu guter Letzt: ein übergeordneter Sequenzplan über mehrere Jahre, der die wichtigsten umzusetzenden Initiativen zeigt

Die Kernaussage lautet: Unabhängig davon, welche Architektur angestrebt wird und welche Technologie zur Unterstützung erworben wird, müssen Daten stets effektiv verwaltet werden.

Sobald die Strategie für das Datenmanagement kommuniziert und genehmigt ist, kann sie mit der Architektur und der Technologie zu einer umfassenden Datenstrategie kombiniert werden.

Welche Rolle spielt Ihrer Meinung nach die Datenstrategie für den Erfolg oder Misserfolg einer Data-Driven-Transformationsinitiative?

„Data First" sollte das Leitprinzip jeder Organisation sein - egal, ob es sich um ein über 100 Jahre altes Unternehmen handelt, das seine Geschäftsziele durch die Nutzung seiner Datenbestände vorantreiben möchte, oder um ein neues Start-up, das seine Branche erobern will. Ohne Daten ist nichts möglich: Es können keine Geschäftsprozesse durchgeführt und keine Geschäftsentscheidungen getroffen werden.

„Wer nicht plant, plant zu scheitern." Organisationen wären daher gut beraten, sich die Zeit zu nehmen, ihre datengetriebene Zukunft zu planen. Wenn sie den Weg einschlagen, mehrere verschiedene Fähigkeiten ohne eine übergeordnete Strategie zu implementieren, sind die Bemühungen redundanzanfällig, weniger gut koordiniert und mit höheren Kosten verbunden. Eine Strategie ist das Gegenmittel gegen planlose Bemühungen.

Ich rate meinen Kunden, nicht zu viel Zeit für die Erstellung ihrer Datenmanagementstrategie aufzuwenden. Entscheidend für Erfolg oder Misserfolg ist es, einen Konsens und Vereinbarungen mit den wichtigsten Geschäftsbereichen oder Organisationseinheiten zu erzielen. Die Details können im übergeordneten Sequenzplan für die Transformation ausgearbeitet werden und die spezifischen Anforderungen für den Aufbau von Fähigkeiten werden dann in den Implementierungsplänen beschrieben.

Ein Element der Datenstrategie muss jedoch frühzeitig von oben nach unten festgelegt und betont werden: Data Governance. Die Entwicklung der Strategie bietet die Gelegenheit, Governance zu strukturieren und zu implementieren. Ohne diese kann das Datenmanagement-Programm nicht erfolgreich sein.

Wer sollte Ihrer Meinung nach die Erstellung und Pflege einer Datenstrategie vorantreiben? Und welche Interessengruppen müssen an diesem Prozess beteiligt sein?

Wenn die Organisation bereits eine zentrale Datenmanagement-Organisation (DMO) finanziert und aufgebaut hat, sollte diese von der obersten Datenverantwortlichen, dem CDO (Chief Data Officer), geleitet werden. Zu den wichtigsten Genehmigenden sollten die Führungskräfte der Geschäfts- bzw. Aufgabenbereiche und der Informationstechnologie gehören. Sie sollten leitende Vertreter für die Mitarbeit benennen und weitere unternehmensübergreifende Organisationen wie Analytics, Risk, Enterprise Architecture, Internal Audit usw. einbeziehen.

Die DMO bildet das Rückgrat, vertritt und pflegt dauerhafte Datenprodukte, einschließlich:

- Datenstrategie (Management, Architektur und Technologie)
- Datenqualitätsstrategie

- Metadatenstrategie
- Geschäftsglossar
- Unternehmensweite logische Datenmodelle (oder Geschäftsbereichsmodelle)
- Richtlinien, Prozesse und Standards für das Datenmanagement

Der CDO sollte gemeinsam mit den anderen Führungskräften Datenarbeitsgruppen benennen, deren Mitglieder über Fachkenntnisse in den verschiedenen Disziplinen verfügen. Für die Entwicklung der Datenarchitektur sollten beispielsweise mindestens ein Unternehmensdatenarchitekt, fachliche und technische Data Stewards sowie mehrere erfahrene Datenarchitekten aus den wichtigsten Repositorien und kritischen operativen Systemen zu den Schlüsselakteuren gehören.

Wie würden Sie einem neuen Data-Governance- Leiteren/inen empfehlen, bei der Geschäftsführung Bewusstsein für die Relevanz einer ganzheitlichen und bereichsübergreifenden Datenstrategie als Grundlage für ein erfolgreiches Datenmanagementprogramm zu schaffen und Unterstützung zu gewinnen?

Das ist doch die entscheidende Frage, oder? Wie verkauft man ein unternehmensweites Vorhaben erfolgreich intern?

Zunächst würde ich Ihnen empfehlen, die Geschäftsstrategie der Organisation (bzw. den Fünfjahresplan bei Bundes- und Landesbehörden) eingehend zu untersuchen. Analysieren Sie anschließend für jedes der primären Geschäftsziele den zukünftigen Zustand der erforderlichen Datenbestände.

Ein Softwareproduktunternehmen könnte sich beispielsweise das Ziel setzen, die Kundenbindung innerhalb der nächsten drei Jahre um 25 % zu steigern. Mögliche Auswirkungen auf die Daten wären zeitnahe und genaue Kundenstammdaten, Analytics zur Ermittlung von mit der Kundenbindung zusammenhängenden Faktoren (z. B. Produktverkäufe je Kunde korreliert mit der Bindungsrate), eine verbesserte Kategorisierung und Nachverfolgung von Anrufen im Kundensupport sowie der Ausbau von Self-Service-Funktionen im kundenorientierten Webportal. All diese Beispiele sind von der Weiterentwicklung des aktuellen Datenzustands abhängig.

Anschließend würde ich empfehlen, alle Führungskräfte der Geschäfts- bzw. Aufgabenbereiche sowie den CIO zu befragen, um Folgendes zu ermitteln:

- Was sie erreichen könnten, wenn sie über die richtigen Daten zur richtigen Zeit und in der richtigen Qualität verfügen würden, d. h. welche Zielvorstellungen sie in Bezug auf Daten haben. Falls möglich, sollten sie den Wert beziffern, der erzielt würde, wenn diese Zielvorstellungen realisiert würden.

- Welche größeren Datenprobleme sie aktuell oder absehbar haben. Dabei sollten Sie erkunden, welche Hemmnisse oder Hindernisse der aktuelle Datenzustand verursacht und diese möglichst quantifizieren.

Die Ergebnisse dieser Befragungen zeigen die Diskrepanz zwischen dem aktuellen Stand und dem gewünschten Zustand auf, d. h. sie machen die zu erreichenden Ziele und zu lösenden Probleme deutlich. Vor dem Hintergrund der Gesamtstrategie der Organisation wird Ihnen Ihre Analyse den Weg zum zukünftigen Zustand weisen und aufzeigen, welche Leistungen in den Bereichen Datenmanagement, Technologie und Architektur erforderlich sind.

Im Anschluss präsentieren Sie Ihre Erkenntnisse und Empfehlungen und demonstrieren, wie eine ganzheitliche Datenstrategie die Organisation voranbringen und hartnäckige Probleme lösen wird. Dieser Ansatz stellt sicher, dass alle wichtigen Stimmen gehört, zusammengeführt und in Ihrer Begründung für die Datenstrategie berücksichtigt werden.

3. Die PAC-Methode zur Datenstrategie: Komponente 1 - Rahmenwerk für Datenstrategien

Bei einer Strategie geht es darum, Entscheidungen zu treffen und Abwägungen vorzunehmen. Es bedeutet, sich bewusst dafür zu entscheiden, anders zu sein.

Michael Porter

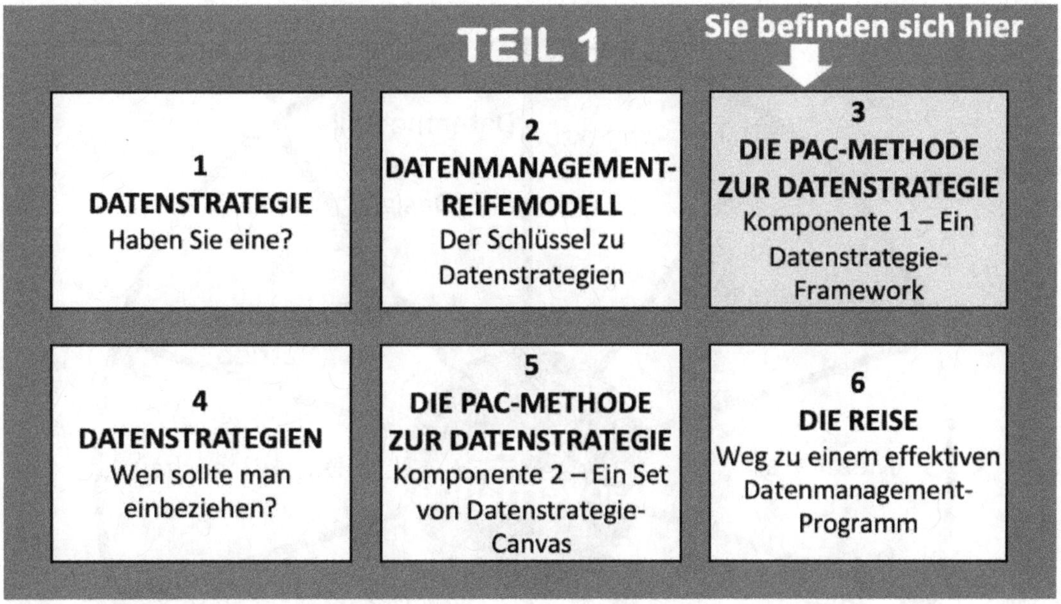

3.1. Rahmenwerke: Inspirationsquellen

Laut dem Merriam-Webster Dictionary ist ein Rahmenwerk oder Framework „eine grundlegende konzeptionelle Struktur (von Ideen)". Der Thesaurus definiert ein Rahmenwerk oder Framework als „die Anordnung von Teilen, die etwas seine Grundform verleiht". Mir gefällt folgende Definition aus dem Cambridge Dictionary besser: „Ein Rahmenwerk oder Framework ist eine tragende Struktur, um die herum etwas aufgebaut werden kann."

Der Zweck eines Rahmenwerks in einem bestimmten Fachgebiet besteht darin, eine Referenz und einen Ausgangspunkt zu bieten. Anstatt das Rad neu zu erfinden, sollten wir vorhandene Lösungen nutzen und uns darauf konzentrieren, zusätzlichen Wert zu schaffen. Wenn es um Datenmanagement geht, gibt es kein besseres Modell als DAMA's Wheel (siehe Abbildung 10): das Datenmanagement-Framework, in dessen Mitte Data Governance sitzt und mit allen umgebenden Wissensbereichen des Datenmanagements (oder, wie ich sie lieber nenne, Funktionen) interagiert.

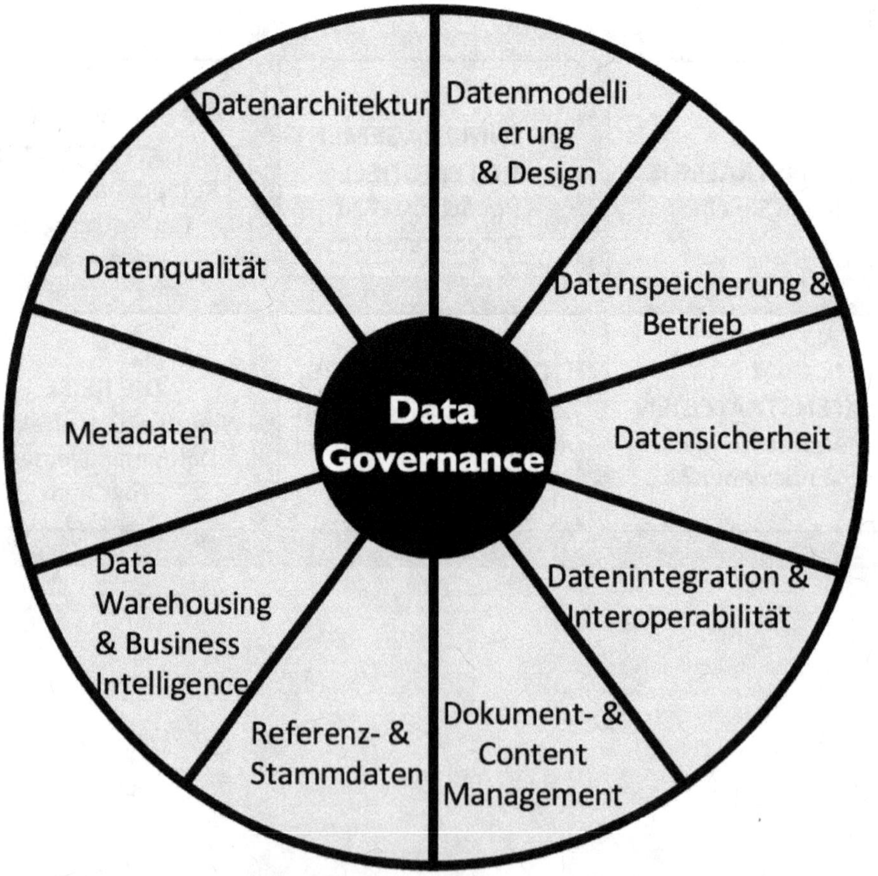

DAMA-DMBOK2 Datenmanagement-Framework

Abb. 10: DAMA Data Management Wheel

Die zweite Auflage des DAMA-DMBOK® enthält eine weiterentwickelte Version des Wheels (siehe Abbildung 11). Data Governance steht darin nicht mehr im Zentrum, sondern umschließt alle Wissensbereiche des Datenmanagements. In dieser Version des Wheels sind alle Datenmanagement-Segmente entsprechend der Phase des Datenlebenszyklus angeordnet, in der sie am relevantesten sind. Außerdem wird deutlich, dass sich Data Governance nicht mehr auf die Definition von Richtlinien und Standards konzentriert, sondern darauf, alle Konzepte des Kreises zu fördern. Aus meiner Sicht ist die Strategie am wichtigsten, da sich alles andere daraus ableiten lässt, sofern sie in der Datenstrategie angemessen berücksichtigt wird.

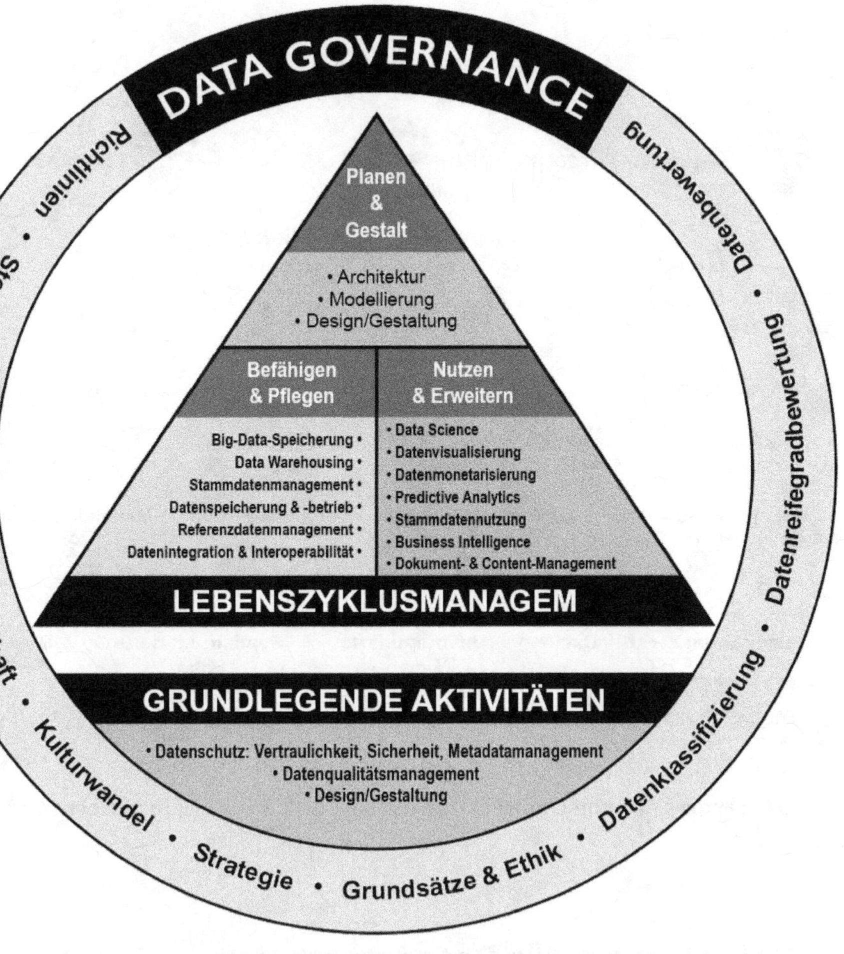

Abb. 11: Weiterentwickeltes DAMA Data Management Wheel

Basierend auf der in Abbildung 11 dargestellten Darstellung des Datenmanagements ist der Data-Governance-Verantwortliche der Koordinator, aber nicht der Autor der Datenstrategien, wie in Kapitel 4 erörtert wird.

Wie in Kapitel 1 beschrieben, war das Framework von Global Data Strategy Ltd. (GDS) eine meiner Inspirationsquellen. Dieses Framework wurde von Donna Burbank inspiriert (siehe Abbildung 12). Es verdeutlicht, dass die Ausrichtung auf die Geschäftsstrategie der treibende Faktor für die Datenstrategie ist. Die Anordnung der Datenmanagement-Funktionen in der Mitte des Diagramms sowie die Berücksichtigung verschiedener Datentypen im unteren Bereich zeigen, dass die Datenstrategie die Priorisierung der Datenmanagement-Disziplinen steuert. Diese werden auf spezifische Datenquellen angewendet, basierend auf den Geschäftsanforderungen.

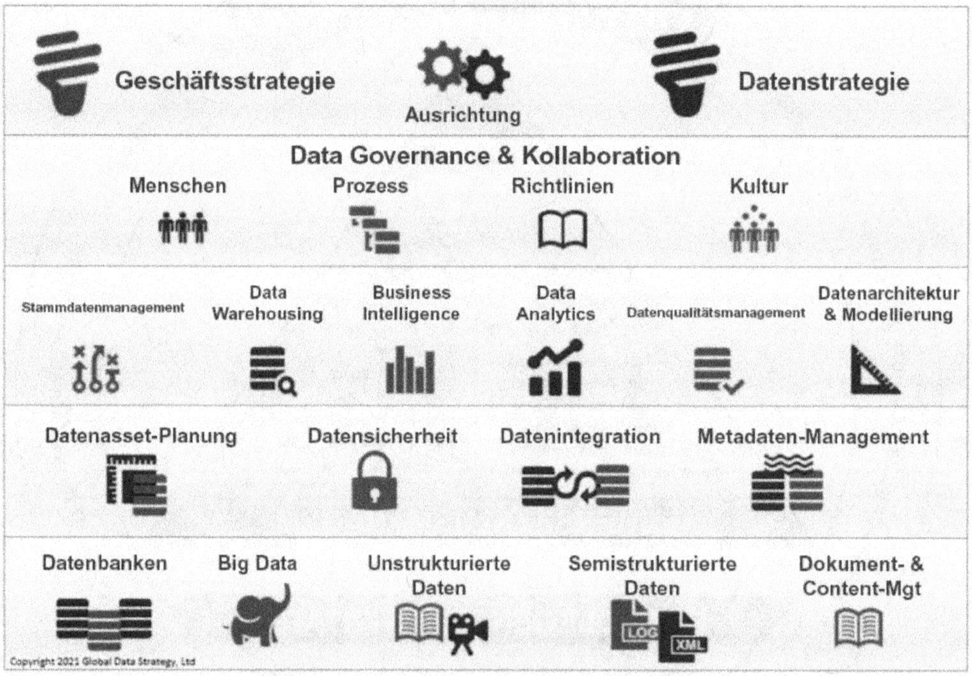

Abb. 12: Das Framework von Global Data Strategy, Ltd.´s (GDS), inspiriert von Donna Burbank

3.2. Rahmenwerk für Datenstrategien

Bei der Definition eines *Rahmenwerks* beschreiben wir die Struktur zur Erstellung von Datenstrategien. Ja, „Strategien" im Plural, denn es sind mehrere Strategien erforderlich. Zunächst benötigen wir eine Strategie, um die zur Lösung von Geschäftsanforderungen erforderlichen Daten zu definieren. So stellen wir sicher, dass die Daten mit den strategischen Geschäftszielen übereinstimmen. Zudem bestimmt der Reifegrad des Datenmanagements die Priorisierung der gesamten Datenmanagement-Implementierung. Als übergreifende Funktion muss auch Data Governance über eine definierte Strategie verfügen. Aufgrund ihrer Komplexität benötigt dann jede Datenmanagement-Disziplin ihre eigene Strategie. Die verschiedenen Ebenen der Datenstrategie umfassen:

- **Datenausrichtungsstrategie**: Hierbei werden Datenbereiche an den Zielen der Geschäftsstrategie ausgerichtet.
- **Datenmanagementstrategie**: Hierbei werden Datenmanagementfunktionen priorisiert.
- **Data-Governance-Strategie**: Hierbei werden Data Governance-Fähigkeiten, -Strukturen und -Objekte priorisiert.
- **Spezifische Datenmanagement-Funktionsstrategie**: Hierbei werden die Fähigkeiten, Strukturen und Datenbereiche jeder Datenmanagementdisziplin priorisiert.

All dies muss eng mit der IT-Strategie verbunden sein, in der alle Technologieplattformen aufgeführt sind.

Das Datenstrategie-Framework (siehe Abbildung 13) veranschaulicht diese Zusammenhänge. Dieses Framework zeigt alle Elemente, die in einem Datenökosystem auf strategischer Ebene zu berücksichtigen sind:

- Die vier oben genannten Arten von Datenstrategien (Datenausrichtungsstrategie, Datenmanagementstrategie, Data-Governance-Strategie, und spezifische Datenmanagement-Funktionsstrategien) sind darin enthalten.
- Darüber hinaus sollten weitere relevante Strategien (IT-Strategie, Change-Management-Strategie, Kommunikationsstrategie) bestehen, die mit den Datenstrategien verknüpft sind.
- Unterschiedliche Arten von Datenquellen (am unteren Ende)
- Die zwei wesentlichsten Komponenten der Datenlandschaft:
  - Transaktionen als führende Erzeuger strukturierter Daten
  - Data Analytics als primärer Datenkonsument

Alle Elemente dieses Frameworks müssen miteinander verknüpft und aufeinander abgestimmt sein.

- Die Top-Down-Ausrichtung stellt sicher, dass alles mit der Geschäftsstrategie verknüpft ist und sich aus dieser ableiten lässt.
- Die Umsetzung der Strategien erfolgt hingegen Bottom-Up.

- Auf horizontaler Ebene muss die Abstimmung zwischen den einzelnen Elementen bidirektional erfolgen.

Eine Strategie zu definieren, ist nicht einfach. Da dies Arbeit erfordert, müssen wir sie auf sehr pragmatische Weise durchführen. Das Ziel besteht darin, eine Strategie zu entwickeln, die von den Menschen in der Organisation verstanden und genutzt wird - und nicht in einem Regal oder Ordner ungenutzt lagert. Der Kern der **PAC-Methode zur Datenstrategie** nutzt daher ein spezifisches Canvas für jede der in Abbildung 13 gezeigten Datenstrategien (Datenausrichtungsstrategie, Datenmanagementstrategie, Data-Governance-Strategie und spezifische Datenmanagement-Funktionsstrategien). Wir werden sie in Kapitel 5 eingehend behandeln. Zunächst legen wir den Zweck und die Inhalte der einzelnen Datenstrategien dar.

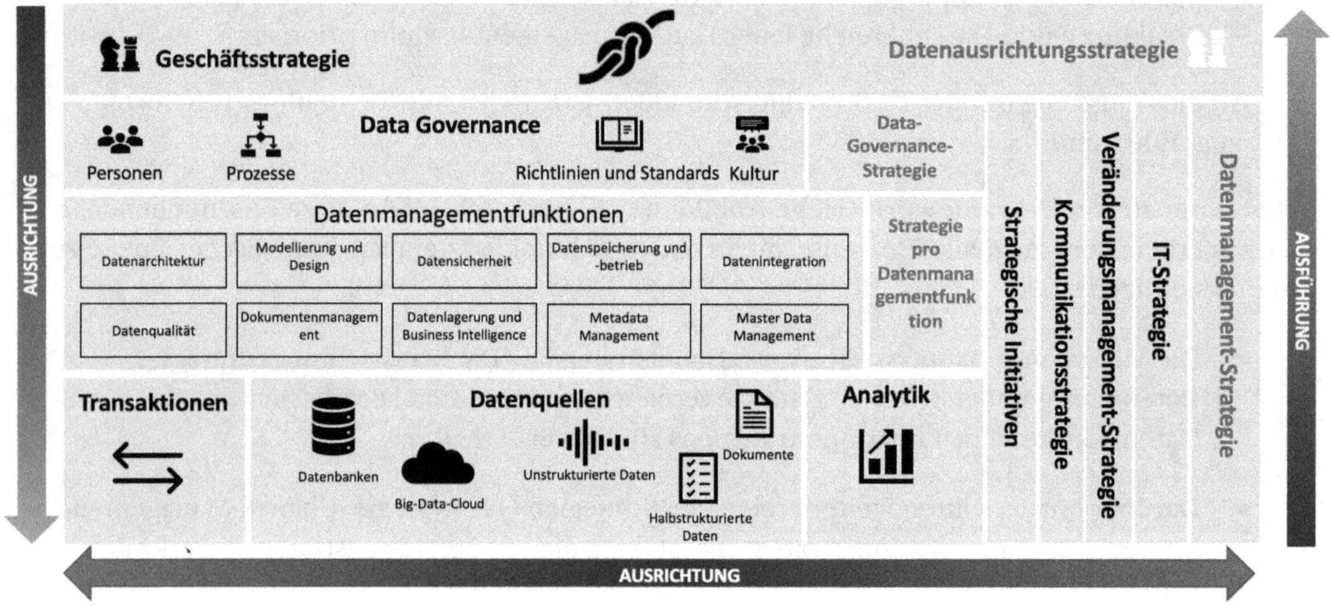

Abb. 13: Das Datenstrategie-Framework

Jede Datenstrategie wird unter Berücksichtigung der aktuellen Ausgangslage definiert. Motivationen für einen besseren Umgang mit Daten, datenbezogene Verhaltensweisen und datenbezogene Schmerzpunkte (siehe Abbildung 14):

- **Motivationen**: Diese Aussagen zeigen, warum die Organisation ein Datenmanagementprogramm etablieren oder ausbauen möchte. Beispiele für diese Motivationen könnten folgende sein:
    - Über präzise Daten verfügen, um verlässliche Erkenntnisse und Kundenwissen zu erzeugen.
    - Über präzise Daten verfügen, um die Kundenerfahrung zu verbessern.
    - Das Risiko der Nichtkonformität mit lokalen Vorschriften verringern.

- **Zu ändernde datenbezogene Verhaltensweisen**: Um eine datengetriebene Organisation zu werden, muss zudem eine Datenkultur geschaffen werden. Ein effektives Datenmanagementprogramm umfasst Prozesse, Technologien und Menschen. Oftmals scheitern Prozesse, weil sie die Menschen nicht berücksichtigen. Datenstrategien müssen sich daher mit den aktuellen Handlungen der Menschen befassen, die beim Umgang mit Daten nicht den Erwartungen entsprechen. Beispiele für solche unerwünschten Verhaltensweisen sind:
    - Erstellung von Berichten ohne Dokumentation der verwendeten Datenquellen
    - Die Nichtverwendung autorisierter Datenquellen
    - Nichtdokumentation von Metadaten

- **Daten-Schmerzpunkte**: Ein relevanter Input, auf den Datenstrategien reagieren müssen, sind die aktuellen datenbezogenen Probleme. Einige Beispiele hierfür sind:
    - Steigende Bußgelder aufgrund von schlechter Datenqualität, die an die Kreditauskunftei geliefert werden
    - Doppelte Kunden beeinträchtigen die Effektivität des Cross-Sellings
    - Die vom Vertrieb erstellten Berichte stimmen nicht mit denen der Finanzabteilung überein

Alle diese Inputs müssen auf der Grundlage ihrer potenziellen Auswirkungen (operativ, finanziell, rechtlich) priorisiert werden, um die Priorisierung der in den Datenstrategien beschriebenen Maßnahmen und Vorkehrungen zu steuern.

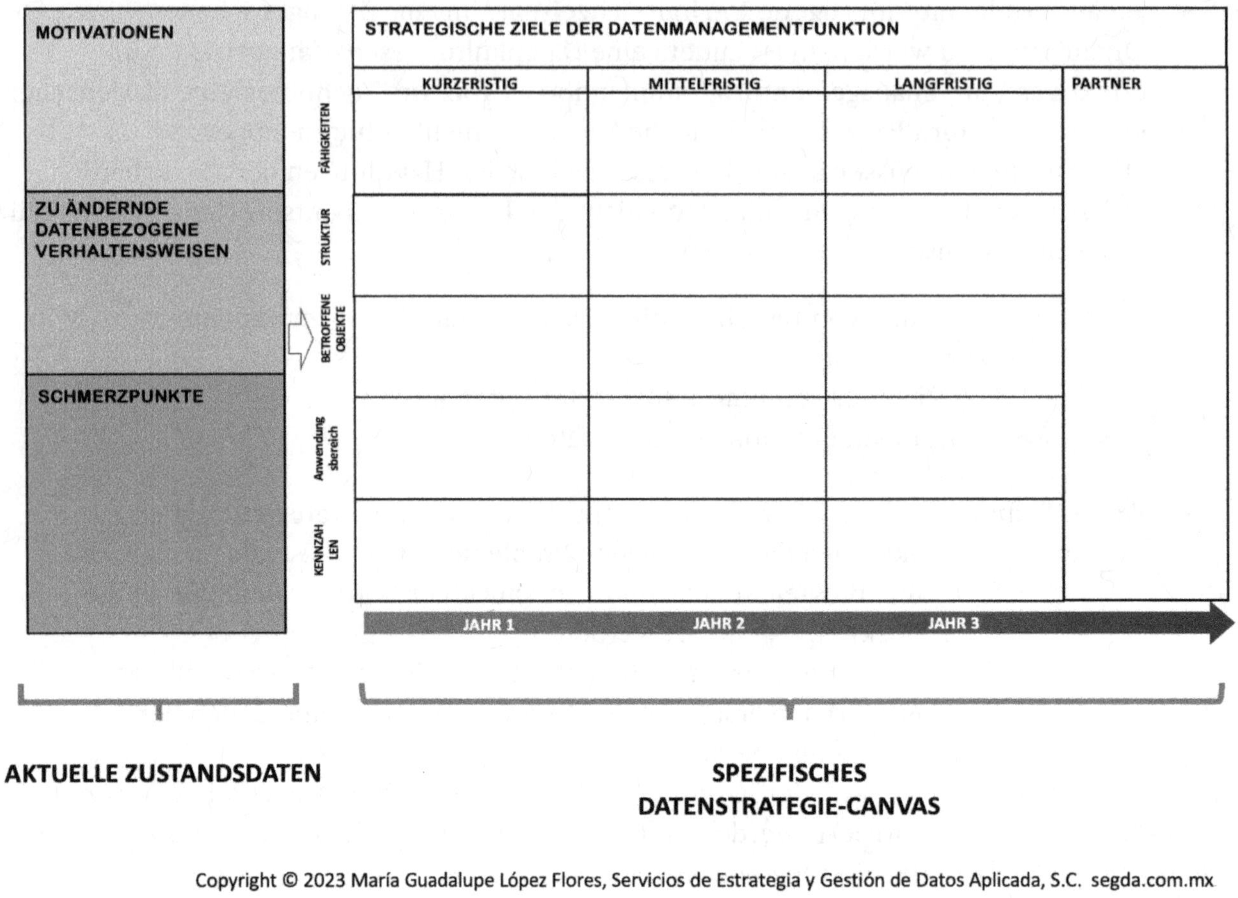

Abb. 14: Inputs für Datenstrategien

3.3. Datenausrichtungsstrategie

Die Ausrichtung beginnt mit den strategischen Geschäftszielen (z. B. Anstieg der Kundenanzahl um 15 %, Gewinnsteigerung um 10 %, Anstieg der Net Promoter Scores um 5 % usw.). Dies mag auf den ersten Blick offensichtlich erscheinen, dennoch ist es wichtig zu verstehen, was dies tatsächlich bedeutet. Die Datenausrichtungsstrategie identifiziert die Daten, die die Organisation zur Umsetzung ihrer Geschäftsstrategie benötigt.

Bestehen Lücken zwischen dem, was benötigt wird, und dem, was vorhanden ist, so ist ein Ziel dieser Strategie, diese zu schließen. Für die Strategie selbst ist es irrelevant, ob die erforderlichen Daten innerhalb der Organisation vorhanden sind oder nicht. Bestehen Lücken, stellt dies ein Problem dar, das die Strategie lösen muss. Hier liegt eine bidirektionale Abstimmung vor. In Abbildung 13 muss die Geschäftsstrategie die Richtung vorgeben, die die Organisation einschlagen soll. Sie stellt den grundlegenden Input für die Datenausrichtungsstrategie dar. Von rechts nach links können die Ermittlung neuer Datenanforderungen oder geschäftliche Einblicke aus vorhandenen Daten dabei helfen, neue Geschäftsmöglichkeiten zu identifizieren.

In dieser ersten Datenstrategie werden auch die Produzenten und Konsumenten der erforderlichen Daten identifiziert. Die ermittelten Datendomänen (z. B. Kunden, Produkte, Lieferanten, Mitarbeiter, Rechnungen usw.) müssen den strategischen Geschäftszielen, den geschäftlichen Motivationen sowie den entscheidenden Daten-Schmerzpunkten des Unternehmens entsprechen. Hier beginnen die Herausforderungen. Obwohl die in Abbildung 14 aufgeführten Eingaben typischerweise vorhanden sind, werden sie häufig nicht dokumentiert. Die Herausforderung verschärft sich erheblich, wenn die Geschäftsstrategie selbst nicht dokumentiert ist. Die Interessengruppen müssen sich auf die drei wichtigsten strategischen Aussagen einigen, die ihre Arbeit leiten sollen.

Wie wir in Kapitel 4 erörtern werden, benötigen wir zur Erstellung dieser ersten Datenstrategie die Beteiligung von Interessengruppen, die alle verschiedenen Organisationseinheiten vertreten. Sie alle haben Datenanforderungen und Daten-Schmerzpunkte. Die Datenausrichtungsstrategie schafft die Grundlage - beispielsweise für die Datenprinzipien und das Wertversprechen des Datenmanagements –, auf die sich die Interessengruppen einigen müssen. Einen Konsens zu erzielen, ist keine leichte Aufgabe, aber wir können dies mit Agilität bewältigen. In Kapitel 5 werden wir das spezifische Canvas für jede in diesem Rahmen enthaltene Datenstrategie erörtern.

3.4. Datenmanagementstrategie

Sobald die Datenausrichtungsstrategie definiert ist, geht es darum, aus Perspektive des Datenmanagements Prioritäten zu setzen. Dies umfasst die Konsolidierung der von den Interessengruppen identifizierten und priorisierten Daten-Schmerzpunkte. Hinzu kommen die Motivationen der Organisation für ein Datenmanagementprogramm oder eine datengetriebene Transformationsinitiative. Als dritter Input folgen die datenbezogenen Verhaltensweisen, die geändert werden müssen. Wie in Kapitel 4 erörtert wird, wird die Interessengruppe, die die Datenmanagementstrategie definiert, kleiner sein als die Gruppe, die die Datenausrichtungsstrategie definiert.

Ein wichtiges Priorisierungsthema sind die Datenmanagementfunktionen, die formal adressiert werden - jene in der Mitte des Frameworks (siehe Abbildung 13). Jedes Feld stellt einen Sektor des DAMA Wheels dar. Wenn ich Datenmanagement auf Grundlage des DAMA-Wheels unterrichte, berichten mir die Teilnehmer häufig, dass sie nicht wissen, wo sie beginnen sollen. Sie fühlen sich überfordert, sobald sie verstehen, was jeder Sektor des Wheels impliziert. An dieser Stelle gewinnt die Theorie des Dreibeinstuhls oder die auf euklidischer Geometrie basierende Dreibeinstuhls-Theorie an Relevanz.

Die Theorie besagt, dass ein Dreibeinstuhl stabiler ist als ein Vierbeinstuhl. Dies ist auch das Prinzip von Stativen. Der Grund dafür ist einfach nachzuvollziehen, allerdings müssen wir, um ihn zu erklären, auf die Axiome der euklidischen Geometrie zurückgreifen. Wir wissen, dass eine Ebene eine zweidimensionale Fläche ist, die von einer unendlichen Anzahl von Punkten mit den Koordinaten „X" und „Y" gebildet wird, die sich in der gleichen Dimension „Z" befinden. Nach Euklid reichen drei Punkte aus, um eine Ebene zu definieren, da diese Punkte durch Linien miteinander verbunden werden können. Das bedeutet, dass der Minimalausdruck einer Ebene oder Fläche ein Dreieck ist. Hat ein Hocker vier Beine, entstehen durch die Kombination von drei Punkten verschiedene Ebenen oder Dreiecke. Sollte die Oberfläche uneben sein, wird der Hocker wackeln.

Nach dieser Analogie können nicht mehr als drei Datenmanagementfunktionen gleichzeitig in Angriff genommen werden, wenn wir erfolgreich sein und gute Fortschritte erzielen wollen. Eine dieser Funktionen ist immer Data Governance. Die beiden anderen Beine werden basierend auf den wichtigsten datenbezogenen Schmerzpunkten definiert. Dies ist ein praktischer Hinweis zur Priorisierung der zu bearbeitenden Datenmanagementfunktionen. Dies wird in der Datenmanagementstrategie festgehalten, die üblicherweise einen Horizont von drei Jahren hat. Daher können wir jedes Jahr ein oder zwei dieser Funktionen austauschen. Dies ist selbstverständlich keine starre Regel, sondern eine pragmatische und realistische Empfehlung.

Weitere Aspekte müssen priorisiert werden. Wie bereits dargelegt, ist eine dieser drei Funktionen die Data Governance. Das erste Priorisierungsthema ist demnach die Etablierung von Data-Governance-Fähigkeiten. In Kapitel 2 wurde erörtert, wie sich ein auf Fähigkeiten basierendes Datenmanagement-Reifegradmodell nutzen lässt, um diesen Teil der Datenmanagementstrategie zu lenken. Darüber hinaus müssen wir priorisieren, welche Datendomänen in den verschiedenen Phasen (kurz-, mittel- und langfristig) im Fokus stehen sollen. Auch die zu verwaltenden Datenquellen müssen priorisiert werden.

Ein Vorteil der Priorisierung besteht darin, die Erwartungen in der gesamten Organisation in Bezug auf das Ziel des Datenmanagementprogramms zu steuern. Daher ist es auch relevant, die laufenden strategischen Initiativen aufzuführen, die zur Anwendung der ausgewählten Datenmanagementfunktionen genutzt werden können. Es ist erforderlich, Transparenz über die Datenmanagement-Initiativen und die angestrebten Ergebnisse zu schaffen. Abschließend müssen wir die Kennzahlen identifizieren, anhand derer sich erkennen lässt, ob wir wie erwartet voranschreiten.

3.5. Data-Governance-Strategie

Nachdem wir die übergeordnete Priorisierung der Datenmanagementstrategie abgeschlossen haben, ist es an der Zeit, zur Data-Governance-Strategie überzugehen - das eine Bein des Hockers, mit dem wir immer arbeiten müssen. Keine der Strategien in diesem Rahmen ist losgelöst von den anderen. Sie sind miteinander verknüpft, konzentrieren sich jedoch auf verschiedene Themen. Der Kernzweck der Data-Governance-Strategie besteht darin, klarzumachen, was vom Team in dieser Funktion erwartet wird. Aus meiner langjährigen Erfahrung weiß ich, dass die meisten Konflikte auf mangelhafte Kommunikation und das Versäumnis, Erwartungen zu steuern, zurückzuführen sind. Daher zielt die Data-Governance-Strategie darauf ab, den Umfang zu definieren und kurz-, mittel- und langfristige Prioritäten präzise festzulegen. Sie muss nicht nur aufzeigen, was getan wird, sondern auch, was nicht getan wird. Mit Ausnahme der Datenausrichtungsstrategie, die damit beginnt, die wichtigsten strategischen Geschäftsziele zu identifizieren, definieren die übrigen Strategien die spezifischen strategischen Ziele für das jeweilige Thema (Datenmanagement, Data Governance, Datenarchitektur, Datenqualität usw.). Diese strategischen Ziele, die Motivationen für ein Datenmanagementprogramm, die zu ändernden Verhaltensweisen und die datenbezogenen Schmerzpunkte sind die Eingaben für die Data-Governance-Strategie.

Die zu priorisierenden Kategorien sind folgende:

1. **Fähigkeiten**: Auf der Grundlage des Datenmanagement-Reifegradmodells der Organisation (siehe Kapitel 2) müssen die priorisierten Data-Governance-Fähigkeiten in drei Phasen unterteilt werden: kurz-, mittel- und langfristig. Die vom ausgewählten Datenmanagement-Reifegradmodell empfohlenen Fähigkeiten bilden die Grundlage für die Roadmap. Hinzu kommen organisationsspezifische Fähigkeiten, wie beispielsweise die Erstellung eines Inventars datenbezogener Richtlinien oder die Eingliederung von Datenrichtlinien in den Prozess zur Verwaltung von Unternehmensrichtlinien.

2. **Struktur**: Damit ist die Aufteilung in die verschiedenen Rollen gemeint, die wir kurzfristig, mittelfristig und langfristig erwarten. Dies umfasst die verschiedenen Funktionen und die geplante Anzahl der Ressourcen, beispielsweise Data-Governance-Leader, Data-Quality-Leader, Metadata-Management-Leader, drei Kunden-Data-Stewards, ein Datenmodellierer und ein Data Architekt. Hinzu kommen die Governance-Gremien, beispielsweise das Data-Governance-Council, das Data-Stewards-Committee und die Arbeitsgruppe Glossar.

3. **Governance-Objekte**: Die Priorisierung von Governance-Objekten legt den Umfang der Data-Governance fest. Hier wird die Bedeutung der Data Governance in Bezug auf ihren Zweck deutlich: die Unterstützung von Geschäftszielen. Mögliche Elemente sind: Datendomänen (Kunden, Produkte, Rechnungen usw.), Prozesse (Vertrieb, Kontoeröffnung, Datenakquisition, Datenbereitstellung usw.), Datenquellen (Data Warehouse, Data Lake, Stammdaten usw.) oder Berichte (Rentabilität, Schadensfall usw.).

4. **Organisationseinheiten im Überblick**: Normalerweise sind die Organisationseinheiten mit den signifikantesten datenbezogenen Schmerzpunkten die vorrangigsten Kandidaten für ein Engagement, da sie am meisten von Data-Governance-Arbeiten profitieren werden. Legen Sie fest, welche Bereiche bis zur mittelfristigen oder

langfristigen Phase aufgeschoben werden. Die Implementierung von Governance in einem einzigen Schritt - das „Big-Bang“-Szenario - ist kompliziert und wird wahrscheinlich scheitern.

5. **Kennzahlen**: Wie wir den Fortschritt und die Wirksamkeit der Data-Governance-Arbeiten messen wollen. Kennzahlen müssen sich weiterentwickeln - nicht nur in Bezug auf den Umfang und die Komplexität der Indikatoren, sondern auch auf die implementierten Fähigkeiten. Ein Beispiel hierfür ist der Indikator für Richtlinien. Im ersten Jahr möchten wir den Fortschritt und die Vollständigkeit der schriftlich festgehaltenen und genehmigten Richtlinien im Vergleich zur Liste der erwarteten Richtlinien messen. Der Compliance-Indikator eignet sich dagegen besser für den Langzeitraum, sobald die Richtlinien durchgesetzt wurden.

Identifizieren Sie die Partner, die uns bei der Umsetzung der Data-Governance-Strategie voranbringen werden. Ein Beispiel für einen ausgezeichneten Partner ist der Leiter einer Geschäftseinheit, also jemand auf Senior-Ebene, der den größten Einfluss hat oder die größten Probleme aufgrund mangelnder Data Governance erlebt. Ein solcher Partner gehört zu den frühesten Nutznießern dieser Praxis. Die Unternehmenskommunikation ist ein weiteres Beispiel für eine Organisationseinheit, mit der wir gerne eng zusammenarbeiten möchten.

3.6. Strategien für spezifische Datenmanagementfunktionen

Sobald die Erwartungen an Datenmanagement und Data Governance strategisch definiert wurden, sollte für jede Datenmanagementfunktion eine Strategie entwickelt werden - beginnend mit den beiden anderen Beinen des Hockers. Diese Strategie muss auf den Motivationen und Schmerzpunkten basieren und mit den Geschäftszielen verknüpft sein. Die Eingaben für diese Strategien sind dieselben wie bei den Strategien für das Datenmanagement und die Data Governance: Motivationen, zu ändernde datenbezogene Verhaltensweisen und datenbezogene Schmerzpunkte. Der erste Schritt wird erneut darin bestehen, die strategischen Ziele für die jeweilige Funktion zu definieren.

Die zu priorisierenden Kategorien sind:

1. **Fähigkeiten**: Welche Fähigkeiten erforderlich sind, hängt von der jeweiligen Datenmanagementfunktion und der Phase ab, in der wir uns befinden. Nehmen wir an, wir definieren die Datenstrategie für Datenqualität. Einige der ersten zu adressierenden Fähigkeiten könnten sein: Etablierung des Datenqualitätsmanagementsystems, Entwicklung und Genehmigung eines Datenqualitätsprogramms sowie, Erstellung eines Prozesses zur Identifikation kritischer Datenelemente. Diese Fähigkeiten entsprechen wahrscheinlich denen, die von Ihrem Datenmanagement-Reifegradmodell empfohlen werden. Zusätzliche und spezifische Fähigkeiten müssen identifiziert und priorisiert

werden, wie beispielsweise: Inventarisierung geschäftskritischer Prozesse, Bereitstellung von Datenprofiling, Ursachenanalyse.

2. **Struktur**: In diesem Abschnitt listen wir die spezifischen Ressourcen auf, die wir für jede Phase der Datenmanagementfunktion erwarten, für die wir eine Strategie definieren. Bleiben wir beim Beispiel der Datenqualität: Kurzfristig erwarten wir eventuell lediglich einen Datenqualitätsleiter und einen Datenqualitätsanalysten. Mittelfristig hingegen erwarten wir zwei Datenprofilierer, drei Datenqualitätsanalysten und fünf Data Stewards.

3. **Betroffene Objekte**: Bitte definieren Sie den Umfang und legen Sie fest, was für die beschriebene Datenmanagementfunktion adressiert werden soll. Im selben Datenqualitätsbeispiel könnten wir die kritischen Geschäftsprozesse priorisieren, für die kritische Datenelemente identifiziert und überwacht werden sollen.

4. **Umfang**: Legen Sie klare Erwartungen fest und seien Sie sehr deutlich darüber, was im Umfang jeder Phase liegt (kurz-, mittel- und langfristig). Wenn wir unser Beispiel der Datenqualität fortsetzen, möchten wir den Umfang möglicherweise auf Kundendaten begrenzen.

5. **Kennzahlen**: Kennzahlen verknüpfen die Strategie mit ihrer Umsetzung. Hier priorisieren wir die Indikatoren und Messgrößen, die wir im Laufe der Zeit erhalten. Je nach diskutierter Datenmanagementfunktion können diese variieren.

3.7. Rolle der IT-Strategie

Da die Erzeugung und Nutzung von Daten technologieabhängig sind, ist es entscheidend, Datenstrategien im Verhältnis zur IT-Strategie zu verstehen. IT-Vertreter gehören zu den Interessengruppen, die Datenstrategien definieren (dies wird in Kapitel 4 erörtert). Dennoch muss die Datenmanagementstrategie nach ihrer Definition mit dem IT-Team besprochen werden, um sicherzustellen, dass die IT-Strategie die Ziele der Datenstrategie unterstützt. Ein Beispiel: Wenn die Datenmanagementstrategie kurzfristig die Notwendigkeit zur Etablierung der Metadaten-Management-Praxis identifiziert, muss die IT-Strategie die Evaluierung und Implementierung der Metadaten-Management-Infrastruktur kurzfristig vorsehen. Selbstverständlich muss auch die IT-Strategie mit der Data-Governance-Strategie abgestimmt werden. Sie sollte daher die Evaluierung, Beschaffung und Implementierung der erforderlichen Technologieplattformen zur Unterstützung der Data-Governance-Strategie umfassen.

3.8. Rolle der Change-Management-Strategie

Für einige Organisationen sind viele Datenmanagementpraktiken neu - zumindest in einer gesteuerten und artikulierten Form. Das bedeutet, dass sie eine Änderung der Arbeitsweise der Mitarbeitenden erfordern. Daher ist es von Vorteil, die Unterstützung der Change-Management-Einheit im Unternehmen zu haben, sofern eine solche existiert. Die Datenstrategien müssen mit dem Change-Management-Team abgestimmt und sozialisiert werden. Das Identifizieren und Trainieren der „Change Champions" ist eine entscheidende Komponente, um die Datenstrategien mit der Change-Management-Strategie zu verbinden.

3.9. Rolle der Kommunikationsstrategie

Wenn Sie mich nach einer Standardempfehlung für alle erörterten Datenstrategien fragen würden, wäre es die 3K-Empfehlung, (oder dem englischen angeglichen: 3C-Empfehlung): kommunizieren, kommunizieren und nochmals kommunizieren. Strategien im Allgemeinen und Datenstrategien im Besonderen müssen demokratisiert werden. Jeder in der Organisation sollte sich mit den Datenstrategien verbunden fühlen und einfachen Zugang zu ihnen haben. Falls es eine Abteilung für interne Kommunikation gibt, sollten Sie die Datenstrategien mit dieser Abteilung abstimmen. Stimmen Sie Ihre Strategie mit ihr ab und nutzen Sie die bestehende Infrastruktur, damit unsere Kommunikationsbemühungen nicht mit ihren Kommunikationskampagnen kollidieren.

3.10. Strategische Initiativen

Die meisten Organisationen setzen eine strategische Initiative um. Eine Initiative, die stark genug ist, um die gesamte Organisation zu bewegen. Beispiele hierfür sind die digitale Transformation, die Transformation zu einer datengetriebenen Organisation, Fusionen oder sogar Desinvestitionen. Håkan Edvinsson nennt dies „Gravity" (Schwerkraft), was bedeutet, dass „sich etwas in der Organisation bewegt. Etwas erschüttert das Gebäude mit ausreichend Energie, um die Aufmerksamkeit der Menschen zu erregen" (Edvinsson H. , 2020).

Da diese Initiativen höchste Priorität haben, sind sie in der Regel gut geeignet, um den Wert der Data-Governance-Disziplin und der spezifischen Datenmanagementfunktionen zu realisieren und datenbezogene Probleme zu vermeiden.

3.11. Datenquellen

Datenquellen sind Objekte, die der Governance unterliegen. Es gibt verschiedene Arten von Datenquellen, darunter transaktionale und operative Datenbanken sowie historische Datenrepositorien und unstrukturierte Datenquellen. Zu den unstrukturierten Daten zählen unter anderem Audioaufnahmen von Call Centern, Kundenmeinungen im Internet und E-Mails. Um Data-Governance-Maßnahmen zu lenken, müssen Datenquellen priorisiert werden.

Letztendlich müssen alle Datenquellen der Governance unterstellt werden. Im Folgenden wird eine Methode zur Klassifizierung von Datenquellen zur Priorisierung im Rahmen der Governance vorgestellt (Anmerkung: Diese schließen sich nicht zwangsläufig gegenseitig aus):

- **Datenbanken**: In der Regel sind diese relational, allerdings können im Zusammenhang mit Altsystemen auch noch hierarchische Datenbanken vorkommen. Sie werden hauptsächlich von Transaktionssystemen gefüllt und aktualisiert.

- **Big-Data-Cloud**: Bezieht sich auf Datenrepositorien, die in erster Linie der operativen Unterstützung und Analytik dienen. Diese kombinieren normalerweise strukturierte, unstrukturierte und teilstrukturierte Daten. In der Regel befinden sich diese Repositorien in der Cloud. Da diese Klassifizierung jedoch eher technologisch geprägt ist, können wir hier auch On-Premise-Repositorien einbeziehen.

- **Unstrukturierte Daten**: Bezieht sich auf nicht strukturierte Datenquellen in Audio-, Video- oder Textform. Ein Beispiel hierfür sind Audioaufnahmen von einem Kundensupport-Callcenter. Diese können in Text umgewandelt und dann analysiert werden, um sie in bedeutungsvolle, strukturierte Daten zu konvertieren. Unstrukturierte Daten können in repetitive und nicht-repetitive unstrukturierte Daten unterteilt werden (Inmon, Lindstedt, & Levins, 2019).

- **Teilstrukturierte Daten**: Dies entspricht keinem Datenmodell, hat aber eine gewisse Struktur. Es fehlt ein festes oder starres Schema. Die Daten befinden sich nicht in einer relationalen Datenbank, verfügen aber über organisatorische Eigenschaften, die eine Analyse erleichtern. Durch bestimmte Prozesse können sie in einer relationalen Datenbank gespeichert werden (Geeks for Geeks, 2021). Beispiele hierfür sind E-Mails, XML-Dateien, TCP/IP-Pakete und ausführbare Binärdateien.

- **Dokumente**: Daten können auch als physische Dokumente vorliegen. Diese können digitalisiert, gespeichert und über ein Dokumentenmanagementsystem verwaltet werden.

3.12. Transaktionen

Bei der Definition von Datenstrategien müssen wir die beiden Hauptkomponenten des Datenökosystems berücksichtigen: Datenproduzenten und Datenkonsumenten. Die Transaktionsumgebung erzeugt den Großteil der strukturierten Daten. Dazu zählen Geschäftsprozesse, die von Transaktionssystemen unterstützt werden, sowie die Personen, die diese Systeme nutzen, um das tägliche Geschäft abzuwickeln. Transaktionsdaten werden üblicherweise in normalisierten Tabellen innerhalb von Online-Transaction-Processing-(OLTP-)Systemen gespeichert. Sie sind für Integrität konzipiert. In der Regel werden sie in Datenrepositorien integriert, um sie für die weitere Nutzung durch die Analytics-Umgebung vorzubereiten. Transaktionsdaten können auch von externen Quellen bereitgestellt werden. Um zu definieren, welche Objekte zu regeln sind, ist ein umfassendes Verständnis dieser Umgebung wesentlich, um zu verstehen, wie verschiedene Datenquellen gefüllt werden.

3.13. Analytik

Wenn man mich fragt, warum die Analytik nicht zum Bereich der Datenmanagementfunktionen gehört, antworte ich, dass sie kein Teil des Datenmanagements ist. Dies ist eine philosophische Diskussion, da beide Bereiche sehr eng miteinander verbunden sind. Da Analytiker:innen so viel Arbeit in das Auffinden, Verstehen und Bereinigen von Daten investieren, könnten manche Menschen dies als eine weitere Disziplin des Datenmanagements betrachten. Ich sage jedoch kategorisch, dass dies nicht der Fall ist. Datenmanagement umfasst alles, was Sie entlang des Datenlebenszyklus tun müssen, um sicherzustellen, dass Daten in gutem Zustand sind und genutzt werden können. Analytik hingegen ist die Nutzung von Daten, um geschäftliche Erkenntnisse zu gewinnen, die Zukunft vorherzusagen und sogar vorzuschreiben, was zu tun ist. Analytiker:innen sind Datenkonsument:innen; sie sind Kund:innen des Datenmanagements.

Ich vergleiche es mit einem gehobenen Restaurant. Der Chefkoch zielt darauf ab, großartige kulinarische Erlebnisse zu schaffen, damit die Gäste inspirierende Geschichten erzählen können. Sie haben ein großartiges Erlebnis, wenn Ihnen ein kreatives Gericht (Architektur und Design) mit hervorragenden Qualitätszutaten (Qualität) auf einzigartige und ausgewogene Weise kombiniert angeboten wird und Sie eine großartige Weinbegleitung (Integration) erhalten. Sie erwarten niemals, von den Mahlzeiten, die Sie erhalten, krank zu werden (Sicherheit), und das gesamte Erlebnis wird durch den Service (Operation) und die Erklärung dessen (Metadaten), was Sie bekommen, vervollständigt. Aber das Kochen und Anrichten (Visualisierung) machen die Zutaten erst zum Verzehr bereit (Analytik) und sein Erfolg hängt stark von allen zuvor erwähnten Elementen (Datenmanagement) ab.

3.14. Kernkonzepte

Das Datenstrategie-Framework ist ein Modell zur Visualisierung der verschiedenen Arten von Datenstrategien. Es veranschaulicht die Zusammenhänge zwischen diesen Strategien sowie deren Beziehung zu bestehenden Strategien in der Organisation.

3.15. Wichtige Aspekte

1. Die Datenstrategie ist nicht singulär, sondern plural. Sie umfasst verschiedene Strategien mit jeweils unterschiedlichen Perspektiven.
2. Eine Datenstrategie muss eng mit den bestehenden Strategien der Organisation - der Business-Strategie, der IT-Strategie, der Change-Management-Strategie und der Kommunikationsstrategie - sowie untereinander abgestimmt sein.
3. Das Ziel einer Datenstrategie ist die Priorisierung der Nutzung begrenzter Ressourcen über längere Zeiträume sowie die Festlegung klarer Erwartungen. Eine Datenstrategie muss daher leicht auffindbar, verständlich und in der gesamten Organisation zugänglich sein.

3.16. Interview zur Datenstrategie

BEFRAGTE EXPERT: **James Price**[35]

James Price ist ein führender Experte im Bereich Data Management und verfügt über mehr als 30 Jahre Erfahrung in der Informationswirtschaft. Als international anerkannter Autor und Redner ist er der Gründer von Experience Matters. Das Unternehmen unterstützt Organisationen dabei, ihre Daten, Informationen und ihr Wissen zu schützen und deren Wert zu maximieren. So wird das Problem adressiert, dass Informationsgüter für Organisationen zwar von vitaler Bedeutung sind, aber in der Regel unter mangelhafter Datenverwaltung und Datensteuerung leiden. Seine Zusammenarbeit mit der University of South Australia wurde von Gartner, dem weltweit einflussreichsten IT-Beratungsunternehmen, als „großartig" beschrieben und seine Forschung als „bahnbrechend". Er ist Co-Autor des „Leader's Data Manifesto" und Vorsitzender der „Leaders Data Organization" (*www.dataleaders.org*).

---

[35] https://www.linkedin.com/in/james-price-experiencematters/

Sie verfügen über umfangreiche Erfahrung als Berater im Bereich Data Management und in der datenbezogenen Welt. Wie oft finden Sie in Ihren Kundenorganisationen eine gut definierte, unternehmensweite Datenstrategie, die die datenbezogenen Arbeiten lenkt und mit der Geschäftsstrategie abgestimmt ist?

Das Oxford Dictionary definiert Strategie als „einen Plan zur Erreichung eines langfristigen oder übergeordneten Ziels“. Zur Klarstellung verwende ich die breiteste Definition von Daten: Sie umfasst alle Daten, Dokumente, Aufzeichnungen, veröffentlichte Inhalte und Wissen. Eine gut definierte Datenstrategie zielt darauf ab, den richtigen Personen zum richtigen Zeitpunkt die richtigen (qualitativ hochwertigen) Informationen in zeitnaher und leicht zugänglicher Form bereitzustellen.

Eine gut definierte Datenstrategie wird die zehn Domänen adressieren, die in dem unter folgendem Link abrufbaren Papier „Information-Asset-Management in Organizations: Development of a Holistic Model" identifiziert wurden:

https://www.experiencematters.com.au/wp-content/uploads/2022/08/Information-Asset-Maturity-Model-2021.pdf

Unsere globale Forschung zeigt, dass der Erfolg einer Strategie von der Adressierung all dieser Domänen abhängt.

In Kundenorganisationen finde ich sehr selten eine gut definierte, unternehmensweite Datenstrategie, die die datenbezogenen Arbeiten lenkt und mit der Geschäftsstrategie abgestimmt ist. Viele Organisationen verfügen zwar über eine Datenstrategie, die die Domäne „Information-Asset-Environment" adressiert, welche Data Governance und die Domäne „Information Systems" umfasst. Eine Datenstrategie, die die verbleibenden acht Domänen adressiert, haben hingegen sehr wenige Organisationen.

Was ist Ihrer Meinung nach die Rolle einer Datenstrategie für den Erfolg oder Misserfolg einer datenbezogenen Transformationsinitiative?

Eine Datenstrategie ist ein entscheidender Leitfaden für eine solche Initiative. Sie zeigt den Weg zur Erreichung der Ziele der Initiative auf.

Digitale Transformation bedeutet Kundenorientierung und einen reibungslosen Geschäftsbetrieb. Beides ist ohne effizientes und effektives Datenmanagement nicht möglich. Wie können Sie kundenorientiert sein, wenn Sie nicht wissen, wer Ihre Kunden sind? Wie können Sie einen reibungslosen Geschäftsbetrieb gewährleisten, wenn Sie nicht sofort auf die erforderlichen Daten, Informationen und das Wissen zugreifen können, um Geschäftsentscheidungen zu treffen und Transaktionen zu verarbeiten?

Eine Datenstrategie sollte die aktuellen Geschäfts- und Datenpraktiken der Organisation sowie deren geschäftliche Auswirkungen darlegen. Sie sollte die Zukunftsvision der Organisation formulieren und aufzeigen, wie diese von ihrem gegenwärtigen Zustand zu ihrem angestrebten

Zustand gelangt. Eine Datenstrategie ist ein entscheidender Faktor für eine datenbezogene Transformation.

Aus Ihrer Perspektive, wer sollte Ihrer Meinung nach die Erstellung und Wartung einer Datenstrategie vorantreiben, und welche Interessengruppen müssen an diesem Prozess teilnehmen?

Um dies zu bestimmen, ist es entscheidend, den Unterschied zwischen Business-Governance, Asset-Governance und Asset-Management zu verstehen. Bei Governance geht es um Überwachung und Kontrolle. Business-Governance dreht sich darum, wer welche Entscheidungen trifft. Asset-Governance dreht sich darum, diese Entscheidungen zu treffen und umzusetzen. Asset-Management befasst sich mit dem alltäglichen Betrieb.

Bei der Governance einer Organisation entscheiden der Vorstand und der Geschäftsführer, wer für die Verwaltung der Finanzanlagen rechenschaftspflichtig ist, und ernennen diese Person zum Chief Financial Officer (CFO). Der CFO ist wirklich rechenschaftspflichtig für die Finanzanlagen. Wenn er die Finanzen der Organisation misswirtschaftet, wird er entlassen. Bei Veruntreuung kommt er sogar ins Gefängnis. Es gibt eine echte Rechenschaftspflicht.

Im Rahmen der Governance der Finanzanlagen der Organisation entwickelt der CFO die Finanzstrategie und das jährliche Budget, delegiert mit Bedacht finanzielle Befugnisse und misst sowie berichtet über Einnahmen und Ausgaben.

Die Personen mit delegierten finanziellen Befugnissen tragen bei der Verwaltung der Finanzanlagen die Verantwortung, die Mittel der Organisation gemäß der Finanzstrategie und des jährlichen Budgets auszugeben.

Das Modell gilt für Daten-, Informations- und Wissensgüter gleichermaßen. Der Vorstand und die Geschäftsführung sollten eine Person für die Qualität der Daten der Organisation rechenschaftspflichtig machen. Diese Person - das Daten-Äquivalent des Chief Financial Officers, eventuell der Chief Data Governance Officer - muss die Daten lenken. Sie sollte für die Datenstrategie sowie die erforderlichen Instrumente und Delegationen zur angemessenen Verwaltung von Daten rechenschaftspflichtig sein. Die Verantwortung für eine angemessene Verwaltung von Datengütern liegt jedoch bei jedem Einzelnen in der Organisation. Wir sollten uns nicht in der Unterscheidung zwischen Dateneigentümern, Datenkustodien, Data Stewards und dergleichen verheddern, da dies nur zu Verwirrung führt. Erforderlich sind klare Rechenschaftspflicht und Verantwortung.

Wie könnte ein neuer Data-Governance-Leiter die Geschäftsleitung sensibilisieren und davon überzeugen, dass eine umfassende, unternehmensweite Datenstrategie die Grundlage für ein erfolgreiches Data-Management-Programm bildet?

Die Zustimmung der Geschäftsleitung ist zwingend erforderlich. Wir haben gerade den Unterschied zwischen Business-Governance, Asset-Governance und Asset-Management sowie die jeweiligen Verantwortlichkeiten diskutiert. Die Governance sollte von der obersten Führungsebene der Organisation durchgeführt werden.

Es gibt jedoch mehr als das. Es ist nicht sinnvoll, nur projektbezogen zu investieren. Für eine erfolgreiche Transformation ist eine kontinuierliche Verbesserung des Managements von Daten, Informationen und Wissen erforderlich. Kontinuierliche Verbesserung erfordert kontinuierliche Investitionen. Diese Investitionen wiederum erfordern kontinuierliche Messungen der Datenqualität und der daraus resultierenden Geschäftsvorteile. Bei der Rechtfertigung von Investitionen wird sich kein Chief Financial Officer einen Business Case anschauen, wenn er darin kein Geschäftsproblem erkennt. Sobald ein Problem identifiziert wurde, muss der CFO davon überzeugt werden, dass eine akzeptable Rendite erreicht wird. Und der CFO wird nur weiter investieren, wenn die geplanten Vorteile nicht nur für das ursprüngliche Projekt, sondern über einen längeren Zeitraum hinweg realisiert werden.

4. Datenstrategien: Wen sollte man einbeziehen?

Der diplomatische Ansatz zielt darauf ab, Förmlichkeiten zu reduzieren und Zwangselemente der traditionellen Data Governance zu beseitigen.

Håkan Edvinsson

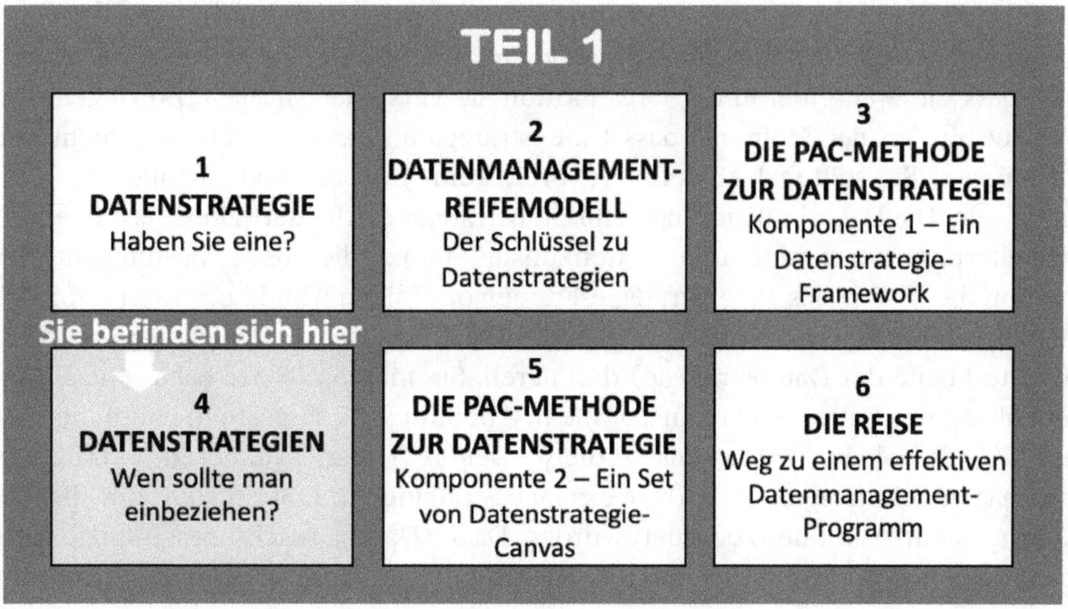

4.1. Wer sollte Datenstrategien definieren?

Geschäftsstrategien werden in der Regel ausschließlich von einer begrenzten Anzahl von Personen des Top-Managements definiert. Die Elite. Geschäftsstrategien werden in der Organisation nur selten breit kommuniziert, da sie unter einem Schleier der Geheimhaltung stehen. Eine „Datenstrategie", falls es so etwas überhaupt gibt, konzentriert sich häufig auf Technologie, wie sie vom Top-IT-Management definiert wird. Treffender wäre die Bezeichnung „Technologiestrategie". Wir benötigen jedoch eine umfassende Datenstrategie, die vollständig mit der Geschäftsstrategie abgestimmt ist, alle Teile der Organisation berücksichtigt und die erforderlichen Daten, Prinzipien, Wertversprechen, Fähigkeiten, Ressourcen, strategischen Initiativen und Kennzahlen adressiert - und das alles im Einklang mit den Geschäftsanforderungen und den datenbezogenen Schmerzpunkten. Wer sollte sie also definieren?

Während meiner frühen Jahre in der IT-Abteilung einer Bank erlebte ich, wie jedes Jahr ein ausgewähltes Team im Rahmen einer Tech-Tour neue Technologien erkundete, um die Geschäftsstrategie zu unterstützen. Diese wurde auf der Geschäftsseite von einem anderen ausgewählten Team definiert. Die Ergebnisse hätten in der gesamten Organisation kommuniziert werden können, was jedoch nicht geschah. Und das ist die Geschichte vieler Organisationen. Wenn wir in der Geschichte zurückblicken, war die Kernidee hinter Strategie, sie geheim zu halten. Sun Tzu riet im 5. Jahrhundert v. Chr.: „Verberge deine Absichten, und dein Zustand bleibt geheim, was zum Sieg führt; offenbare deine Absichten, und dein Zustand wird offenkundig, was zur Niederlage führt."

Wir denken bei Strategie oft in Bezug auf den Wettbewerb mit anderen Organisationen. Das ist ein Teil davon: Einen Wettbewerbsvorteil zu erlangen bedeutet, dass man seine Absichten nicht offenbaren will. Aber es ist auch vital, dass die Organisation die Strategie ausführen kann. Das bedeutet, dass die Menschen in der Organisation sie verstehen müssen. Im Gegensatz zu Sun Tzus Ansatz bin ich der Meinung, dass Datenstrategien demokratisiert und nicht verborgen werden müssen. Sie sollten klar definiert, breit kommuniziert und für alle, die sie nutzen, zugänglich sein. Die Demokratisierung von Datenstrategien erfordert eine Zusammenarbeit von Datenerstellern/-produzenten und Datenkonsumenten, die dem besten Interesse der Organisation dient. Wie das Datenstrategie-Framework (siehe Abbildung 13 in Kapitel 3) zeigt, müssen Vertreter aller Geschäftsbereiche und Shared Services die Datenausrichtungsstrategie (die höchste Ebene der Datenstrategie) definieren. Sie müssen in der Lage sein, Probleme im Zusammenhang mit Daten zu benennen. Wie in Abbildung 15 dargestellt, nahm die Anzahl der direkten Stakeholder ab, als die Details der anderen Datenstrategien (Datenmanagementstrategie, Daten-Governance-Strategie und Strategien für die einzelnen Datenmanagementfunktionen) definiert wurden. Da die Datenausrichtungsstrategie die anderen Strategien jedoch vorantreibt, bleibt die Verbindung zu den horizontalen Anforderungen bestehen.

Das Buch „Open Strategy" beschreibt, wie erfolgreiche Unternehmen durch Offenheit disruptiven Veränderungen einen Schritt voraus bleiben (Stadler, Hautz, Matzler, & Friedrich von den Eichen, 2021). Die erste Fallstudie beschreibt Ashok Vaswanis Ansatz zur Strategieentwicklung, als er im Jahr 2012 die Leitung des britischen Einzelhandelsunternehmens Barclays übernahm:

Vaswani war der Überzeugung, dass es einen besseren Weg gab, Strategien zu definieren. Wenn Mitarbeiter aller Ebenen von Anfang an in die Strategieentwicklung eingebunden wären, würden sie sich stärker damit identifizieren, sie besser verstehen und ihr Bestes geben, um sie umzusetzen. Gleichzeitig könnten Führungskräfte differenziertere Pläne entwickeln, wenn sie mit den Anliegen der Mitarbeitenden an vorderster Front vertraut wären, und sie könnten die Strategie besser kommunizieren.

Das war genau mein Ansatz bei Datenstrategien! Datenstrategien müssen offen sein und die Organisation ganzheitlich abbilden. Der erste Schritt, um Offenheit zu erreichen, ist die Ermittlung der Personen, die an der Definition jeder Datenstrategie teilnehmen sollten. Wie in Kapitel 7 beschrieben, ist der empfohlene Ansatz zur Definition von Datenstrategien die Durchführung von Workshops.

Abbildung 15 veranschaulicht die Vorgehensweise zur Identifizierung von Stakeholdern, die an der Definition von Datenstrategien beteiligt sein sollen. Die Details werden sich je nach Organisation unterscheiden. Obwohl dieses Modell ursprünglich für mittelständische bis große Organisationen entwickelt wurde, können auch kleine bis mittlere Organisationen es nutzen. Bei der Identifizierung von Stakeholdern sollten Sie berücksichtigen, wer verschiedene Aspekte der Unternehmensführung wie Betriebsabläufe, Finanzen, Governance und Marketing adressiert. Gehen Sie diesen Prozess mit dem erforderlichen Sinn für Offenheit an, um jeden Typ von Datenstrategie zu definieren, wie unten beschrieben.

Datenausrichtungsstrategie: Wie in Kapitel 3 erörtert, sollte sie zuerst definiert werden, da sie die anderen Strategien lenkt. Dieser Prozess wird Folgendes identifizieren:

- Die erforderlichen Datendomänen, um die Motivationen der Organisation (geschäftliche, strategische Ziele) zu adressieren
- Datenbezogene Verhaltensweisen, die geändert oder angepasst werden müssen
- Datenbezogene Schmerzpunkte

Dafür sind Vertreter aus der gesamten Organisation erforderlich, beispielsweise aus verschiedenen Geschäftsbereichen (Lines of Business, LOBs), Finanzen, Recht, Personalwesen, IT, Data Governance, allen datenbezogenen Einheiten, Enterprise Architecture oder ähnlichen Einheiten mit übergeordnetem Überblick über die Organisation usw. Datenbezogene Schmerzpunkte können überall existieren.

Die Stakeholder, die die Datenausrichtungsstrategie definieren, müssen ein gemeinsames Verständnis der drei bis fünf Geschäftsziele mit höchster Priorität schaffen. Mit der Einigung auf strategische Geschäftsziele können die Stakeholder die Motivationen, Verhaltensweisen und datenbezogenen Schmerzpunkte priorisieren. Diese Prioritäten sind der primäre Input zur Definition der Datenmanagementstrategie.

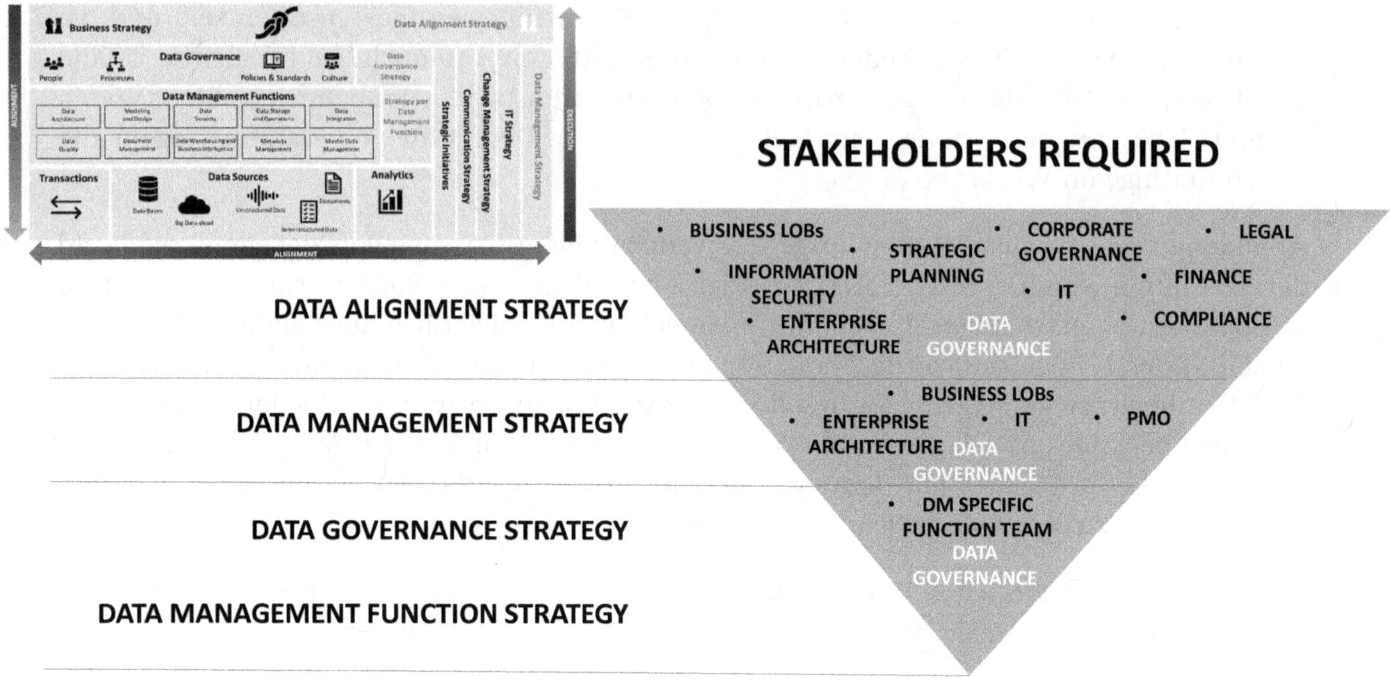

Abb. 15: Datenstrategien - Erforderliche Stakeholder

Datenmanagementstrategie: Zur Definition der Datenmanagementstrategie sind die priorisierte Liste der Motivationen für das Datenmanagement, die datenbezogenen Verhaltensweisen, die geändert oder eingeführt werden sollen, sowie die datenbezogenen Schmerzpunkte der primäre Input. Mithilfe der Datenausrichtungsstrategie können wir Geschäftsstakeholder identifizieren, um die Datenmanagementfunktionen zu bewerten. Die Ergänzung dieses Teams um das Data-Governance-Team und IT-Stakeholder ist zwingend erforderlich. Das Data-Governance-Team überwacht die Ausführung der Datenstrategien und das IT-Team stellt die erforderliche Technologie bereit, um ein effizientes und effektives Datenmanagement zu unterstützen. Die Enterprise Architecture muss eine unternehmensweite Perspektive beibehalten, die den ganzheitlichen Umfang der Datenstrategie beschreibt.

Data-Governance-Strategie: Die Datenausrichtungs- und die Datenmanagementstrategie liefern Input für die Data-Governance-Strategie, einschließlich priorisierter Listen von Motivationen, Verhaltensweisen und datenbezogenen Schmerzpunkten. Ein Ziel dieser Strategie ist die Definition der zu steuernden Daten und Objekte - beispielsweise regulatorische Berichte, Datenrepositorien, Geschäftsprozesse usw. - sowie der im Laufe der Zeit zu steuernden Fähigkeiten. Diese Definition umfasst auch die erforderlichen Rollen zur Ausführung dieser Fähigkeiten.

Da die Mitglieder des Data-Governance-Teams die Datenstrategien orchestrieren, kennen und verstehen sie die Datenausrichtungsstrategie und können sie nutzen, um die Data-Governance-

Strategie zu definieren. Im Sinne des offenen Strategieansatzes tragen alle Mitglieder des Data-Governance-Teams zu dieser Strategie bei, nicht nur die Leitung.

Datenmanagement-Funktionsstrategie: Für jede Datenmanagement-Funktionsstrategie - beispielsweise Datenarchitektur, Datenmodellierung, Datenintegration, Datenqualität usw. - sollte das Team, das die jeweilige Datenmanagementfunktion ausführt, sowie das Data-Governance-Team oder zumindest dessen Leiter/in, als Stakeholder einbezogen werden.

4.2. Data-Governance-Leiter/in: Meister-Koordinator

Zwar haben viele Menschen ein Interesse an der Definition von Datenstrategien, doch der Prozess wird nicht von allein ablaufen, nur weil dieses Interesse besteht. Jemand muss die Strategien artikulieren, ihre Ausführung sicherstellen und sie im Laufe der Zeit weiterentwickeln. Diese Orchestrierung ist die Verantwortung des Data-Governance-Leiters/der Data-Governance-Leiterin. Diese Rolle umfasst:

- Stakeholder einbinden
- Sicherstellen, dass Strategien dokumentiert sind
- Als Verwahrer:in der Datenstrategien fungieren
- Sie sozialisieren und kommunizieren
- Sie stellen sicher, dass sie in die jährliche strategische Planung des Unternehmens eingebettet werden

Diese Aktivitäten sind erforderlich, um Daten als „strategischen Vermögenswert" zu behandeln.

Jahrelang war die Rolle des Data-Governance-Leiters bzw. der Data-Governance-Leiterin eng mit der Entwicklung von Richtlinien und Standards, der Überwachung des Datenökosystems sowie der Bearbeitung datenbezogener Probleme verknüpft. In vielen Organisationen wird das Data-Governance-Team jedoch als bevormundend wahrgenommen, da es Anforderungen aufzwingt, die die meisten Menschen nicht verstehen und deren Nutzen sie nicht erkennen. Dies führt zu erheblichem Widerstand gegen Data-Governance-Initiativen und die Vorgaben des Teams. Håkan Edvinsson befürwortet die Anwendung diplomatischer Prinzipien in der Data Governance. Wie er aufzeigt, würde ein Fokus auf Datenfehler der Data Governance nur eine sehr niedrige Ambition verleihen: „Das würde bedeuten, vom Schlechten zum Nicht-Schlechten zu gelangen." (Edvinsson H. , 2020). Die Rolle der Data Governance sollte viel umfassender sein. Sie sollte die Entwicklung der Datenlandschaft und der Kultur leiten, indem sie die Ausrichtung von Geschäfts- und Datenstrategien erleichtert.

Betrachten wir noch einmal das „Evolved Wheel" von DAMA (siehe Abbildung 11 in Kapitel 3), so zeigt sich, dass der äußere Kreis alle Themen umfasst, die Data Governance in der Organisation fördern muss. Dies geht weit über Richtlinien hinaus. Beachten Sie in Abbildung

16, dass der äußere Kreis das Thema Strategie enthält. Dies unterstreicht meine Aussage, dass die Data-Governance-Leads (und ihre Teams) Datenstrategien „orchestrieren" sollten.

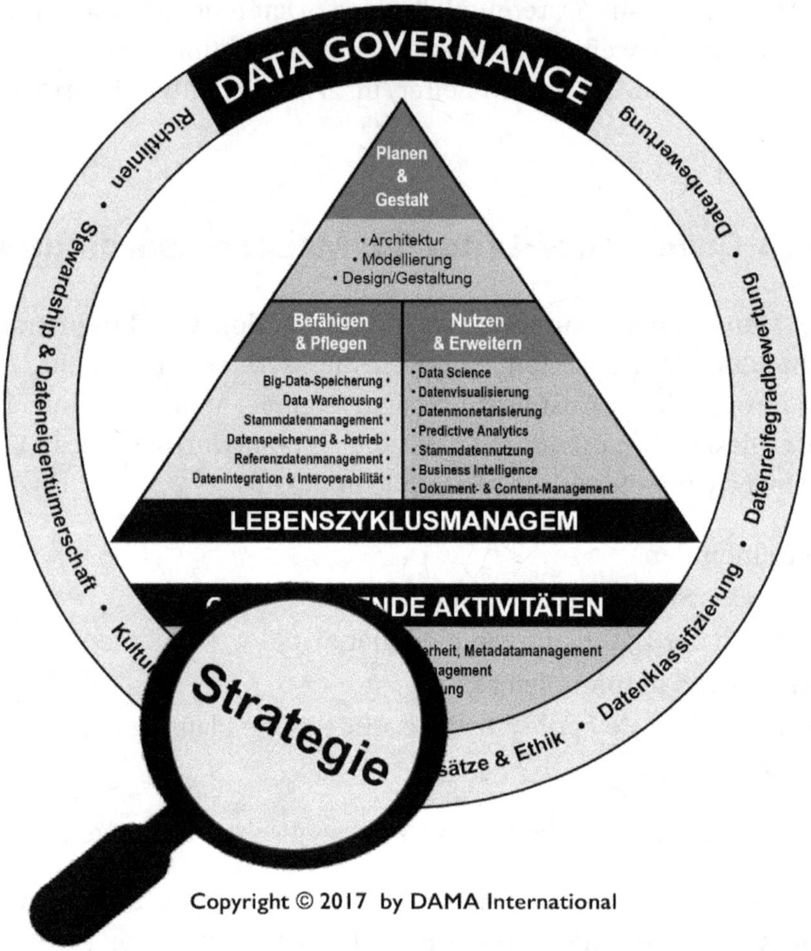

Abb. 16: Strategie als eine der Kernaktivitäten der Data Governance

Die Rolle der Data-Governance-Leiter:innen bei der Orchestrierung der Definition, Kommunikation, Instandhaltung und Ausführung von Datenstrategien ist anspruchsvoll. Dies gilt auch für die Implementierung eines effektiven und nachhaltigen Datenmanagementprogramms. Die größten Herausforderungen umfassen:

- Sicherstellung der Unterstützung und des Engagements durch das Top-Management
- Definition einer klaren Datenstrategie und deren breite Verbreitung
- Beschreibung eines überzeugenden Business Cases für die fortlaufende Finanzierung des Programms
- Identifizierung kritischer Daten, für die eine Qualitätskontrolle sinnvoll ist

- Planung für bessere Daten und Einbindung der Mitarbeitenden in die Umsetzung der Pläne
- Verwaltung von Metadaten mit derselben Sorgfalt wie die Verwaltung von Daten
- Entwicklung einer soliden Partnerschaft zwischen Business und IT für ein funktionsübergreifendes Datenmanagement
- Verwaltung von Daten über ihren gesamten Lebenszyklus
- Bereitstellung einer Technologie, die effektive und agile Unterstützung ermöglicht
- Entwicklung einer effektiven Kommunikationsstrategie

Das Data-Governance-Team leistet einen wesentlichen Beitrag zur Definition einer klaren Datenstrategie (zweiter Punkt). Um diesen Punkt zu bewältigen, ergeben sich einige spezifische Herausforderungen:

- Einbindung der richtigen Stakeholder in die Definition der Datenstrategie
- Erstellung einer mit der Geschäftsstrategie abgestimmten Datenstrategie
- Anleitung und Überwachung der Datennutzung im Einklang mit der Geschäftsstrategie im Rahmen der Datenstrategieausführung
- Governance auf Grundlage der bei der Erstellung der Datenstrategie definierten Prinzipien, um Daten als Vermögenswert zu behandeln.
- Definition von Richtlinien und eines Verfahrens zur Sicherung ihrer Einhaltung gemäß der in der Datenstrategie festgelegten Priorisierung
- Vermeidung bevormundender Governance bei gleichzeitiger Entwicklung von Eigenverantwortung
- Flexibilität und Erreichung des angemessenen Formalisierungsgrads ohne starre Kontrollmechanismen, die möglicherweise abgelehnt werden
- Einführung eines einfachen Governance-Modells, das von Menschen genutzt werden kann und dabei die Organisationskultur berücksichtigt sowie vorhandene Strukturen und Prozesse nutzt
- Erstellung von Kennzahlen, die die Wirksamkeit des Ansatzes nachweisen, statt nur das Leicht Messbare zu erfassen
- Sicherstellung, dass die Datenstrategie in die strategische Geschäftsplanung eingebettet wird

- Sicherstellung der Ausführung der Datenstrategie
- Effektive Kommunikation der Datenstrategie, des Ausführungsfortschritts und des Werts

Kapitel 7 erläutert die erforderlichen Schritte zur Erstellung von Datenstrategien, zu ihrer Kommunikation und Einbettung in die strategische Geschäftsplanung. Für den Erfolg dieses Prozesses wird der „Datenstrategien-Koordinator" entscheidend sein.

4.3. Auswahl der Stakeholder

Wie in Abschnitt 4.1 dargelegt, ist die Identifizierung der Stakeholder, die an der Definition der Datenausrichtungsstrategie beteiligt sein müssen, von entscheidender Bedeutung. Einige dieser Stakeholder werden auch zu nachfolgenden Datenstrategien, wie Datenmanagement, Data Governance und spezifischen Funktionsstrategien, beitragen. Zu diesem Zeitpunkt gibt es keine strikte Anforderung bezüglich der Hierarchiestufe der Stakeholder in der Organisation. Entscheidend ist, dass jeder Teilnehmer über Einfluss verfügt, tiefgehendes Wissen über Geschäftsprozesse besitzt und die datenbezogenen Schmerzpunkte versteht. Das Team wird höchstwahrscheinlich aus Mitarbeitenden der Führungsebene und der operativen Ebene bestehen. Die Kernvoraussetzung besteht darin, dass die beteiligten Personen die Prozesse, an denen sie interessiert sind, sowie die diese Operationen unterstützenden Daten vollständig verstehen. Insgesamt müssen sie die Probleme verstehen, denen sie üblicherweise in Bezug auf Daten gegenüberstehen. Diese Schlüsselpersonen können identifiziert werden, indem die Geschäftsfallbegründung für die Erstellung von Datenstrategien in einer Sitzung eines bestehenden Gremiums der Geschäftsleitung präsentiert wird. Es ist entscheidend, die Unterstützung und das Engagement der Leitung zu gewinnen, die Finanzierung sicherzustellen und die Prioritäten für die Teilnahme der Stakeholder in diesem Prozess festzulegen.

Wie wir in Kapitel 6 sehen werden, müssen wir vor dem Versuch, eine Datenstrategie zu definieren, zunächst ein grundlegendes Verständnis von Datenkonzepten in der gesamten Organisation sicherstellen und bewerten, wie es um die Datenmanagementpraktiken der Organisation steht. Die meisten Organisationen verfügen heute über mindestens einige Datenmanagementfunktionen. Für Schulungs- und Reifegradbeurteilungssitzungen können wir einige Schlüsselpersonen einladen, um gemeinsam Datenstrategien zu entwickeln. Ihre Teilnahme an diesen Sitzungen integriert ihr Wissen und ihre Beherrschung der Geschäftsprozesse sowie der datenbezogenen Probleme, mit denen sie üblicherweise konfrontiert sind. Überspringen Sie daher diese Schulungs- und Beurteilungsschritte nicht. Diese Prozesse tragen auch zur Entwicklung einer gemeinsamen Sprache rund um Daten bei, was eine Voraussetzung für eine datengetriebene Kultur ist. Besonders wichtig ist, dass Ihnen diese Sitzungen dabei helfen können, Menschen zu identifizieren, die zu den Strategien beitragen können.

4.4. Ein echter Sponsor ist mehr als nur ein Geldgeber

Selbstverständlich benötigen wir für den Beginn der Arbeit an Datenstrategien die Unterstützung der Geschäftsleitung, was mitunter eine Herausforderung darstellen kann. Die meisten Geschäftsführer werden zwar sagen, dass Daten entscheidend sind und es eine Priorität ist, über Daten zu verfügen, die Geschäftsentscheidungen unterstützen, doch bei der Umsetzung hakt es oft. Es ist jedoch etwas anderes, Schlüsselpersonen für Meetings einzuplanen und sie mit der Definition von Datenstrategien zu beauftragen.

Doch wie können wir die Unterstützung der Geschäftsleitung für die Arbeit an einer umfassenden Datenstrategie gewinnen? Der Schlüssel liegt in den datenbezogenen Schmerzpunkten. Wie Håkan Edvinsson aufzeigt, sind nicht nur die aktuellen datenbezogenen Schmerzpunkte erheblich, sondern auch diejenigen, die auftreten könnten, wenn keine gute Datenstrategie vorhanden ist. Eine strategische Perspektive hilft einer Organisation, Probleme, die wahrscheinlich aus ihren Entscheidungen entstehen, vorauszusehen und abzumildern. Daher müssen wir uns darauf konzentrieren, Langzeitprobleme zu verhindern und aktuelle Probleme zu beheben. Ähnlich wie bei physischen Schmerzen wollen Organisationen, wenn es um Daten geht, ein spezifisches Problem beheben (z. B. hohe Antwortzeiten beim Zugriff auf Business-Intelligence-Berichte oder Dashboards). Sie denken jedoch nicht immer an die Vermeidung zukünftiger Probleme. Die meisten Menschen, mit denen ich gesprochen habe, sind sich einig, dass eine gute Datenstrategie wichtig ist, erstellen aber keine, da sie der Meinung sind, dass dies zu lange dauert und ihre aktuellen Probleme nicht löst.

Um datenbezogene Probleme zu lösen, genaue Einblicke in die Organisation zu erhalten und bessere Entscheidungen zu treffen, investieren viele Unternehmen erhebliche Mittel in technologische Plattformen. Oft folgen auf diese Investitionen Enttäuschung und Frustration. Fast jede Organisation hat mindestens eine Geschichte über das Scheitern einer Technologieinvestition zu erzählen. Diese Geschichten können genutzt werden, um Geschäftsfälle für alternative Ansätze zu dokumentieren. Ein Geschäftsfall für die Entwicklung von Datenstrategien sollte die Kosten aktueller datenbezogener Probleme, die potenziellen Kosten bei Nichtumsetzung von Datenstrategien und den Wert eines definierten Ansatzes berücksichtigen.

Ähnlich wie eine Person schwerwiegende Folgen erleiden kann, wenn sie weiterhin Schmerzmittel nimmt, ohne die Grundursache ihrer Schmerzen zu finden und sie angemessen zu behandeln, kann ein Unternehmen Zeit und Ressourcen verschwenden, wenn es keine strategische Herangehensweise an Daten verfolgt. Wir müssen einen Weg finden, die langfristigen Konsequenzen dieser fehlenden strategischen Perspektive auf Daten zu beschreiben. Die meisten Organisationen benötigen einen Ansatz, der Sofortmaßnahmen und langfristige Prävention kombiniert.

Die Identifizierung des Hauptsponsors ist entscheidend. Es gibt keine Regel, die bestimmt, wo sich der Hauptsponsor befinden sollte, obwohl es grundsätzlich besser ist, wenn die

Sponsorschaft auf der Geschäftsseite und nicht in der IT angesiedelt ist. Finanzierung ist wichtig, aber nicht alles, was wir benötigen. Wir benötigen auch jemanden, der sich wirklich für Fortschritte interessiert, tiefgreifende Fragen zur geleisteten Arbeit stellen kann und Erfolge und Vorteile in verschiedenen Foren mit der Organisation teilt. Andere Sponsor:innen, die keine finanziellen Mittel bereitstellen, können strategische Partner sein. Dies sind in der Regel Geschäftsführer:innen aus Geschäftsbereichen, in denen die meisten datenbezogenen Probleme auftreten. Sie werden an Data-Governance- oder Datenmanagement-Initiativen teilnehmen und diese unterstützen, wodurch sich ihre Probleme reduzieren. Sobald sie den Nutzen spüren, werden sie zu den besten Befürwortern des Wertes einer vorbildlichen Datenstrategie und damit zum Erfolg jeglicher datenbezogener Initiativen beitragen.

4.5. Erfolgsfaktoren

Durch die Anwendung **der PAC-Methode zur Datenstrategien** in verschiedenen Organisationen habe ich einige gemeinsame Erfolgsfaktoren identifiziert:

- **Zustimmung zur Datenstrategie einholen**: Wenn die Geschäftsleitung nicht davon überzeugt ist, Mittel und die Zeit kritischer Mitarbeitender in die Erstellung von Datenstrategien zu investieren, wird es schwierig sein, diese zu entwickeln - zumindest nicht auf ganzheitliche, horizontale und offene Weise.

- **Erfolgreich planen**: Sobald die Zustimmung vorliegt, ist eine detaillierte und sorgfältige Planung erforderlich, um das Versprechen einzuhalten und die Arbeit pragmatisch und agil zu erledigen. Besondere Sorgfalt ist bei der Terminierung von Besprechungen, dem ordnungsgemäßen Versand von Einladungen und der Sicherstellung geboten, dass die Eingeladenen über Zweck, Ablauf und Zeitaufwand gut informiert sind. Sie sollten eine aussagekräftige Botschaft von der Unternehmensleitung erhalten, die sie zur Teilnahme ermutigt. Die Planung muss auch umfassen, wie die Ergebnisse sozialisiert, Genehmigungen eingeholt und die Datenstrategien im gesamten Unternehmen verbreitet werden sollen.

- **Eine Nachricht von einem Stakeholder aufzeichnen lassen**: Ein dreiminütiges Video mit einer aussagekräftigen Botschaft, die die Relevanz von Daten und deren Behandlung in der Organisation hervorhebt, ist ein gutes, wiederverwendbares Kommunikationsmittel. Dies ist ein pragmatischer und umsetzbarer Weg, um Besprechungen mit neuen Zielgruppen zu eröffnen und diese mit einer starken Botschaft von Engagement und Ermutigung für bessere Daten in der Organisation zu erreichen. Dies wird bei der Gewinnung von Zusagen von Stakeholdern von erheblichem Nutzen sein.

- **Eine Kick-off-Sitzung durchführen**: Ein einfacher und pragmatischer Weg, um Stakeholder zur Mitarbeit an der Definition von Datenstrategien zu gewinnen, ist die Durchführung einer Auftaktpräsentation in einer regelmäßigen Leitungssitzung. Dabei können die Manager Stakeholder identifizieren und zur Mitarbeit verpflichten.

- **Grundlegende Konzepte des Datenmanagements**: Dies ist ein weiterer wesentlicher Aspekt, um die Teilnahme von Stakeholdern zu unterstützen. Beginnen Sie mit den grundlegenden Konzepten des Datenmanagements. So wird die Fähigkeit der Stakeholder erhöht, Datenstrategien zu definieren, und die erforderliche Zeit wird verkürzt.

- **Ein Datenmanagement-Reifegradmodell einführen**: Unabhängig davon, für welches Modell man sich entscheidet, hilft die Verwendung empfohlener Datenmanagement-Funktionen als wichtige Meilensteine dabei, die Einrichtung und Umsetzung von Disziplinen entlang des Zeitplans zu priorisieren.

- **Nicht finanzierende Sponsor:innen einbinden**: Während der Definition der Datenausrichtungsstrategie ist es gut möglich, diejenigen nicht-finanziellen, aber unterstützenden Sponsor:innen zu identifizieren. Sie müssen direkt eingebunden werden, damit sie zu Befürwortern von Datenstrategien werden.

- **Institutionelle Kommunikation einbeziehen**: Falls die Organisation über eine entsprechende Abteilung verfügt, muss diese so früh wie möglich in die Initiative zur Entwicklung von Datenstrategien eingebunden werden, um die Kommunikation von Datenstrategien innerhalb der gesamten Organisation zu unterstützen.

- **Bewusstsein für den jährlichen Zyklus der Datenstrategie schaffen**: Datenstrategien müssen wie andere Unternehmensstrategien behandelt werden. Sie müssen jedes Jahr überprüft und angepasst werden. Die Beteiligten müssen ihre Rollen und Verantwortlichkeiten in diesem Prozess verstehen.

- **Strategische Planung einbeziehen**: Um den Kreislauf zu schließen, muss die für die strategische Geschäftsplanung zuständige Person einbezogen werden. So wird sichergestellt, dass Datenstrategien in die laufende bzw. jährliche Planung einfließen.

4.6. Kernkonzepte

Der Datenstrategie-Koordinator identifiziert Stakeholder und lädt sie zur Teilnahme an der Definition der Datenstrategien ein. Zu seinen Aufgaben gehört es, den Prozess zu moderieren, die resultierenden Datenstrategien zu kommunizieren und deren Umsetzung zu überwachen. In der Regel übernimmt diese Aufgabe der Data-Governance-Verantwortliche (Data-Governance-Leiter bzw. die Data-Governance-Leiterin).

4.7. Wichtige Aspekte

1. Bei der Definition von Datenstrategien müssen wichtige Stakeholder Input und Rückmeldung geben.
2. Am besten geeignet, um die Beteiligung wichtiger Stakeholder bei der Definition von Datenstrategien zu moderieren und zu überwachen, ist der Data-Governance-Leiter bzw. die Data-Governance-Leiterin.
3. Schulungs- und Reifegradbeurteilungssitzungen des Datenmanagements bieten eine gute Plattform, um geeignete Stakeholder zu ermitteln.

4.8. Interview zur Datenstrategie

BEFRAGTE EXPERT: **Håkan Edvinsson**[36]

Håkan Edvinsson ist Datenmanagement-Berater und hat sich auf Data Governance und Entscheidungsmodellierung spezialisiert. In seinem Buch „Data Diplomacy" erläutert er, wie geschäftliche Innovation und Geschäftstransformation mit nicht bevormundender Data Governance zusammenhängen. Seine Kernaussage ist, dass dies durch einen diplomatischen Ansatz erreicht werden kann, bei dem Bürokratie vermieden und eine möglichst schlanke Data-Governance-Organisation aufgebaut wird. Er ist auch ein anerkannter Trainer und Redner.

Angesichts Ihrer reichen Erfahrung als Berater im Bereich Data Governance und Datenarchitektur: Wie oft treffen Sie in den Organisationen Ihrer Kunden auf eine gut definierte horizontale Datenstrategie, die die gesamte Organisation berücksichtigt und die datenbezogene Arbeit steuert sowie auf die Geschäftsstrategie antwortet?

Früher war dies selten oder sogar nicht vorhanden. Heutzutage äußern große Organisationen häufig ihre Ambitionen, Daten als ihre lebenswichtige „natürliche Ressource", aus der Vermögen geschaffen werden soll, zu nutzen. Und sie investieren viel Geld und Anstrengung darin. Ein Kunde aus der Automobilindustrie hat geäußert, dass im Jahr 2030 50 % des Einkommens aus Dienstleistungen statt nur aus Fahrzeugen erzielt werden sollen. Andere Kunden verfolgen ähnliche Strategien. Allerdings sind nicht alle Branchen so fortschrittlich.

Bislang handelt es sich bei den Investitionen, mit denen ich konfrontiert bin, um Datenarchitektur und nicht um Data Governance. Um ehrlich zu sein, ist der Ansatz zu IT-

---

[36] Håkan Edvinsson. https://www.linkedin.com/in/Hakanedvinsson/

zentrisch, weshalb ich ihn nicht als „gut definierte horizontale Datenstrategie" bezeichnen würde, denn eine solche Strategie oder deren Umsetzung ist zu eng gefasst.

Wie Professor James H. Davenport es ausdrückte: „Bei einer Klempnerkonferenz spricht niemand über sauberes Wasser", wobei er IT-Profis als Klempner bezeichnet, die sich auf Speicher, Rohre und Verbindungsstücke fokussieren.

Was ist Ihrer Meinung nach die Rolle der Datenstrategie für den Erfolg oder Misserfolg einer datengetriebenen Transformationsinitiative?

Ich denke, dass es entscheidend ist, die Datenstrategie nicht von anderen Strategien in der Organisation zu trennen. „Daten" sind keine separate Sache, da sie widerspiegeln, was in einem Unternehmen vor sich geht und womit es sich befasst. Eine erfolgreiche datengetriebene Transformation erfordert tiefgreifende Einblicke in die Daten und somit auch in die detaillierten Geschäftsabläufe. Meine Empfehlung ist deshalb, nicht nur geschäftliches Wissen einzubeziehen, sondern auch die Geschäftsseite dafür verantwortlich zu machen. Es handelt sich um eine Geschäftsstrategie, keine IT-Strategie. Das gilt für jede Geschäftstransformation.

Letztendlich benötigen wir gar keine separate Datenstrategie, sondern Geschäftsstrategien, die auch Daten berücksichtigen.

Betrachten Sie beispielsweise ein Versorgungsunternehmen. Es kauft Energie, speist sie in sein Netz ein und verteilt sie an Kunden. Das gesamte Geschäft dreht sich im Grunde um Daten über die Energie: Wie viel haben wir gekauft und wie viel haben unsere Kunden verbraucht? Die Messwerte von Tausenden von Zählern werden erfasst und verarbeitet, um dann die Grundlage für Finanztransaktionen zu bilden. In einer solchen Umgebung wird die Energie niemals von den Daten über die Energie getrennt, und das in keinem Schritt.

Organisationen, die jetzt datengetrieben arbeiten, übersehen diesen Punkt häufig, da sie diese Art von Daten bisher nicht hatten.

Aus Ihrer Perspektive: Wer sollte Ihrer Meinung nach die Erstellung und Instandhaltung einer Datenstrategie vorantreiben und welche Stakeholder müssen in diesen Prozess eingebunden werden?

Zunächst sollten wir klären, was eine Strategie ist: Sie ist eine Methode zur Erreichung gewünschter Ergebnisse aus langfristiger Perspektive. Eine Strategie betrifft immer die Führungsebene und wird daher auf dieser Ebene entschieden. Ich denke, dass diejenigen, die im Bereich Datenqualität und Data Governance tätig sind, ihre Sicht zur Strategie einbringen müssen, um die geschäfts- und IT-orientierten Absichten zu ergänzen. Rollen wie Data-Governance-Verantwortliche, Chief Enterprise Architects und Enterprise Data Architects sollten eine Datenstrategie daher maßgeblich beeinflussen.

Der wichtigste Aspekt einer Strategie ist ihre Umsetzung. Eine Datenstrategie muss in Projektrichtlinien, Stellenbeschreibungen, Leistungsindikatoren und dergleichen übersetzt werden. Aus meiner Erfahrung ist es nicht ungewöhnlich, dass zwar alles vorhanden zu sein scheint, aber dennoch nichts geschieht. Ich schlage daher vor, dass eine Strategie nicht nur Indikatoren enthalten darf, die zeigen, ob wir sie erreichen und ob es die richtige Strategie ist. Wir müssen auch Indikatoren haben, die zeigen, ob wir sie tatsächlich umsetzen.

Mein allgemeines Prinzip ist, dass diese Indikatoren an ihrer natürlichen Quelle gebildet und gepflegt werden müssen - etwa in der Nähe der Transformationsinitiativen, wenn diese identifiziert, geplant, gestaltet, umgesetzt und evaluiert werden. Dies würde Rollen wie Sponsor:innen und Project Portfolio Manager:innen einschließen.

Wie würden Sie einem neuen Leiter bzw. einer neuen Leiterin der Data Governance empfehlen, das Bewusstsein zu schaffen und die Unterstützung der Geschäftsleitung für die Relevanz einer umfassenden, horizontalen Datenstrategie als Fundament eines erfolgreichen Datenmanagementprogramms zu gewinnen?

Machen Sie zunächst Ihre Hausaufgaben. Ist die Datenqualität ein Problem? Wie gravierend ist es? Welche geschäftlichen Auswirkungen hat das? Falls der herkömmliche Weg zur Verbesserung der Datenarchitektur nicht hilft, warum ist das so? Welche Voraussetzungen für die Transformation sind bereits vorhanden und was fehlt noch zur Überwachung von Unternehmensdaten?

Bevor Sie sich an die Geschäftsleitung wenden, sollten Sie zunächst verstehen, wo sie steht. Was ist ihre Vorstellung von der bevorstehenden Transformation? Was wissen sie über das Thema? Beginnen Sie dort, wo Sie stehen, und nutzen Sie das, was bereits vorhanden ist. Zum Beispiel ihre Bedenken, ihre Herausforderungen und das, was sie motiviert. Sprechen Sie ihre Sprache. Wenn Sie die Menschen erst erziehen müssen, damit sie das, was Sie vorschlagen, verstehen, sind Sie auf dem falschen Weg.

5.Die PAC-Methode zur Datenstrategien: Komponente 2 - Eine Reihe von Canvases

Effektive Kommunikation ist entscheidend dafür, dass das Team mit der richtigen Einstellung an den richtigen Projekten arbeitet.

Alex Langer

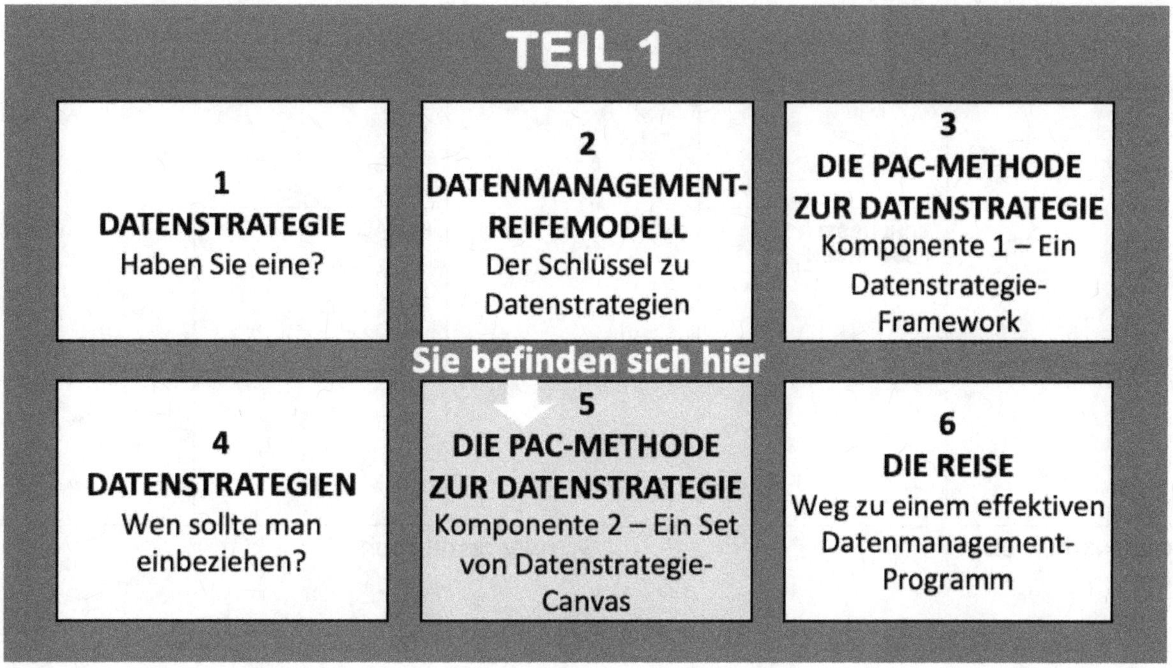

5.1. Business Model Canvas - Die zentrale Inspirationsquelle

In Kapitel 4 haben wir die Bedeutung einer offenen Datenstrategie erörtert, an der viele Menschen mitwirken, sie verstehen und einen Anteil daran haben, eine, die demokratisiert ist. Sobald wir Datenstrategien definiert haben, besteht die nächste Herausforderung darin, effektiv über sie zu kommunizieren - insbesondere mit den Menschen, die sie umsetzen müssen. Während Informationen unser Leben erfüllen, neigen wir dazu, weniger zu lesen. Zumindest widmen wir einem einzelnen Dokument weniger Zeit. Wir springen in Minutenschnelle von einem Thema zum anderen. Daher ist es wirkungsvoll, relevante, zusammengefasste Informationen auf einer einzelnen Folie zu präsentieren. Dieser Bedarf nach synthetisierten Informationen wurde im *Business Model Canvas* (Alexander Osterwalder, 2005) adressiert. Dieses Modell beschreibt, wie man essentielle Informationen über ein Unternehmen auf einer einzelnen Folie darstellt (siehe Abbildung 17).

Ich nutze das Business Model Canvas seit 2006, zunächst, um zu verstehen, was ich tun muss, wenn ich eine neue Funktion im Unternehmen übernehme oder ein unternehmerisches Projekt starte. Die Methode hilft mir, zu verstehen, wer meine Kunden sind, welche Wertversprechen ich ihnen bieten kann und mit welchen Ressourcen und Aktivitäten ich dies erreichen kann. Von dort aus kann ich es anderen direkt erklären.

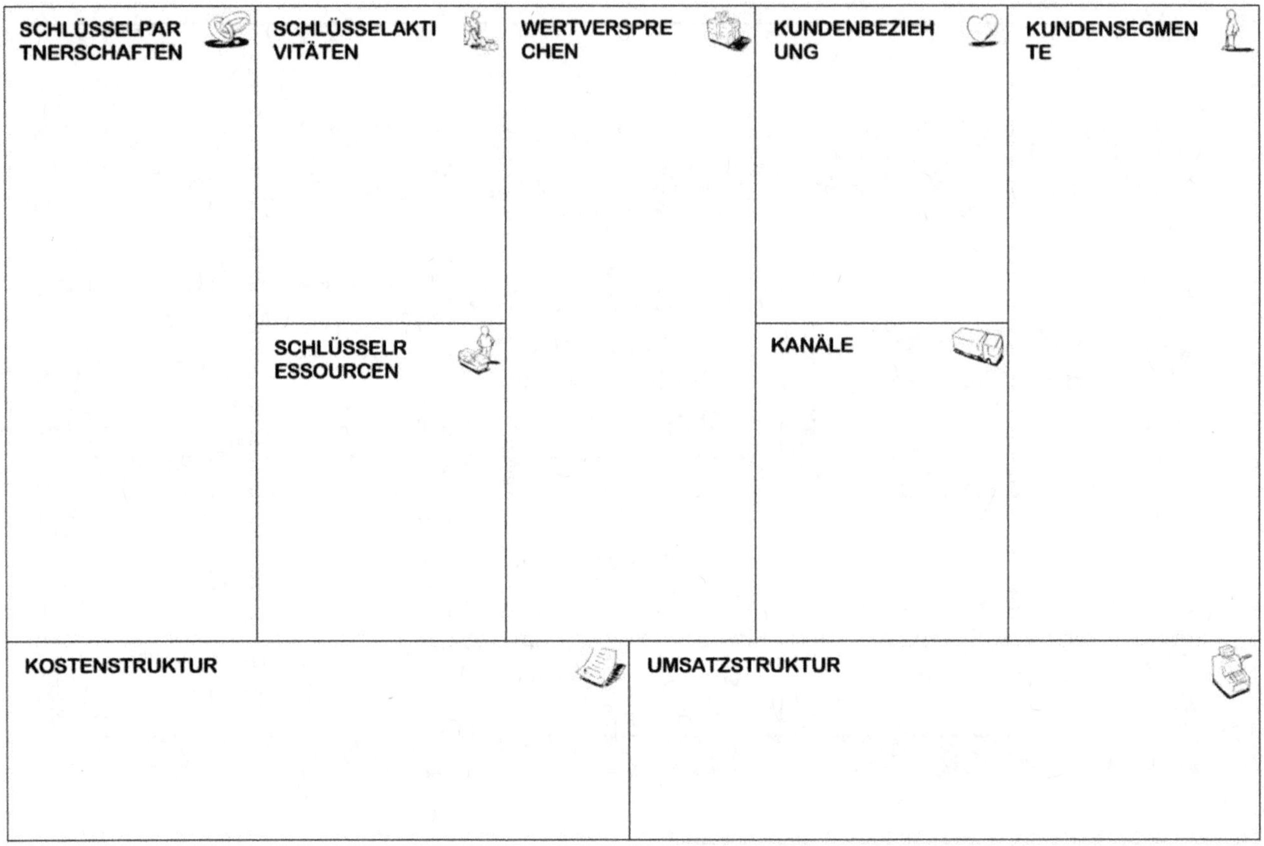

Abb. 17: Alexander Osterwalders Business Model Canvas

Seit Osterwalder das Business Model Canvas erstmals beschrieb, hat sich das Canvas-Konzept erheblich weiterentwickelt. MBA-Managementmodelle umfassen das Business Case Model

Canvas.[37] Projektmanagement-Profis nutzen Project Canvases.[38] Suchen Sie im Internet, und Sie werden Canvases für die unterschiedlichsten Themen finden. Allen Canvas-Modellen liegt eine gemeinsame Idee zugrunde: die Kommunikation eines Modells zu vereinfachen und die Möglichkeit für ein gemeinsames Verständnis zu erhöhen.

Einige Teams scheitern daran, zusammenzuwachsen und zusammenzuarbeiten, weil sie ihren Kernzweck nicht verstehen: wen sie bedienen und wie sie ihre Kunden bedienen. Ein Canvas kann dabei helfen, Erwartungen zwischen den an den vom Canvas beschriebenen Aktivitäten beteiligten Personen und den Kunden dieser Aktivitäten zu setzen.

In diesem Kapitel wird erläutert, wie **Data Strategy Canvases** die verschiedenen Ebenen der abgestimmten Datenstrategien aus Kapitel 3 kommunizieren können. Das Ziel besteht darin, jede Strategie auf einer einzelnen Folie zu beschreiben. Die Erstellung eines effektiven Canvas erfordert umfangreiche Hintergrundarbeit. Dabei müssen mehrere Eingaben zusammengefasst werden, ohne dass die Bedeutung verloren geht. (Die Implementierungsmethodik werden wir in Kapitel 7 diskutieren.)

5.2. Eingaben für Datenstrategien

Datenstrategien müssen mit den Geschäftsstrategien abgestimmt sein. Stellen Sie deshalb sicher, dass die Abstimmung mit der Identifizierung der geschäftlichen Ziele beginnt. Diese Ziele sind nicht immer dokumentiert. In wenigen Fällen können sie intern veröffentlicht werden, doch dies ist keine verbreitete Praxis. Häufiger müssen wir danach fragen, da sie (wie in Kapitel 4 erörtert) unter Verschluss gehalten werden. Geschäftsstrategische Ziele sind entscheidend für das Canvas der Datenausrichtungsstrategie (siehe Abschnitt 5.3). Wir müssen auf sie verweisen, wenn wir die in Kapitel 3 beschriebenen Datenstrategien definieren (das Datenstrategie-Framework).

Obwohl sie von wesentlicher Bedeutung sind, sind geschäftsstrategische Ziele nicht der einzige Treiber von Datenstrategien. Zusätzliche Eingaben umfassen:

- Geschäftsfragen
- Datenbezogene Schmerzpunkte
- Motivationen
- Zu ändernde Verhaltensweisen (Verhaltensweisen, die geändert werden sollen)

---

[37] https://www.mbamanagementmodels.com/business-case-canvas/

[38] https://bit.ly/3dbW4Md

Da diese nirgendwo schriftlich festgehalten sind, müssen sie in geführten Sitzungen mit wichtigen Stakeholdern ermittelt werden (siehe Kapitel 4).

5.2.1 Geschäftsfragen

Führungskräfte aller Hierarchieebenen stellen täglich Fragen. Dabei handelt es sich um Geschäftsfragen, die sich auf ihren spezifischen Verantwortungsbereich beziehen. In den meisten Fällen können diese Fragen mithilfe aktueller Informationsmittel wie Berichten, Dashboards und interaktiven Anwendungen beantwortet werden. Manchmal dauert es jedoch lange, bis sie beantwortet sind (z. B. ist ein Kundensegmentierungsbericht erst zwei Wochen nach Monatsende verfügbar). In anderen Fällen verfügt die Organisation nicht über die erforderlichen Daten, um die Fragen zu beantworten.

Einige Beispiele für solche Fragen sind:

- Wie schneidet die derzeitige Rentabilität von Produkt X im Vergleich zu ihrer Rentabilität vor zwei Jahren ab?
- Wie sieht es mit der Rentabilität von Filialen in Zonen mit dem höchsten Unsicherheitsindex aus?
- Wie hoch ist die durchschnittliche Anzahl der Produkte, die derselbe Kunde kauft?
- Welche Kanäle werden von den profitabelsten Kunden genutzt?
- Gibt es einen Zusammenhang zwischen den Fehlzeiten von Studierenden und ihren Testergebnissen?
- Wie viele inaktive Kunden wurden im letzten Monat reaktiviert?
- Welche Infrastruktur wurde in den profitabelsten Filialen eingesetzt?
- Welche Postleitzahlen haben die häufigsten Kunden?

Das Auflisten und Priorisieren solcher Fragen von Führungskräften aus dem gesamten Unternehmen ist der erste Schritt, um die erforderlichen Datentypen zur Beantwortung zu identifizieren - auch wenn die Daten noch nicht in der Organisation vorhanden sind. Bei der Definition von Datenstrategien wollen wir nicht auf die Ebene von Datenelementen gehen. Stattdessen sollten wir mit breiten Kategorien von Daten beginnen, die erforderlich sind, um Geschäftsfragen zu beantworten. Dazu zählen beispielsweise die Domänen Kunden, Konten, Bestellungen, Anbieter, Produkte und Filialen usw. Die Priorität der Fragen beeinflusst die Priorität der Datendomänen in den Datenmanagement- und Data-Governance-Strategien.

5.2.2 Datenbezogene Schmerzpunkte

Datenbezogene Schmerzpunkte sind ein weiterer wichtiger Input für Datenstrategien. Beginnen Sie mit den Problemen, die derzeit und unmittelbar die Organisation beeinflussen. Beispiele dafür sind:

- Inkonsistente Berichte von Vertrieb, Finanzen und Betrieb
- Erhöhte Bußgelder für eine Bank aufgrund der Übermittlung von Daten niedriger Qualität an die Kreditauskunftei
- Niedrige Kundenerreichbarkeit bei einem Versicherungsunternehmen
- Begrenzte Cross-Selling-Möglichkeiten
- Ungenaue Bestände aufgrund inkonsistenter Methoden zur Produktidentifizierung

Jede Abteilung innerhalb der Organisation wird ihre Schmerzpunkte haben. Sie müssen sehr selektiv bei ihrer Behandlung vorgehen. Die Schmerzpunkte mit der höchsten Auswirkung sollten oberste Priorität haben. Um die Auswirkungen zu verstehen und Maßnahmen zu priorisieren, ist die Teilnahme derselben wesentlichen Stakeholder erforderlich, die die Geschäftsfragen priorisiert haben.

Obwohl Sie mit aktuellen Schmerzpunkten beginnen sollten, muss der Prozess auch Risiken identifizieren, also Probleme, die derzeit nicht offensichtlich sind, sich aber in schwerwiegende Schmerzpunkte verwandeln können - mit dramatischen Auswirkungen, wenn sie nicht durch die Datenstrategie gemindert werden. Beispiele dafür sind:

- Neue oder aufkommende Compliance-Anforderungen
- Vorschriften, die noch nicht adressiert werden
- Initiativen zur Globalisierung ohne Berücksichtigung von Regulierungen anderer Märkte
- Mangel an Kundenzentriertheit
- Verteilte Verwaltung von Produktkatalogen

5.2.3 Motivation

Bei der Definition der Datenmanagement-Strategie sind zwei weitere Inputs erforderlich. Der erste ist die Motivation. Es ist entscheidend, zu erkennen und auszudrücken, was die Organisation antreibt, in das Datenmanagement zu investieren. Möchte die Organisation datengetrieben arbeiten oder ihre Marktposition durch Einblick in das Kundenverhalten zurückgewinnen? Diese Motivationen helfen dabei, zu priorisieren, welche Aspekte des Datenmanagements die Strategie adressieren muss.

5.2.4 Zu ändernde Verhaltensweisen

Für Datenstrategien ist das Verständnis des Verhaltens von Menschen in der Organisation bezüglich Daten der letzte erforderliche Input. Diese Verhaltensweisen beschreiben, wie Menschen mit Daten interagieren, wie sie diese nutzen und wie sie ihre Verantwortung gegenüber den Daten, mit denen sie arbeiten, verstehen. Um eine datengetriebene Kultur zu verbessern, müssen sich Datenstrategien mit Verhalten befassen. Beispiele für diese Art von Input sind:

- Berichtsdesigner dokumentieren die Datenquellen nicht, die sie in ihren Berichten verwenden.
- Datenanforderungen werden nicht ordnungsgemäß registriert (d. h. Geschäftsanforderungen werden auf Funktionalitätsebene definiert und enthalten keine Daten).
- Projektmanager berücksichtigen nicht bei der Budgetplanung die Erzeugung von Metadaten oder das Management der Datenqualität
- Lösungsdesigner beziehen sich nicht auf das Unternehmensdatenmodell (falls vorhanden), um Datenmodelle auf Projektebene zu definieren bzw. zu aktualisieren
- Entwickler verwenden vorhandene Felder in einer Datenstruktur erneut, ohne die Zweckänderung zu dokumentieren

Wie die Beispiele zeigen, können diese Verhaltensweisen die direkte Ursache von Datenqualitätsproblemen sein.

5.3. Das Datenausrichtungsstrategie-Canvas

Abbildung 18 zeigt das Canvas zur Definition der ersten Datenstrategie, der sogenannten Datenausrichtungsstrategie. Dies ist eine entscheidende Strategie. Damit werden die Geschäftsbedarfe und strategischen Ziele mit den übrigen Datenstrategien abgestimmt.

Auf der linken Seite befinden sich die Inputs zur Definition der Strategien. Wir behalten sie ständig im Blick, um sicherzustellen, dass die Strategien auf sie eingehen. Der Input für die Datenausrichtungsstrategie umfasst priorisierte strategische Unternehmensziele, Geschäftsfragen und datenbezogene Schmerzpunkte.

Datendomänen: Das Hauptziel dieses ersten Canvas besteht darin, die übergeordneten Datendomänen zu identifizieren - das sind logisch gruppierte Daten wie Kunden, Produkte, Lieferanten und Konten -, die erforderlich sind, um Geschäftsfragen zu beantworten, die strategischen Ziele des Unternehmens zu unterstützen und die datenbezogenen Schmerzpunkte zu adressieren. Alle identifizierten Datendomänen müssen aufgelistet werden, auch wenn die Organisation für bestimmte Domänen noch keine Daten hat.

Datenanbieter: Hier listen wir die Entitäten auf. Dabei handelt es sich um Organisationseinheiten oder externe Quellen, die mit den identifizierten Datendomänen verbunden sind. Unser Ziel ist es, die übergeordneten Geschäftsprozesse zu identifizieren, in denen Daten entstehen. Bitte beachten Sie, dass dies die höchste Ebene der Datenstrategien ist. Daher sprechen wir hier nicht von den Datenquellen, wie Sie sie kennen - diese werden in anderen Datenstrategien behandelt.

Datenkonsumenten: Ebenso müssen wir die Organisationen (intern oder extern) oder Personen identifizieren, die die Daten der aufgelisteten Domänen nutzen.

Datenprinzipien: Håkan Edvinsson erläutert den Vorteil, Prinzipien statt Regeln als Grundlage für Data Governance zu nutzen. Prinzipien beruhen auf Vertrauen und schaffen Vertrauen, da sie sich auf einen gemeinsamen Zweck beziehen (Edvinsson H. , 2020). Beispiele für Edvinssons Prinzipien sind:

- Vertrauen in Menschen
- Immer die richtigen Daten von mir
- Daten nah am Ort der Entstehung erfassen
- Gelegenheit ist Macht

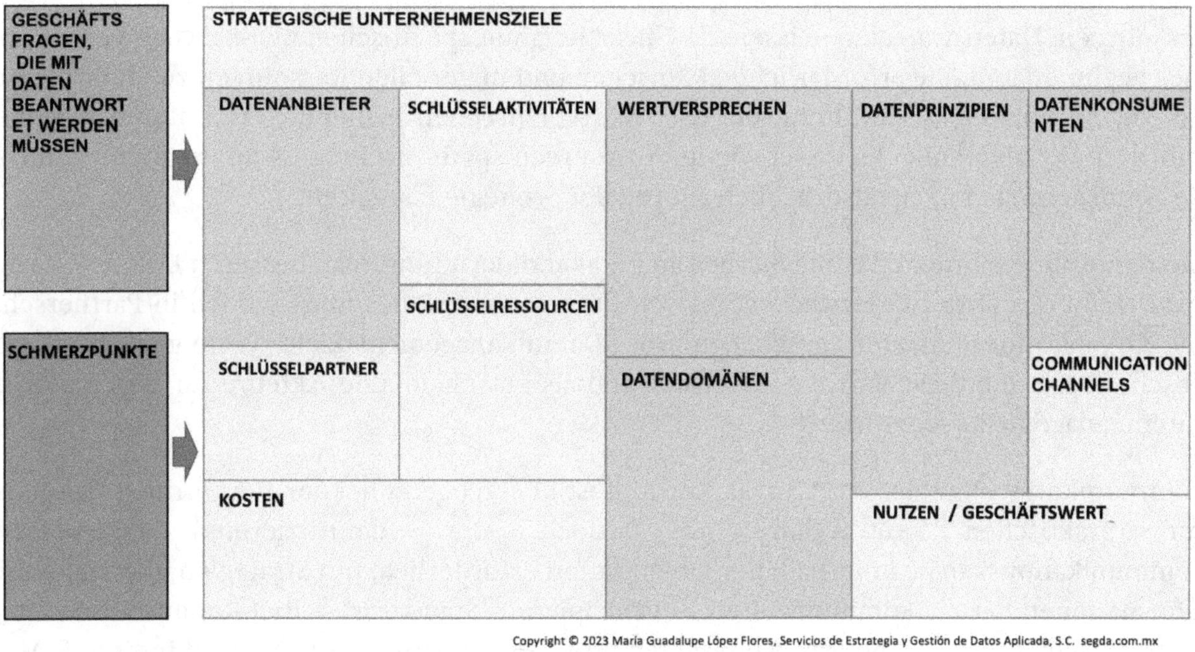

Abb. 18: Das Datenausrichtungsstrategie-Canvas

Diese erste Datenstrategie muss die Prinzipien enthalten, die das Verhalten im Umgang mit Daten leiten. Ihnen sollte jeder folgen. Beispiele dafür sind:

- Wir respektieren die offizielle Quelle jeder Dateneinheit.
- Wir verpflichten uns, die Vertraulichkeit, Sicherheit und Integrität von Daten anderer zu gewährleisten, und wenden dabei die Standards an, die wir für unsere eigenen Daten erwarten.
- Unsere Datenverwaltungspraktiken richten sich nach dem Respekt vor Menschen. Wir streben danach, den Nutzen zu maximieren und mögliche Schäden zu minimieren.

Wertversprechen: Dies ist die höchste Ebene der Datenstrategie und das Canvas zeigt auf, welche Maßnahmen im Datenbereich ergriffen werden müssen. Daher ist es entscheidend, das Wertversprechen der Datenstrategie zu definieren. Es unterstützt Datenstrategien allgemein, indem es den Wert eines besseren Umgangs mit Daten in der gesamten Organisation verdeutlicht.

Aktivitäten: Datenstrategien legen Erwartungen, Ressourcenanforderungen und Prioritäten für das Datenmanagement fest. Es muss festgelegt werden, welche Maßnahmen wann mit welchen Ressourcen in welcher Reihenfolge zu ergreifen sind, um Daten zu verwalten. Es ist entscheidend, sich über die Aktivitäten im Klaren zu sein, die ein erfolgreiches Programm zur Datenverwaltung vorantreiben. In diesem Abschnitt werden übergeordnete Aktivitäten aufgeführt, einschließlich der Entwicklung zusätzlicher Strategien im Datenstrategie-Framework.

Ressourcen: Datenstrategien müssen die Umsetzung mit spezifischen Maßnahmen verknüpfen. Dies beginnt damit, die erforderlichen Menschen und materiellen Ressourcen zu identifizieren, um die Aktivitäten auszuführen, die das Wertversprechen erfüllen. Das Datenmanagement erfordert Mitarbeitende. Es ist schwierig, Ressourcen später im Prozess zu erhalten, wenn wir die Anforderungen nicht ausdrücklich als Teil der Strategie festhalten.

Partner: Offenheit und Zusammenarbeit mit Stakeholdern führen zu besseren Datenstrategien. Zwar treibt das Data-Governance-Team den Prozess voran, dies muss jedoch in Partnerschaft mit Organisationseinheiten geschehen, die Datenmanagement-Ziele verfolgen. In diesem Abschnitt werden diese Partner aufgelistet und als entscheidende Akteure für den Erfolg des Datenmanagements identifiziert.

Kommunikationskanäle: Das Canvas-Konzept ist überzeugend bei der Vermittlung von Ideen. Zur praktischen Anwendung ist jedoch die Identifizierung angemessener Kommunikationskanäle innerhalb der Organisation erforderlich, um Strategien und zugehörige Informationen zu kommunizieren. Prinzipien, Standards, Richtlinien, Roadmaps, Erfolgsgeschichten, Dashboards, Kennzahlen usw. Offensichtliche Kanäle sind interne E-Mails, das Intranet, Magazine, soziale Medien, regelmäßige Foren usw.

Kosten: Der Kostenabschnitt des Canvas-Modells kann dabei helfen, Erwartungen bezüglich der Akzeptanz oder Ablehnung von Datenmanagement-Praktiken zu formulieren. Es ist unnötig, die Kosten in präzisen wirtschaftlichen Begriffen auszudrücken, wenn diese Informationen nicht verfügbar sind. Das Ziel besteht darin, Positionen zu identifizieren, die die Kosten für die Umsetzung der Strategie bis zur Handlungsfähigkeit darstellen.

Vorteile: Die Gegenteile der Kosten sind die Vorteile. Der Abschnitt „Vorteile" sollte sowohl qualitative als auch quantitative Vorteile enthalten. Wie bei den Kosten ist es nicht obligatorisch, genaue Zahlen einzubeziehen, falls diese nicht verfügbar sind. Es ist jedoch wichtig, Kategorien von Vorteilen zu identifizieren.

5.4. Das Datenmanagement-Strategie-Canvas

Nachdem die Datenausrichtungsstrategie definiert und dokumentiert wurde, müssen Maßnahmen und Ressourcen priorisiert werden, um das Canvas der Datenmanagement-Strategie zu entwickeln. In diesem Schritt werden zwei weitere Inputs hinzugefügt: die Motivationen zur Etablierung eines Datenmanagement-Programms und die zu ändernden datenbezogenen Verhaltensweisen (siehe Abbildung 19). Da die datenbezogenen Schmerzpunkte auch für die Datenmanagement-Strategie entscheidend sind, erscheinen sie erneut auf der linken Seite dieses Canvas.

Die datenstrategischen Ziele, die von Stakeholdern definiert und priorisiert wurden, bilden den Kopf dieses Canvas.

Spalten (KURZFRISTIG, MITTELFRISTIG, LANGFRISTIG): Dieses Canvas unterstützt die Zuweisung von Ressourcen, indem es in die drei Kategorien kurzfristig, mittelfristig und langfristig unterteilt ist. Diese Spalten können typischerweise in Jahren ausgedrückt werden, dies ist jedoch keine starre Regel. Die Berücksichtigung einer logischen Progression von Zielen im Laufe der Zeit ist *„eine intelligente Zuweisung von Ressourcen zur integrierten Arbeit, um datenbezogene Ziele zu erreichen und zur Erreichung strategischer Geschäftsziele beizutragen"*.

Partner: In diesem Abschnitt werden die Organisationseinheiten und Rollen aufgeführt, die für den Erfolg des Datenmanagement-Programms von wesentlicher Bedeutung sind. Dies kann alle oder eine Teilmenge der in der Datenausrichtungsstrategie aufgelisteten Partner umfassen, einschließlich Unternehmenskommunikation, PMO, Compliance, Unternehmensarchitektur usw.

Data Governance: Alle Datenstrategien müssen miteinander verbunden sein. Die Verbindung zwischen diesem Canvas und dem Canvas für die Data-Governance-Strategie ist die Zeile mit dem Label „Data Governance". Hier listen wir die Data-Governance-Fähigkeiten auf, die wir kurzfristig, mittelfristig und langfristig etablieren müssen. Diese Fähigkeiten basieren auf dem Data-Governance-Reifegradmodell der Organisation. Sie können auch organisationsspezifische

Anforderungen umfassen. Aufgrund ihrer entscheidenden Rolle bei der Überwachung der anderen Datenmanagement-Disziplinen erscheint Data Governance in der ersten Zeile der zu priorisierenden Elemente.

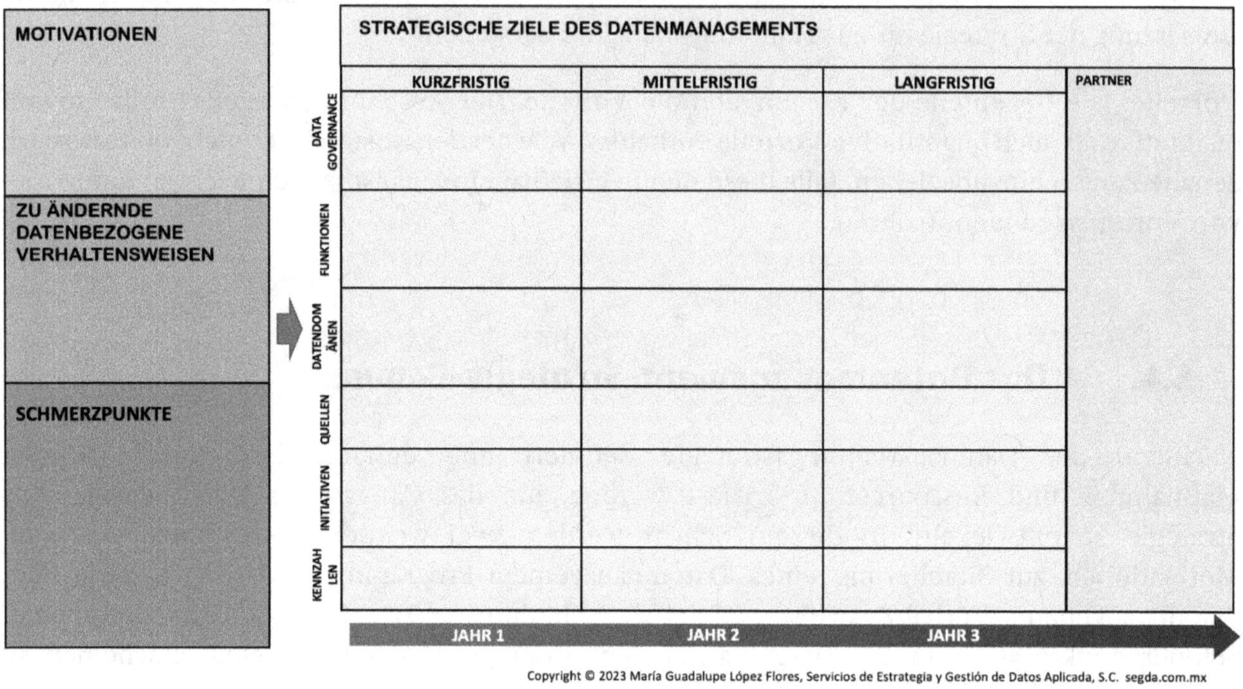

Abb. 19: Das Datenmanagement-Strategie-Canvas

Funktionen: Dieser Abschnitt bezieht sich auf die Wissensbereiche des Datenmanagements der DAMA: Data Governance, Datenarchitektur, Datenmodellierung und -design, Datenspeicherung und -betrieb, Datensicherheit, Datenintegration und Interoperabilität, Dokumentation und Content-Management von Daten, Master- und Referenzdaten, Data Warehousing, Metadaten und Datenqualität (siehe Abbildung 10) (DAMA International, 2017). In diesem Canvas werden diese als Funktionen bezeichnet, um ein Gefühl der Handlung zu vermitteln und das Ziel auszudrücken, schließlich zur „Normalität" ("business as usual") zu werden.

Datendomänen: Wir haben Datendomänen im Canvas der Datenausrichtungsstrategie identifiziert. In diesem Abschnitt wird die Anwendung von Datenmanagement-Funktionen und Data-Governance-Fähigkeiten auf diese Domänen zeitlich priorisiert - kurzfristig, mittelfristig und langfristig.

Datenquellen: Ein wesentlicher Teil der Priorisierung von Maßnahmen und der Festlegung von Erwartungen ist die Angabe der Datenquellen, die adressiert werden, wenn Data-Governance-Fähigkeiten oder Datenmanagement-Funktionen eingesetzt werden. Die Zeile „Datendomänen" kann beispielsweise zeigen, dass nicht nur Kunden eine oberste Priorität darstellen, sondern auch, dass die zu steuernden Kundendaten in dem Data Warehouse, dem CRM und der Master-Datenbank als maßgebliche Quellen dieser Daten liegen.

Initiativen: Die beste Möglichkeit, den Weg für die Umsetzung des Datenmanagements zu ebnen, besteht darin, bestehende strategische Initiativen zu nutzen, die bereits als oberste Priorität anerkannt sind. In der Regel verfügen diese über genehmigte Budgets und die Aufmerksamkeit wichtiger Stakeholder. Durch die Auflistung dieser Initiativen wird die Datenmanagement-Strategie mit der Geschäftsstrategie verbunden. Die Genehmigung der Datenmanagement-Strategie wird das Engagement der an diesen Initiativen beteiligten Personen fördern und die kurzfristige, mittelfristige sowie langfristige Einführung von Datenmanagement-Praktiken vorantreiben.

Kennzahlen: Eine Strategie ohne Maßnahmen ist wertlos. Damit Maßnahmen verstanden werden, müssen sie gemessen werden. Die Strategie muss klare KPIs enthalten, um zu zeigen, dass sie umgesetzt wird. In dieser letzten Zeile wird dargestellt, wie die Umsetzung von Data-Governance-Fähigkeiten und Datenmanagement-Funktionen gemessen wird. In dieser Zeile kann die Entwicklung der Kennzahlen dargestellt werden, während sich die Datenmanagement-Fähigkeiten weiterentwickeln.

5.5. Das Canvas der Data-Governance-Strategie

Es ist an der Zeit, unseren Ansatz für Data Governance zu präzisieren. Dies stellt eine Vertiefung der Data-Governance-Linie der Datenmanagement-Strategie-Canvas-Vorlage (siehe Abbildung 19) dar. Das Canvas beschreibt die Organisationsstruktur zur Unterstützung von Data Governance und legt fest, welche Elemente reguliert werden müssen und an welchen Stellen innerhalb der Organisation dies geschieht (siehe Abbildung 20).

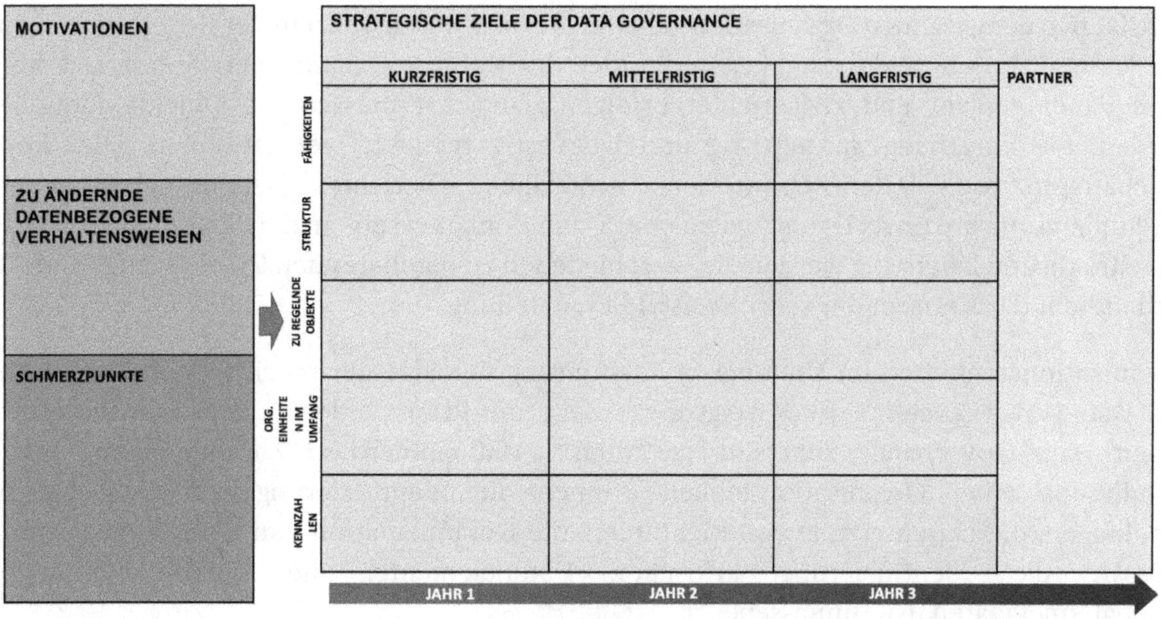

Abb. 20: Das Canvas der Data-Governance-Strategie

Wir können die gleichen Inputs verwenden, die wir für das Datenmanagement-Strategie-Canvas genutzt haben, um sie während der Dokumentation dieses Canvas stets im Blick zu behalten. Wie bei der Datenmanagement-Strategie müssen zunächst die strategischen Ziele der Data Governance von den Stakeholdern definiert werden, die an dieser Strategie mitwirken.

Fähigkeiten: Dies stellt die direkte Verbindung zur Datenmanagement-Strategie dar. Die gleichen Fähigkeiten erscheinen in der ersten Zeile beider Canvases.

Struktur: Die Struktur bezieht sich auf die Organisation der Data-Governance-Funktion. Hier müssen wir präzise festlegen, welche Rollen erforderlich sind und wie viele Personen das Programm durchführen werden. Zu Beginn werden wir wahrscheinlich einen Leiter der Data Governance, zwei Assistenten und einige Data Stewards für ausgewählte Organisationseinheiten benötigen. Wenn sich die Umsetzung der Data Governance auf weitere Bereiche ausweitet, kann die Anzahl der Data Stewards und anderer Mitarbeitender steigen. In diesem Abschnitt können auch die Governance-Gremien angegeben werden. Wir richten jedoch kein spezifisches Data-Governance-Gremium ein. Stattdessen nutzen wir bestehende Governance-Gremien, um das Data-Governance-Programm zu fördern. So kann der Governance-Leiter beispielsweise Zeit in der Agenda des Führungsteams anfordern, um Datenfragen zu besprechen, über den Fortschritt der Data-Governance-Initiative zu berichten oder zusätzlichen Input von der Geschäftsleitung einzuholen.

Zu regulierende Objekte : Dieser Abschnitt ist entscheidend, um Erwartungen bezüglich der Aufgaben des Data-Governance-Teams festzulegen. Data Governance ist für viele Menschen noch ein sehr abstraktes Konzept. Im besten Fall wird verstanden, dass Data Governance Datenpolitiken definiert und deren Einhaltung überwacht. Der Versuch, Data-Governance-Praktiken in der gesamten Organisation auf einmal einzuführen, führt in der Regel zum Scheitern und kann auch den Widerstand gegen die Idee der Data Governance verstärken. Das Rollout muss daher geplant und zielgerichtet erfolgen. Zunächst müssen die Objekte identifiziert werden, die kurzfristig, mittelfristig und langfristig reguliert werden sollen. Dies können Geschäftsprozesse, Daten-Repositorien, behördliche Berichte, Datenintegrations- oder Datenmigrationsprozesse, Datenquellen oder Datendomänen sein. In den Spalten für kurzfristig, mittelfristig und langfristig werden die verschiedenen zu regulierenden Objekte aufgeführt. Dies verdeutlicht das Konzept der schrittweisen Bereitstellung.

Organisationseinheiten im Umfang: In Fortführung der Idee der schrittweisen Bereitstellung von Data-Governance-Praktiken zeigt diese Zeile die Priorität der Organisationsbereiche, in denen Data Governance zum Einsatz kommt. Maßnahmen im Zusammenhang mit der Regulierung einer Organisationseinheit können die Identifizierung von Data Stewards, Schulungen, die Durchsetzung von Richtlinien, die Dokumentation von Geschäftsbegriffen im Glossar, die Identifizierung kritischer Datenelemente, die Dokumentation von Geschäftsmetadaten usw. umfassen.

Partner: Wie beim Datenmanagement-Strategie-Canvas müssen wir die Organisationseinheiten oder Rollen aufführen, die die Annahme und Bereitstellung der Data-Governance-Praktiken unterstützen. Typische Partner für Data Governance sind die Einheit für institutionelle Richtlinien, die Compliance-Einheit und die Interne Revision. Sie erleichtern die Verwaltung und Durchsetzung von Data-Governance-Richtlinien durch bestehende Governance-Gremien und -prozesse.

Kennzahlen: In dieser Zeile wird die Entwicklung und Reife der Kennzahlen im Laufe der Zeit dargestellt. Kurzfristig konzentrieren sich die meisten KPIs auf die Implementierung und Bereitstellung der Data-Governance-Prozesse basierend auf dem Datenmanagement-Reifegradmodell der Organisation.

5.6. Das Canvas zur Strategie für spezifische Datenmanagementfunktionen

Nachdem die drei Datenmanagementfunktionen gemäß der Dreibeinstuhls-Theorie ausgewählt wurden (Abschnitt 3.4), müssen wir jede Strategie dokumentieren (siehe Abbildung 21). Dabei behalten wir die gleichen Inputs bei, die bei der Dokumentation der Datenausrichtungsstrategie identifiziert wurden (Motivationen, zu ändernde datenbezogene Verhaltensweisen und datenbezogene Schmerzpunkte). Wir sollten jedoch diejenigen hervorheben, die sich auf die spezifische Datenmanagementfunktion auswirken.

Fähigkeiten: Die Fähigkeiten des Datenmanagement-Reifegradmodells der Organisation erscheinen in diesem Canvas-Abschnitt und verankern die Implementierungs-Roadmap. Diese können durch organisationsspezifische Fähigkeiten ergänzt werden. Enthält das Reifegradmodell die spezifische Datenmanagementfunktion nicht (z. B. umfasst DCAM keine Datenintegration), müssen die Fähigkeiten auf Grundlage der erforderlichen Prozesse und Enabler definiert werden.

Struktur: Für jede Datenmanagementfunktion sind unterschiedliche Rollen erforderlich, von denen einige auch zu anderen Bereichen gehören. Data Stewards beispielsweise müssen nicht erneut aufgeführt werden, da sie im Canvas der Data-Governance-Strategie berücksichtigt werden sollten. Fügen Sie in diese Zeile daher nur die Rollen und Governance-Gremien hinzu, die spezifisch für die Datenmanagementfunktion sind.

Beteiligte Objekte: Wie im Canvas der Data-Governance-Strategie müssen die Objekte identifiziert werden, auf die die Datenmanagementfunktion angewendet wird. Zur Verdeutlichung: Wenn die Funktion Datenarchitektur ist und das Objekt die Kundendatendomäne ist, bedeutet dies, dass die Kunden das „Ding" darstellen, das für die Organisation relevant ist und das wir als Teil des Unternehmensdatenmodell (Enterprise Data Model) dokumentieren müssen.

Umfang: Die Definition des Umfangs ist entscheidend für die Festlegung von Erwartungen. In dieser Zeile wird der kurzfristige, mittelfristige und langfristige Umfang der Datenmanagementfunktion dargestellt. Beispielsweise kann sich der kurzfristige Umfang bei Datenqualität auf Kundenkontaktdatenelemente beschränken, wenn sich die beteiligten Objekte auf die Kundendatendomäne konzentrieren.

Partner: Wie in den vorherigen Canvases beschrieben, listet dieser Abschnitt die Rollen oder Organisationseinheiten auf, die als wesentliche Partner bei der Ausführung der spezifischen Datenmanagementfunktion identifiziert wurden.

Kennzahlen: Kennzahlen beschreiben spezifische KPIs für die Datenmanagementfunktion. Falls das Datenmanagement-Reifegradmodell dies vorsieht, sollte die erwartete Bewertung für kurzfristig, mittelfristig und langfristig in den entsprechenden Spalten berücksichtigt werden.

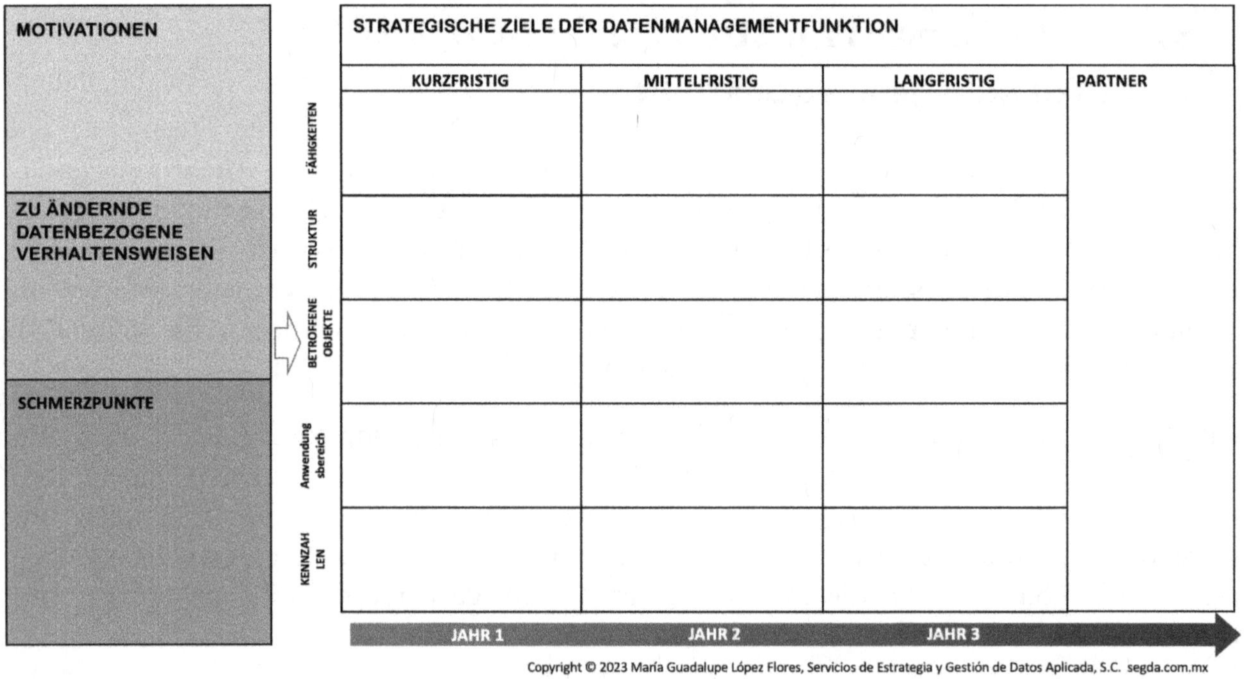

Abb. 21: Das Canvas zur Strategie für spezifische Datenmanagementfunktionen

5.7. Das Canvas zum Geschäftsmodell der Data Governance

Es ist entscheidend, dass die Menschen in der Organisation - beginnend mit dem Governance-Team - ein gemeinsames Verständnis dafür entwickeln, was Data Governance für die Organisation bedeutet. Der beste Weg, dies zu kommunizieren, ist ein Geschäftsmodell-Canvas. Betrachten Sie dabei jede Datenmanagementfunktion als ein eigenständiges Geschäft innerhalb der Organisation. Für Teammitglieder ist es grundlegend, ihre (internen) Kunden, Schlüsselaktivitäten und ihr Wertversprechen zu kennen.

Beachten Sie in Abbildung 22 bitte, dass das Geschäftsmodell-Canvas der Data Governance die gleichen Inputs wie die Canvases für Datenmanagement- und Data-Governance-Strategien verwendet.

Kunden: Das Data-Governance-Team muss seine Kunden klar verstehen, einschließlich organisatorischer Geschäftseinheiten, IT-Entwicklungseinheiten, Datenbankadministratoren, des CDOs und dergleichen. Kunden dürfen nicht vorausgesetzt werden. Ihre explizite Identifizierung hilft, die Arbeit zu fokussieren und ihre Ausrichtung zu bestimmen.

Wertversprechen: Nachdem Sie die Kunden identifiziert haben, sollten Sie das Wertversprechen für jede Gruppe in Betracht ziehen. Aussagen zum Wertversprechen müssen bei den Kunden ankommen, um sie dazu zu bewegen, die Unterstützung und Teilnahme des Data-Governance-Teams zu suchen. Ergänzen Sie diesen Abschnitt um die Liste der Data-Governance-Services (Was bietet Data Governance den Kunden?), durch die wir das Wertversprechen verwirklichen. Diese Verbindung hilft, das abstrakte Konzept von Data Governance sehr konkret zu machen.

Kanäle: In diesem Abschnitt wird aufgelistet, über welche Kanäle mit den Kunden kommuniziert wird, damit diese das Geschäftsmodell und die Struktur von Data Governance, die Services und deren Anforderung, die Richtlinien, Standards, Erfolgsgeschichten, Dashboards usw. verstehen. Beispiele dieser Kanäle sind Intranet-Portale, E-Mail, Magazine und Newsletter.

Kundenbeziehung: In vielen Unternehmen ist es einfacher, neue Kunden zu gewinnen. Schwieriger ist es, die Beziehung zu bestehenden Kunden zu pflegen und Loyalität aufzubauen. Ein Ergebnis einer erfolgreichen Data-Governance-Implementierung ist, dass die Menschen den Wert des Data-Governance-Teams schätzen werden. Kunden, die großartige Erfahrungen gemacht haben und greifbare Vorteile genießen, werden die Arbeit dieses Teams weiterempfehlen. Identifizieren Sie im Abschnitt „Kundenbeziehung" des Canvas die Mittel zur Aufrechterhaltung des Kundeninteresses. Beispiele hierfür sind Benachrichtigungen über Aktualisierungen von Datenquellen, Unterstützung beim Identifizieren und Dokumentieren von Geschäftsbegriffen sowie Schulungen.

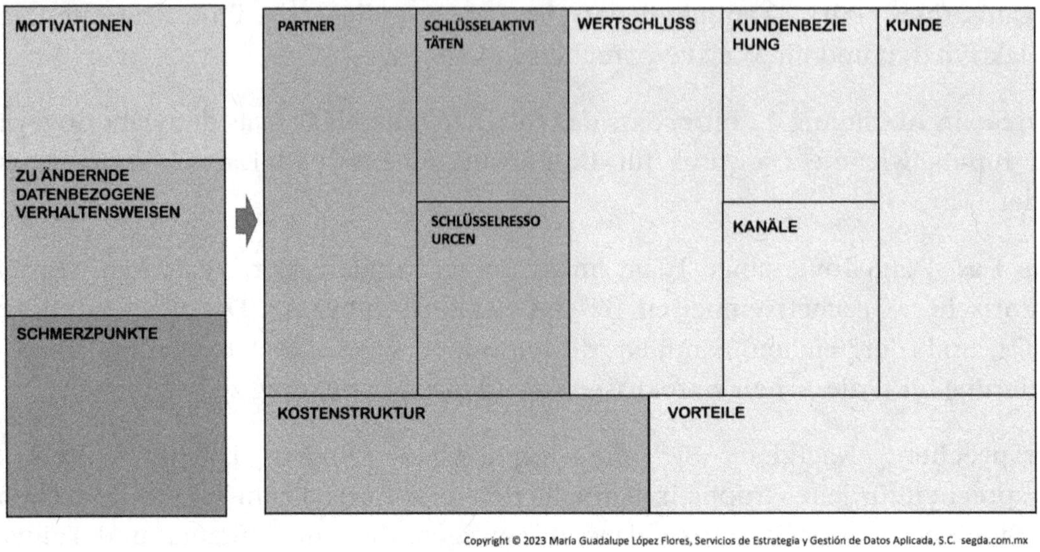

Abb. 22: Das Canvas zum Geschäftsmodell der Data Governance

Vorteile: Es ist entscheidend, die Vorteile von Data Governance für die Organisation in geschäftlichen Begriffen auszudrücken. Die Ergänzung um quantitative Elemente ist wünschenswert, aber nicht obligatorisch. Mit zunehmender Reife der Operation sollten quantifizierbare Vorteile in aktualisierten Versionen dieses Canvas berücksichtigt werden.

Partner: Die Umsetzung und Durchführung von Data Governance erfordert Unterstützung und Zusammenarbeit aus verschiedenen Bereichen der Organisation. Ein klares Beispiel ist das Projektmanagement-Office. Da alle Projekte dieses Office durchlaufen, kann es Maßnahmen zur Verbesserung des Datenmanagements vorschreiben, beispielsweise die Dokumentation von Metadaten und die Durchsetzung von Anforderungen durch das Projektbudget. Ein weiterer wichtiger Partner ist das Team für das IT-Lösungsdesign oder das Architekturteam. Lösungsarchitekten können geschult werden, um Mängel bei Datenstandards zu erkennen und Projektleiter dazu anzuleiten, sich an Standards zu halten.

Kernaktivitäten: Es ist nicht ungewöhnlich, dass sich Data-Governance-Teams darüber beschweren, dass sie zwar sehr diverse datenbezogene Aktivitäten durchführen müssen, aber keine Data-Governance-Arbeit. Dies ist hauptsächlich auf mangelndes Verständnis für Data Governance zurückzuführen. Genau hier setzt das Canvas an. Daher ist das Canvas der richtige Ort, um die Kernaktivitäten aufzulisten, auf die sich das Data-Governance-Team konzentriert. Werden diese Aktivitäten hier aufgeführt, wird verhindert, dass die Organisation alle datenbezogenen Aufgaben an das Data-Governance-Team delegiert. Beispiele hierfür sind die Erstellung von Richtlinien und die Verwaltung des Datenquellen-Inventars, des Geschäftsglossars und des Datenqualitätsprozesses (oftmals erlaubt die Situation keine separate Datenqualitäts-Mannschaft und das Data-Governance-Team muss diesen Prozess zunächst selbst in die Wege leiten). Es gibt keine richtigen oder falschen Kernaktivitäten. Mit diesem Canvas wollen wir kommunizieren, was wir vom Team erwarten.

Schlüsselressourcen: Nachdem die Kernaktivitäten aufgelistet sind, identifizieren wir die erforderlichen Ressourcen zu ihrer Ausführung. Hierbei müssen wir nicht nur Personalressourcen erfassen, sondern auch materielle Ressourcen in Form von Infrastruktur, Lizenzen, Plattformen, Ausrüstung usw.

Kostenstruktur: Dieser Abschnitt trägt dazu bei, ein Bewusstsein für die Kosten der Data Governance zu schaffen. Die Informationen in der Kostenstruktur leiten wir aus den Schlüsselressourcen ab. Es ist entscheidend, einmalige und wiederkehrende Kosten anzugeben. Falls quantitative Informationen nicht verfügbar sind, kann diese Liste Themen enthalten, die berücksichtigt werden müssen.

5.8. Kernkonzepte

Canvases für Datenstrategien sind ein Kommunikationsmittel, mit dem sich die verschiedenen Ebenen einer Datenstrategie auf synthetisierte Weise darstellen lassen. So kann jede Datenstrategie auf einer einzigen Folie beschrieben werden.

5.9. Wichtige Aspekte

1. Die Stärke des Canvas besteht darin, mehrere zusammenhängende Ideen auf einer einzigen Folie zu vermitteln, die für verschiedene Zielgruppen klar verständlich sind.
2. Jedes Canvas der Datenstrategie hat einen spezifischen Zweck und steht in Beziehung zu den übrigen Canvases für Datenstrategien. Gemeinsam erzählen sie eine umfassende Geschichte darüber, was im Datenmanagement geschehen wird.
3. Canvases für Datenstrategien helfen dabei, organisationsweit Erwartungen zu schaffen, wie Datenmanagement Wert für die Organisation schafft.

5.10. Interview zur Datenstrategie

BEFRAGTE EXPERT: **Tom Redman**[39]

---

[39] Tom Redman https://www.linkedin.com/in/tomredman/

Tom Redman, auch bekannt als „Data Doc", ist ein international anerkannter Experte für Datenqualität und Autor mehrerer Publikationen zu diesem Thema. Er ist zudem Co-Autor des „Leaders Data Manifesto". Er hat Führungskräfte und Unternehmen dabei unterstützt, ihre wichtigsten Herausforderungen und Chancen im Datenbereich zu verstehen, eine Strategie zu entwickeln und die erforderlichen Organisationsfähigkeiten aufzubauen. Er hilft dabei, datengetriebene Zukünfte aufzubauen - von Start-ups bis zu enormen Multinationalen, von führenden Führungskräften und Chief Data Officers bis zu Mitarbeitenden in mittleren Positionen, die darum kämpfen, etwas zu starten. Dazu kombiniert er die Perspektive eines Visionärs auf die Datenlandschaft mit tiefem Fachwissen in den Bereichen Analytics und Datenqualität.

Angesichts Ihrer umfangreichen Erfahrung als Berater für Datenqualität: Wie häufig stoßen Sie in Ihren Kundenorganisationen auf eine klar definierte, horizontale Datenstrategie, die die datenbezogene Arbeit lenkt und auf die Geschäftsstrategie antwortet?

Bisher habe ich keine Datenstrategie gefunden, die die von Ihnen genannten Kriterien erfüllt. Lassen Sie mich einige Hintergründe erläutern. Meiner Ansicht nach lautet die grundlegende „Strategie"-Frage: „Wie wollen wir auf dem Markt konkurrieren?" „Datenstrategie" und „Geschäftsstrategie" müssen bei der Beantwortung dieser Frage untrennbar verbunden sein.

Zweitens glaube ich nicht, dass Unternehmen viel über Strategie nachdenken sollten, bevor sie die Grundlagen schaffen. Eine gute Strategie muss erreichbar sein. Solange die Grundlagen nicht vorhanden sind, haben Unternehmen keine Möglichkeit zu spekulieren, was sie erreichen können. Ich habe zu viele unrealistische Pläne gesehen, die die „Erreichbarkeitsprüfung" nicht bestanden haben.

Abschließend ist mir bewusst, dass viele Datenfachleute versuchen, ihre Arbeit an die Geschäftsstrategie auszurichten. Das ist großartig, aber nicht ausreichend. Geschäftsleute sollten sich auch selbst fragen, wie sie einen Wettbewerbsvorteil aus Daten schaffen können.

Welche Rolle schreiben Sie der Datenstrategie beim Erfolg oder Misserfolg einer datengetriebenen Transformationsinitiative zu?

Ich kann mir nicht vorstellen, dass eine Transformation ohne soliden Datenplan gelingen kann.

Aber um ehrlich zu sein, bin ich sehr skeptisch, was die Erfolgsaussichten vieler Initiativen betrifft, die ich als „Transformation" bezeichnen würde. Transformation ist schwierig - sie erfordert verschiedene Talente, ein Dringlichkeitsgefühl, eine überzeugende Vision und Mut. Ich sehe einfach nicht, dass Unternehmen all diese Dinge zusammenbringen. Es gibt zu viel Gerede und zu wenig harte Arbeit.

Aus Ihrer Perspektive: Wer sollte Ihrer Meinung nach die Entwicklung und Aufrechterhaltung einer Datenstrategie vorantreiben und welche Stakeholder müssen an diesem Prozess teilnehmen?

Die Menschen, die am meisten davon profitieren können, sollten die Entwicklung der Datenstrategie vorantreiben. Datenfachleute können zwar viel gewinnen, in der Regel jedoch deutlich weniger als Geschäftsleute. Ich kenne einen CDO, der die Initiative anführt, aber er ist gerade dabei, die Grundlagen zu klären. Vielleicht ist das Unternehmen in einem Jahr bereit für eine Strategie.

Daher sollte die Geschäftsseite den Prozess vorantreiben. Datenfachleute können hinter den Kulissen arbeiten, vielleicht sogar in Partnerschaft, aber in den meisten Fällen ist die Geschäftsführung erforderlich.

Zwei weitere Dinge: Sie haben nicht nach Ausführung gefragt, aber das ist entscheidend. Und die meisten Ressourcen liegen in der Geschäftsseite - was die Notwendigkeit von Geschäftsführung weiter unterstreicht. Zweitens habe ich bereits erwähnt, dass nur wenige Unternehmen für eine unternehmensweite Datenstrategie bereit sind. Ich ermuntere jedoch jetzt einzelne Einheiten, sogar bis auf Team-Ebene, sehr ehrgeizige Strategien zu entwickeln und zu verfolgen. Unternehmen lernen durch Handeln.

Wie würden Sie einem neuen Data-Governance-Leiter empfehlen, Bewusstsein zu schaffen und die Zustimmung der Geschäftsführung zur Relevanz der Entwicklung einer integralen und horizontalen Datenstrategie als Grundlage für ein erfolgreiches Programm zum Datenmanagement zu gewinnen?

Ich möchte hier ein wenig vorsichtig sein. Ich stelle fest, dass viele Datenfachleute erwarten, dass Seniorführungskräfte „Daten verstehen". Dann könnten sie ihnen wirklich helfen. Aber das ist hoffnungslos. Ich befasse mich schon lange mit Datenthemen und habe trotzdem das Gefühl, nur am Anfang zu stehen, wenn es darum geht, Daten zu verstehen. Wie soll ein Seniormanager, der nur wenige Minuten für das Thema aufwendet, Daten wirklich verstehen?

Stattdessen sollten Datenfachleute viel mehr darüber nachdenken, welche Hilfe sie wirklich von Seniorführungskräften benötigen. Ich habe beobachtet, wie Datenfachleute versuchen, Seniorführungskräfte dazu zu bringen, obskure Geschäftsregeln zu genehmigen. Diese kennen sie nicht, können nicht helfen und verlieren schnell das Interesse. Darüber hinaus ist dies nicht das, was das Datenprogramm braucht.

Ich stelle jedoch fest, dass fast alle Seniormanager helfen wollen - die meisten betrachten dies einfach als ihre Aufgabe. Am besten ist es, sie um Dinge zu bitten, die Sie wirklich brauchen. Ein Kunde von mir brauchte beispielsweise Hilfe beim Aufbau eines Netzwerks von integrierten Datenmanagern. Sie klärte also genau, was sie wollte und warum, und stellte eine spezifische Anfrage. Natürlich wurde ihr Wunsch erfüllt. Ein anderer bat eine Seniorführungskraft, fünfzehn Minuten für Daten während einer Townhall-Versammlung zu reservieren und von Herzen darüber zu sprechen, wie er Daten in die Mission der Abteilung integriert. Diese Führungskraft machte einen besseren Job, als diese Person es sich hätte vorstellen können.

Zusammenfassend sollten Datenfachleute Seniorführungskräfte nicht bitten, ihre Aufgaben für sie zu erfüllen. Sie sollten sie jedoch um Hilfe bitten, wo sie diese benötigen, beispielsweise bei der Unterstützung und beim Aufbau von Organisationsfähigkeit. Dabei sollten sie ihre Anfragen so spezifisch wie möglich formulieren.

6. Die Reise: Der Weg zu einem effektiven Datenmanagement-Programm

Der Weg ist genauso wichtig wie das Ziel.

Kalpana Chawla

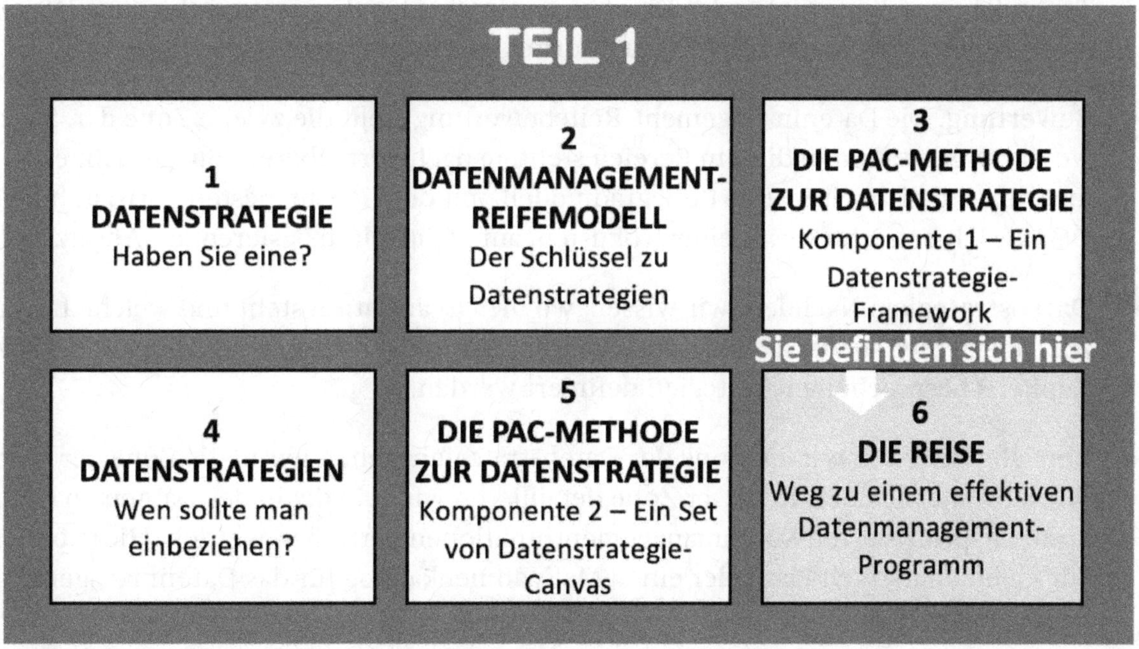

Nach Abschluss des Kurses „Data Management 101" höre ich immer wieder die gleichen Fragen: „Wo sollten wir anfangen? „Sollten alle Datenmanagementfunktionen gleichzeitig adressiert werden?" „Welche Erfolgsfaktoren gibt es für ein Datenmanagement-Programm?" Normalerweise zeige ich ihnen die in Abbildung 23 gezeigte Karte mit den vier Zonen, die durchlaufen werden müssen, um ein effektives Datenmanagement-Programm zu schaffen. Diese umfassen:

1. Ausbildung der Organisation zu den Grundlagen des Datenmanagements und Festlegung eines ständigen Schulungsprogramms

2. Bewertung der Reife des Datenmanagements

3. Entwicklung von Datenstrategien zur Priorisierung der Datenarbeit

4. Entwurf von Betriebsmodellen, beginnend mit Data Governance und Datenqualität

In diesem Kapitel wird die Reise beschrieben, die diese vier Themen umfasst (siehe erneut Abbildung 23).

Stellen Sie sich vor, Sie nutzen eine Karten-App, um herauszufinden, wie Sie zu Ihrem Ziel gelangen. Die Anwendung zeigt Ihnen verschiedene Routen, um dorthin zu gelangen. Einige dieser Optionen können Mautstraßen enthalten. Andere haben möglicherweise keine Mautgebühren, dauern dafür aber länger. Die Karte in Abbildung 23 zeigt die vier Bereiche oder Zonen, die wir durchlaufen müssen, um das Datenmanagement-Programm zu erreichen:

- **Ausbildung**: Die erste Zone ist „Ausbildung". Wir beginnen damit, grundlegende Datenkonzepte in der gesamten Organisation zu verbreiten. Dies trägt zum Aufbau einer gemeinsamen Datensprache sowie zum Verständnis von Konzepten, Rollen, Techniken und Kennzahlen des Datenmanagements bei. Es gibt verschiedene Wege, diese Zone zu durchlaufen. Webinare, formelles Training, Kurzvideos usw.

- **Bewertung**: Die Datenmanagement-Reifebewertung stellt die zweite Zone dar. Sie zeigt, wo die Organisation in diesem Bereich steht. Je nach verfügbarem Budget gibt es mehrere Möglichkeiten. Das Reifegradmodell, mit dem ich am besten vertraut bin, ist DCAM. Ich betrachte es als einen robusten, auf Fähigkeiten basierenden Ansatz.

- **Datenstrategien**: Nachdem wir wissen, wo die Organisation steht und welche Lücken zum angestrebten Zustand bestehen, können wir in die dritte Zone gehen, in der die in Kapitel 3 besprochenen Strategien definiert werden.

- **Betrieb:** Verlassen wir die Zone der Datenstrategien, gehen wir in die Zone der Betriebsmodelle über. In dieser Zone detaillieren wir, wie die in der Datenmanagement-Strategie priorisierten Datenmanagementfunktionen betrieben werden. Hier können wir einen operativen Plan oder einen Maßnahmenkatalog für das Datenmanagement-Programm erstellen.

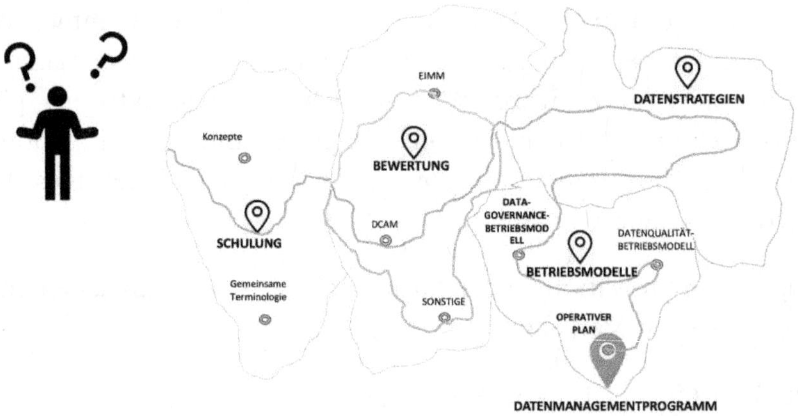

Abb. 23: Weg zu einem effektiven Datenmanagement-Programm

6.1. Ausbildung

In den letzten Jahren ist Datenkompetenz zu einem der wichtigsten Schlagwörter geworden. Sie ist die absolute Grundlage für die Entwicklung einer Datenkultur.

Datenkompetenz bezeichnet die Fähigkeit, Daten zu lesen, zu analysieren, mit ihnen zu arbeiten und zu kommunizieren (Data Literacy Project, 2021). Für Unternehmen ist sie inzwischen so entscheidend, dass sie als zweite Geschäftssprache gepriesen wird. Die zunehmende Verbreitung von Daten macht es entscheidend, dass alle Arbeitnehmer:innen lernen, „Daten zu sprechen". (Gartner Group, 2018)

Laura Sebastian-Coleman beschreibt den Aufbau von Datenkompetenz als Teil der „People-Challenge", einer der fünf Herausforderungen des Datenqualitätsmanagements. Sie vergleicht Datenkompetenz mit jeder anderen Art von Kompetenz:

Jede Art von Kompetenz kann als eine Kombination von Wissen, Fähigkeiten und Erfahrung verstanden werden. Kompetenz entsteht, wenn eine Person das Alphabet lernt und erkennt, wie Wörter in geschriebener Form dargestellt werden. Sie entwickelt sich durch explizites Wissen über die Struktur der geschriebenen Sprache, also über Sätze, Absätze und Kapitel. Noch wichtiger ist, dass Leser mit zunehmender Leseerfahrung anfangen, Nuancen in Texten zu verstehen. Die Erfahrung beim Lesen von Literatur schärft die Fähigkeit, Zusammenhänge zu erkennen, Strukturen zu verstehen und die Entscheidungen eines Autors bei der Vermittlung von Informationen zu würdigen, die das Leseerlebnis bereichern. Ähnliche Effekte treten beim Lesen von Sachbüchern, Wissenschaft, Geschichte und sogar technischen Informationen auf, da hierfür ebenfalls erforderlich ist, dass eine Person Informationen abstrahiert und aus verschiedenen Perspektiven versteht. Das Lesen von Daten erfordert ähnliches Wissen und ähnliche Fähigkeiten. Wissen wird erworben und Fähigkeiten werden geschärft durch die Erfahrung der Nutzung und Interpretation von Daten. (Sebastian-Coleman, 2022).

Die Entwicklung von Datenkompetenz in einer Organisation ist daher ein kontinuierlicher Prozess. Es gibt viele Aspekte zu berücksichtigen, die von Datenwissen bis zur durch die Arbeit mit Daten gewonnenen Erfahrung reichen. Laura Sebastian-Coleman ordnet alle Komponenten der Datenkompetenz drei Hauptkomponenten zu: Wissen, Fähigkeiten und Erfahrung.

Eine Ausbildung in Datenmanagement-Grundlagen ist vergleichbar mit dem Unterrichten des Alphabets und ermöglicht es Menschen, Fähigkeiten zu entwickeln, die sie bei der Gewinnung von Erfahrung in einer der Datenmanagementfunktionen anwenden können. Dies sind die wesentlichen Bausteine für den Aufbau einer Datenkultur und die Entwicklung von Datenkompetenz.

Um Daten zu regulieren und zu verwalten, muss ein Ausbildungsprogramm in Bezug auf Daten eingeführt werden. Ein Programm, das die Schulungs- und Trainingsbedürfnisse der Menschen in der Organisation anerkennt - basierend auf ihrer Rolle und ihrem Datenbezug. Nicht jeder benötigt das gleiche Ausbildungsniveau, aber jeder muss die grundlegenden Kernkonzepte des Datenmanagements kennen. Es ist immer wieder beeindruckend, wie viele Missverständnisse es bezüglich des Datenmanagements gibt, selbst bei Kursteilnehmenden, die bereits seit einiger Zeit mit Daten arbeiten. Einige wenige Spezialisten benötigen Schulungen, um ihr Wissen und ihre Erfahrung zertifizieren zu lassen.

Um durch diese erste Zone zu gehen, beginnen Sie damit, eine Kombination verschiedener Medien zu definieren, um die breitestmögliche Zielgruppe in der Organisation zu erreichen und die wesentlichen Konzepte des Datenmanagements zu vermitteln. Dies könnte einen „Executive Talk" umfassen, der zu verschiedenen Zeitpunkten stattfindet, aufgezeichnet und im Intranet veröffentlicht wird. Ausbildungsprogramme in Bezug auf Daten können in ein unternehmenseigenes Schulungsprogramm integriert werden, um sie verbindlich zu machen. Ergänzen Sie dies dann mit „Datenkapseln", die als Teil eines artikulierten Programms ausgestrahlt werden und mit dem internen Kommunikationsteam koordiniert werden.

Die nächste Schulungsstufe zu den Datenmanagement-Grundlagen befasst sich mit dem Unterrichten im Datenmanagement. Dabei wird unter anderem erläutert, was jede Datenmanagementfunktion ist und wie sie sich auf die anderen Funktionen und auf Geschäftsziele bezieht. Selbst für Personen, die mehrere Jahre in einer spezifischen Funktion, wie beispielsweise Datenintegration oder Datenbetrieb, gearbeitet haben, ist es von Bedeutung zu verstehen, wie die verschiedenen Bereiche zusammenwirken, um Daten effektiv zu verwalten. Das Erlernen der Grundlagen des Datenmanagements motiviert Menschen in der Regel dazu, mehr zu lernen oder sich tiefer in eine spezifische Funktion einzubringen, um Fähigkeiten zu entwickeln und Erfahrung zu sammeln.

Schulungs- oder Trainingsveranstaltungen können wertvoll sein, wenn sich Business- und IT-Zielgruppen vermischen, da sie voneinander Perspektiven lernen können. Ein zusätzlicher Vorteil besteht darin, dass die Schulungssitzungen dabei helfen können, die wichtigen Stakeholder zu ermitteln, die an der Reifebewertung des Datenmanagements und der Definition von Datenstrategien teilnehmen müssen.

6.2. Bewertung

In Kapitel 2 wurde erörtert, welche Vorteile sich durch die Nutzung eines Reifegradmodells für das Datenmanagement auf Fähigkeitsbasis bei der Definition der Datenmanagementstrategie ergeben. Wir haben auch die am weitesten verbreiteten Modelle überprüft. Nun begegnen wir diesem Thema erneut, als zweite Zone auf unserer Reise, in der wir verstehen müssen, wo die Organisation bezüglich der Datenmanagementfunktionen steht.

Ich höre häufig von Organisationsleitern, dass sie gerade ein Datenmanagement-Programm starten und daher der Meinung sind, dass sie keine Bewertung benötigen. Sie gehen davon aus, dass sich die Organisation auf der ersten Reifestufe befindet. Dennoch ist es hilfreich zu verstehen, wie Stakeholder aus verschiedenen Teilen der Organisation die Organisation wahrnehmen und diese Wahrnehmung mit einem Referenzmodell zu vergleichen, um Motivationen zu identifizieren, die als Inputs für die Datenstrategien dienen. Die identifizierten Lücken unterstützen die Priorisierung in jeder Phase der Strategiedefinition.

Welches Reifegradmodell auch gewählt wird: Der Schlüssel zum Erfolg liegt darin, zentrale Stakeholder aus der gesamten Organisation bei der Bewertung einzubeziehen. Zusammenarbeit ist entscheidend. Und die Reifebewertung bietet eine weitere ausgezeichnete Gelegenheit, Teilnehmer zur Definition der Datenstrategien zu identifizieren.

Unabhängig davon, welches Reifegradmodell verwendet wird, ist die Einbindung der wichtigsten Stakeholder aus dem gesamten Unternehmen in die Bewertung der Schlüssel zum Erfolg. Zusammenarbeit ist entscheidend. Die Reifegradbewertung ist zudem eine hervorragende Gelegenheit, um Teilnehmer für die Definition der Datenstrategien zu identifizieren.

6.3. Datenstrategien

Nachdem wir die Datenmanagement-Reifebewertung durchgeführt haben, gelangen wir zur Phase der Datenstrategien. In Kapitel 3 wurde das Datenstrategie-Framework erörtert und die erforderlichen Arten von Datenstrategien wurden identifiziert. In der ersten Phase müssen die grundlegenden Datenstrategien definiert werden: die Datenausrichtungsstrategie, die Datenmanagementstrategie und die Data-Governance-Strategie. Die Reihenfolge und das Tempo bei der Erstellung der Datenmanagementfunktionsstrategien richten sich nach deren Priorisierung in der Datenmanagementstrategie.

In Kapitel 4 wurde die Bedeutung der Einbindung von Stakeholdern bei der Definition von Datenstrategien betont. Führungskräfte von Organisationseinheiten werden diese Personen während der Schulungs- und Bewertungssitzungen ermitteln.

Kapitel 7 mit dem Titel „die PAC-Methode zur Datenstrategie: Komponente 3 - Datenstrategiezyklus" beschreibt, was in dieser dritten Zone unserer Reise geschieht. Daher gehe ich hier nicht näher auf dieses Thema ein. Erwähnenswert ist, dass sich eine jährliche Roadmap unkompliziert ableiten lässt, sobald Ziele durch die Datenmanagement- und Data-Governance-Strategien priorisiert wurden (siehe Kapitel 3). Zusammen liefern diese drei entscheidende Inputs für die Betriebsmodelle.

6.4. Betriebsmodelle

In der letzten Phase unserer Reise hin zu einem umfassenden Datenmanagement-Programm entwickeln wir konzeptionelle Entwürfe der Betriebsmodelle für die Datenmanagementfunktionen mit der höchsten Priorität (wie in der Datenmanagementstrategie festgelegt). Data Governance hat dabei stets Priorität. Bei der Gestaltung eines solchen Modells gibt es verschiedene Überlegungen. Zum Beispiel:

- David Plotkin bietet eine umfassende Studie zur Datenverwaltung, in der er diese als „den operativen Aspekt eines umfassenden Data-Governance-Programms, in dem die tatsächliche alltägliche Arbeit der Verwaltung der Unternehmensdaten geleistet wird" definiert (Plotkin, 2021).

- Robert Seiner befürwortet die nicht-invasive Data Governance: „In manchen Fällen kann eine weniger aufdringliche, aber effektivere Data Governance sehr hilfreich sein. Sie könnten Ihr Data-Governance-Modell ausbauen, indem Sie bereits in der Organisation vorhandene Governance-Strukturen nutzen" (Seiner, 2014).

- Ergänzen können Sie diesen Ansatz mit der diplomatischen und nicht-zwanghaften Herangehensweise von Håkan Edvinsson: „Der diplomatische Ansatz strebt danach, die Formalitäten zu reduzieren und die zwanghaften Elemente der traditionellen Data Governance zu beseitigen" (Edvinsson H. , 2020).

Sie können diese Referenzen nutzen, um zu bestimmen, welche Komponenten Teil des Modells sein werden - beispielsweise Datenverwaltung, ständige Ausschüsse, Arbeitsgruppen und Richtlinien - und wie diese zusammenarbeiten werden, beispielsweise hinsichtlich der Zusammenarbeitsprinzipien, der Entscheidungsfindung und des Grads der Formalität. Denken Sie daran, dass das Ziel darin besteht, das für Ihre Organisation beste Data-Governance-Betriebsmodell zu entwerfen. Dabei ist es grundlegend, Ihre Organisationskultur zu berücksichtigen (wie neue Ideen und Prozesse aufgenommen werden, wie Entscheidungen getroffen werden, wie Veränderungen verwaltet werden usw.). Ebenso wesentlich ist es, die verfügbaren Ressourcen zur Betreibung des Modells zu berücksichtigen. Der konzeptionelle Entwurf muss aktuelle und zukünftige Anforderungen berücksichtigen und sollte sich schrittweise in der Organisation umsetzen lassen.

Nachdem die Betriebsmodelle für Data Governance und die priorisierten Datenmanagementfunktionen (Datenqualität, Datenarchitektur, Datensicherheit usw.) definiert wurden, ist es an der Zeit, einen operativen Plan zu entwerfen. Dieser detaillierte Plan leitet sich von der übergeordneten Roadmap ab. Das Datenmanagement-Programm, unser Ziel auf dieser Reise, ist ein mehrjähriges Programm. Es wird jedes Jahr einen operativen Plan erfordern. Mit den definierten Plänen betreten wir einen Zyklus der Ausführung und Kontrolle, um die Modelle umzusetzen und die Pläne auszuführen.

In vielen Organisationen beginnen Teams mit Data Governance, ohne eine klare Ausrichtung zu haben. Dann geben sie vor, alle Daten in der Organisation regulieren zu wollen. Mit anderen Worten: Sie versuchen, den Prozess abzukürzen und das Ende zu erreichen, ohne die von mir beschriebenen Schritte zu durchlaufen. In den meisten Fällen führt das dazu, dass das Data-Governance-Team den Überblick verliert. Einmal verloren, gelangen sie schnell an einen Punkt, an dem sie nicht mehr wissen, welchen Weg sie einschlagen sollen.

6.5. Kernkonzepte

Die **„Reise zum Datenmanagement-Programm"** beschreibt den Weg, den eine Organisation beschreitet, um ein umfassendes Datenmanagement-Programm aufzubauen. Dieser Prozess beginnt mit der Ausbildung der Organisation und der Förderung einer gemeinsamen Datensprache. Anschließend erfolgt die Bewertung der Datenmanagement-Reife, die Definition von Datenstrategien sowie die Umsetzung eines Data-Governance-Betriebsmodells und eines operativen Plans.

6.6. Wichtige Aspekte

1. Um das erforderliche Ausbildungsniveau für jede datenbezogene Rolle in der Organisation bereitzustellen, muss ein Ausbildungsprogramm in Bezug auf Daten eingeführt werden.
2. Schulungen zu den Grundlagen des Datenmanagements sowie Sitzungen zur Bewertung der Datenmanagement-Reife können ausgezeichnete Foren sein, um wichtige Stakeholder für die Definition von Datenstrategien zu identifizieren.
3. Aus den Datenmanagement- und Data-Governance-Strategien können jährliche Roadmaps abgeleitet werden, die wiederum den Input für die operativen Pläne des Datenmanagement-Programms bilden.

6.7. Interview zur Datenstrategie

BEFRAGTE EXPERT: David Plotkin[40]

[40] David Plotkin https://www.linkedin.com/in/davidnplotkin/

David Plotkin ist als Manager für Data Governance und Datenqualität tätig und verfügt über Fachkompetenz in den Bereichen Datenarchitektur, Data Marts, logische und physische Datenmodellierung, Datenbankdesign, Geschäftsanforderungen und -regeln, Metadatenmanagement, Datenqualität, Profiling, Datenintegrität und Data Stewardship. Er verfügt über Erfahrung in den Bereichen Finanzdienstleistungen (bei großen Banken und Vermögensverwaltungsunternehmen), Energie/Engineering, Gesundheitswesen, Personalwesen, Versicherungen, Schulung (K-12) und Einzelhandel. Er ist ein gefragter Redner auf DAMA-, Data-Governance- und Universitätskonferenzen. Aufgrund seiner Expertise in der Zusammenarbeit mit IT-Teams bei der Umsetzung großer Systeme mit komplexen Prozessen ist er Autor des Buches „Data Stewardship" und Dozent für einen zweitägigen Kurs zur Umsetzung von Data Stewardship.

Angesichts Ihrer umfangreichen Erfahrung als Datenmanagement-Fachmann und insbesondere als Befürworter von Data Stewardship und Metadatenmanagement in der Unternehmenswelt: Wie oft haben Sie in den Organisationen, mit denen Sie zusammengearbeitet haben, festgestellt, dass die Geschäftsführung eine klar definierte, horizontale Datenstrategie zur Lenkung der datenbezogenen Arbeit und zur Ausrichtung auf die Geschäftsstrategie unterstützt?

Oft scheint die Geschäftsführung der Umsetzung einer klar definierten Datenstrategie zur Lenkung der datenbezogenen Arbeit und zur Ausrichtung auf die Geschäftsstrategie Widerstand zu leisten. Wenn es einen dringenden Bedarf an einer spezifischen datenbezogenen „Lösung" gibt (wie Master Data Management, Referenzdaten, Data Governance oder Verbesserung der Datenqualität), wird die Erstellung einer Datenstrategie oft zunächst als Zeitverschwendung angesehen. Dies ist jedoch keine Zeitverschwendung, da eine Datenstrategie den Leitfaden und die Infrastruktur bietet, aus denen taktische Entscheidungen getroffen werden können und sollten. Die Bereitschaft, eine Datenstrategie als ersten Schritt zu erstellen, wird auch dadurch beeinträchtigt, dass die Wahrnehmung besteht, es dauere viele Monate, bis eine robuste Strategie vorliegt, und die andere dringende Arbeit liege unterdessen auf Eis.

Der Schlüssel zur Überwindung dieses Widerstands besteht darin, die Geschäftsführung davon zu überzeugen, dass eine Datenstrategie schnell entwickelt werden kann, wenn sie anfangs nur ein Rahmenwerk ist, das die andere Arbeit lenkt und während der Umsetzung anderer Arbeiten mit Leben gefüllt wird, während man dazulernt. Es ist ein Fehler, eine Datenstrategie als „fest" und unveränderlich zu betrachten. Stattdessen sollte sie flexibel sein, sodass sie geändert werden kann, wenn die Geschäftsstrategie besser verstanden wird.

Welche Rolle schreiben Sie der Datenstrategie beim Erfolg oder Misserfolg einer datengetriebenen Transformationsinitiative zu?

Eine Datenstrategie ist ein wesentlicher Bestandteil einer datengetriebenen Transformationsinitiative und trägt unmittelbar zu ihrem Erfolg bei. Eine solche Transformation wirkt sich auf das Geschäftsmodell, die Prozesse und sogar die Organisationskultur aus. Diesen Veränderungen liegen enorme Datenmengen zugrunde. Das Herzstück einer datengetriebenen

Transformation ist tatsächlich, dass die Entscheidungen des Unternehmens in Reaktion auf sich ändernde Bedingungen, Maßnahmen von Wettbewerbern und regulatorischen Behörden sowie Prozessveränderungen datengetrieben sind. Daher ist ein ordnungsgemäßes Datenmanagement von entscheidender Bedeutung. Eine Datenstrategie legt fest, wie das Unternehmen Daten und Metadaten verwaltet, d. h. wie diese reguliert werden, welche Daten verwendet werden, wie die Datenqualität verbessert wird, damit die Daten genutzt werden können, und wie die Datennutzung transformiert und optimiert wird, um Geschäftsziele zu erreichen. Ohne eine Datenstrategie wird eine digitale Transformation wahrscheinlich weniger wirksam sein und kann sogar ganz fehlschlagen.

Wer sollte Ihrer Meinung nach die Entwicklung und Aufrechterhaltung einer Datenstrategie vorantreiben und welche Stakeholder müssen in diesen Prozess eingebunden werden?

Eine naheliegende Antwort auf die Frage „Wer sollte die Entwicklung und Aufrechterhaltung einer Datenstrategie vorantreiben?" wäre die Unternehmensarchitektur. Ob sie jedoch eine gute Wahl darstellt, hängt von der Unternehmenskultur ab. Zwar ist die Unternehmensarchitektur dafür bekannt, Strategien zu erstellen, doch sie ist (wenngleich nicht immer) oft nicht sehr gut darin, diese Strategien zum geschäftlichen Vorteil umzusetzen. Das heißt, wenn die entwickelte Strategie nicht praktikabel ist, die Geschäftsziele nicht berücksichtigt oder Führung und Fachwissen erfordert, über die die Unternehmensarchitekten nicht verfügen, kann sie sich als nutzlos erweisen. Meiner Erfahrung nach ist es schwierig, einen Unternehmensarchitekten zu finden, der sowohl beim Erstellen als auch bei der Umsetzung von Strategien gut ist. Dazu gehört die Identifizierung von Stakeholdern im Geschäftsbereich, die Gewinnung von Unterstützung durch die Geschäftsführung, die Überzeugung des Geschäftsbereichs zur Teilnahme aufgrund des Mehrwerts, die Führung zum fertigen Produkt sowie die Bestimmung der erforderlichen Taktiken zur Umsetzung der Strategie.

Eine weitere Möglichkeit ist die Kombination erfahrener Datenmanagement-Fachleute, zum Beispiel der Leiter größerer Dateninitiativen wie Data Governance, Master Data Management, Data Warehouse/Data Lake, Metadatenmanagement und Datenqualität. Unter der Leitung einer Person, die weiß, wie man eine Datenstrategie entwickelt, können diese Fachexperten zusammenarbeiten und sicherstellen, dass die Datenstrategie alle erforderlichen Komponenten zur Umsetzung dieser entscheidenden Bereiche enthält. Darüber hinaus verfügt jede dieser Komponenten über eigene Stakeholder, die die Umsetzung vorantreiben und geschäftliche Perspektiven darauf liefern können, welche Geschäftsziele am wichtigsten sind.

Wie würden Sie einem neuen Data-Governance-Verantwortlichen empfehlen, für die Relevanz des Aufbaus einer integralen und horizontalen Datenstrategie als Grundlage für ein erfolgreiches Datenmanagement-Programm Bewusstsein zu schaffen und die Zustimmung der Geschäftsführung zu gewinnen?

Ich würde empfehlen, dass sich ein neuer Data-Governance-Lead mit den oben erwähnten Personen zusammenschließt, um bei der Bewusstseinsbildung und der Gewinnung der Zustimmung der Geschäftsführung mitzuwirken. Allerdings glaube ich nicht, dass sich ein neuer

Data-Governance-Lead darauf konzentrieren sollte, sondern dass er diese Bemühung unterstützen sollte. Data-Governance-Praktiker und -Leiter haben enorm viele Aufgaben zu bewältigen und sind nicht unbedingt Experten für den Aufbau und „Verkauf" von Datenstrategien - dafür wurden sie nicht eingestellt. Sie sollten diese Bemühung jedoch unterstützen, da Data Governance sowohl zu einer soliden Datenstrategie beiträgt als auch von ihr profitiert.

TEIL 2

Implementierung der Methode

In Teil 1 wurden die ersten beiden Komponenten der **PAC-Methode zur Datenstrategie** erläutert: das Datenstrategie-Framework und die Datenstrategie-Canvases. Teil 2 befasst sich mit der dritten Komponente der Methode: dem Datenstrategiezyklus. Wenn Sie Teil 1 übersprungen haben, lesen Sie bitte die vorherigen Kapitel, um ein besseres Verständnis zu erlangen, bevor Sie die zehn Schritte des Datenstrategiezyklus anwenden.

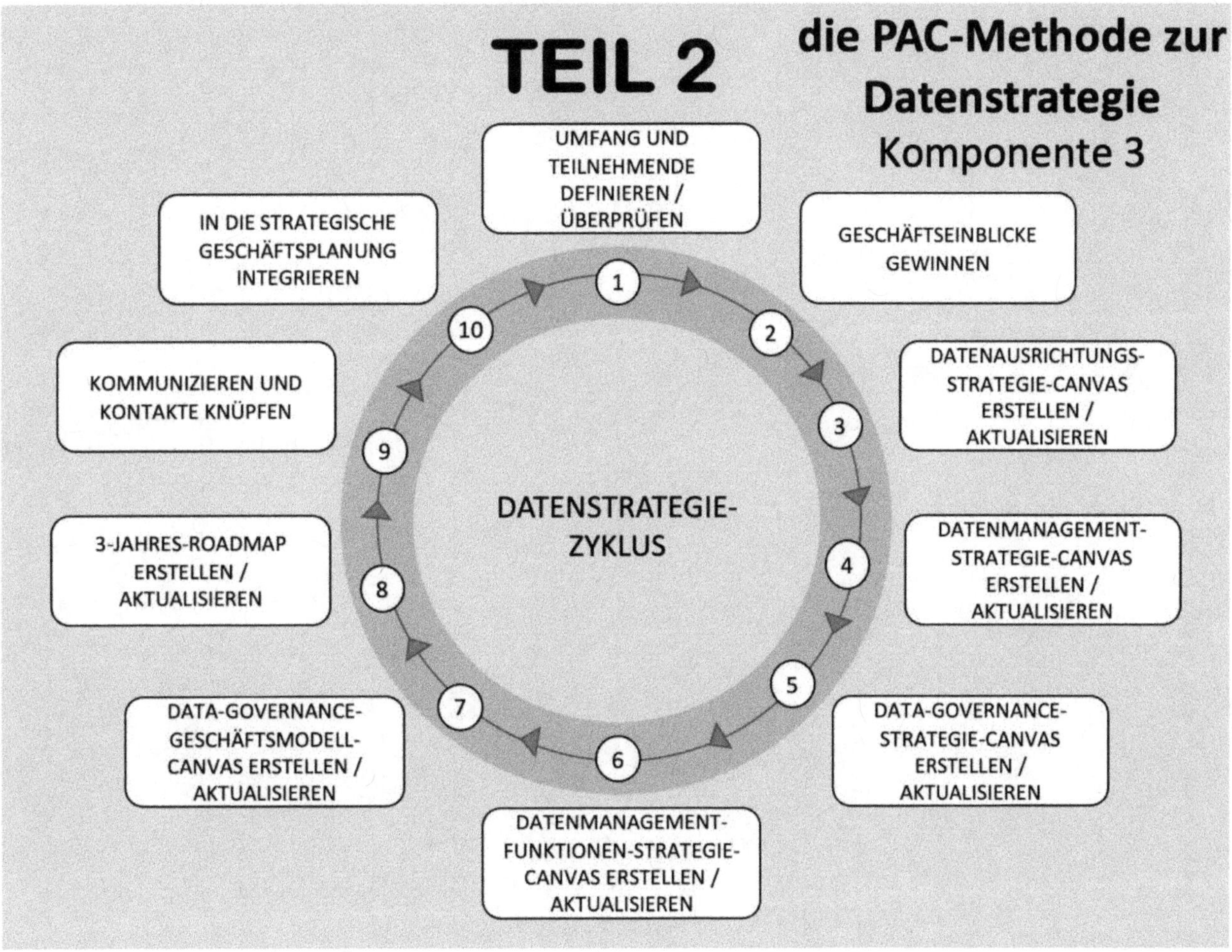

Abb. 24: Zehn Schritte des Datenstrategiezyklus

7. Die PAC-Methode zur Datenstrategien: Komponente 3 – Datenstrategiezyklus

Es ist selbstverständlich, eine Methode auszuprobieren. Wenn sie fehlschlägt, sollte man dies offen zugeben und eine andere Methode ausprobieren. Vor allem aber sollte man etwas versuchen.

Franklin D. Roosevelt

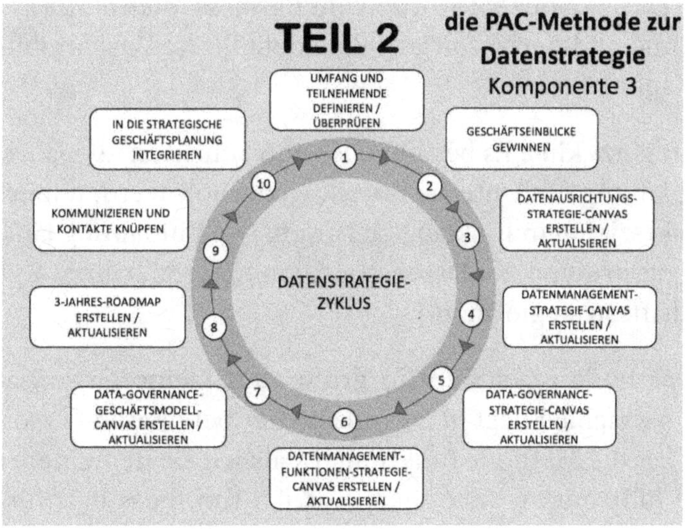

7.1. Einführung in den zehnstufigen Zyklus der Datenstrategie[41]

Es ist an der Zeit, die zehn Schritte des **Datenstrategiezyklus** durchzugehen. Dieser ist die dritte Komponente **der PAC-Methode zur Datenstrategie**. Wenn Sie die vorherigen sechs Kapitel gelesen haben, verfügen Sie über den gesamten Kontext, den Sie benötigen, um die Methode zu verstehen. Sie wissen, woher sie stammt und warum sie entwickelt

[41] Inspiriert von Danette McGilvrays „ZEHN SCHRITTE zu hochwertigen Daten und vertrauenswürdigen Informationen"™ http://www.gfalls.com/

wurde. Wenn Sie direkt mit der Methode beginnen, werden Sie beim Lesen der Schritte im Zyklus Verweise auf frühere Kapitel finden. Diese lenken Sie zu Details und zusätzlichem Kontext hin.

PAC steht für „Pragmatisch, Agil und Kommunikativ" (unter Verwendung der Bedeutung „Ideen zu kommunizieren").[42] Abbildung 25 zeigt ihre drei Komponenten noch einmal:

1. **Ein Datenstrategie-Framework:** Es stellt dar, warum wir einen Satz eng miteinander verbundener Datenstrategien statt nur einer benötigen. Dieses Rahmenwerk verfolgt die Geschäftsstrategie bis zu den Meilensteinen in einer Data-Governance-Roadmap und von dort bis zum operativen Data-Governance-Plan. Siehe Kapitel 3.

2. **Ein Satz von Datenstrategie-Canvases:** Diese beschreiben die Datenstrategien. Ein Canvas ist ein Konzept zur Darstellung einer Idee auf einer einzelnen Folie (vergleichbar mit dem Canvas, das ein Künstler beim Malen verwendet). In unserem Fall stellen die Canvases die im Rahmenwerk für Datenstrategien enthaltenen Strategien dar. Dieses Konzept wurde vom *Business Model Canvas* von Alexander Osterwalder[43] und anderen inspiriert. Eine detaillierte Beschreibung jedes Canvas finden Sie in Kapitel 5.

3. **Ein Datenstrategiezyklus:** Es besteht aus zehn Schritten, die jährlich im Rahmen der strategischen Planung des Unternehmens wiederholt werden müssen, um die Strategien mit den Geschäftszielen in Einklang zu halten. Die Einhaltung jährlicher Zyklen schließt eine erneute Überprüfung der Datenstrategien innerhalb eines Zyklus nicht aus, wenn sich eine Geschäftsstrategie ändert.

Die Einfachheit der Methode macht sie für große und kleine Organisationen gleichermaßen effektiv; der einzige Unterschied liegt in der Anzahl der beteiligten Personen. Selbst für mich als unabhängiger Berater hat die Methode funktioniert, als ich sie in meinem eigenen Unternehmen angewendet habe. Sie hilft mir zu verstehen, was ich tun muss und für wen, um effektiv mit anderen kommunizieren zu können. In großen Organisationen müssen Stakeholder aus jeder Organisationseinheit die Datenstrategie-Canvases definieren. Dies macht die Datenstrategie ganzheitlich (unter Berücksichtigung der Bedürfnisse aller Organisationseinheiten) und transparent, wie in Kapitel 3 erörtert.

---

42 https://dictionary.cambridge.org/dictionary/english-spanish/communicable

43 Alexander Osterwalder https://www.alexosterwalder.com/ Business Model Canvas https://bit.ly/4oSxSyw

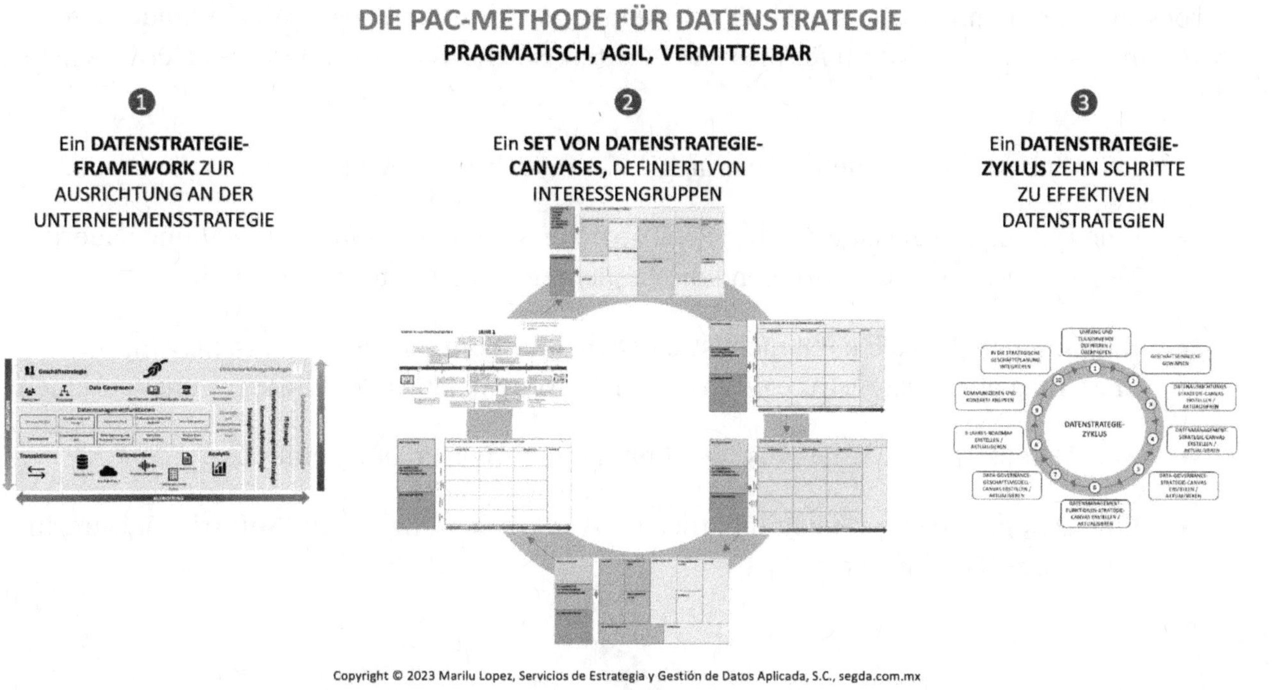

Abb. 25: Komponenten der PAC-Methode zur Datenstrategie

Abbildung 26 zeigt die Reihenfolge, in der die verschiedenen Datenstrategien definiert werden.

1. **Datenausrichtungsstrategie**: Diese Strategie entspricht den Geschäftszielen, den Datenanforderungen sowie den datengestützten Schmerzpunkten des Unternehmens. Um diese Strategie zu definieren, identifizieren und priorisieren wir diese Eingaben.

2. **Datenmanagement-Strategie**: Auf Grundlage der Datenausrichtungsstrategie werden die Datenmanagementfunktionen priorisiert, die eingerichtet oder weiterentwickelt werden sollen (im Zentrum des Datenstrategie-Frameworks). Ebenso werden die Organisationseinheiten und Datendomänen priorisiert, in denen die Funktionen angewendet werden sollen.

3. **Data-Governance-Strategie** : Diese Strategie priorisiert die Data-Governance-Fähigkeiten, die etabliert werden sollen, sowie die Objekte (Prozesse, Berichte, Datendomänen, Datenquellen, Datenrepositorien usw.), die unter Governance zu stellen sind.

4. **Strategie für spezifische Datenmanagementfunktionen**: Jede in der Datenmanagement-Strategie priorisierte Datenmanagementfunktion muss eine eigene Strategie haben.

Abbildung 24 zeigt die einzelnen Schritte zur Erstellung von Datenstrategien. Diese Schritte werden in diesem Kapitel näher erläutert. Sichern Sie sich vor der Umsetzung die Unterstützung der Geschäftsleitung. Obwohl fast jeder die Wichtigkeit einer Datenstrategie und der

Verbesserung der Informationsqualität anerkennt, gibt es in der Regel Widerstände gegen die Widmung von Zeit und Mitteln für diese Aktivitäten. Solche Widerstände können etwa wie folgt klingen:

- „Wir haben bereits eine Datenstrategie ... wir verlagern unsere Daten in die Cloud."
- Eine Datenstrategie ist eine gute Idee, aber sie ist zu teuer und die Erstellung dauert Monate. Wir benötigen dringend die Implementierung von Stammdaten.
- Der Geschäftsbetrieb kann nicht stillstehen. Wir können keine Mitarbeiter für die Erstellung einer Datenstrategie abstellen. Lassen Sie jemanden diese für uns schreiben.
- Eine Datenstrategie ist nutzlos. Wir kommen seit Jahren ohne eine aus.
- Eine Datenstrategie ist nicht praktikabel. Was wir benötigen, sind sofortige Lösungen für unsere Datenprobleme.

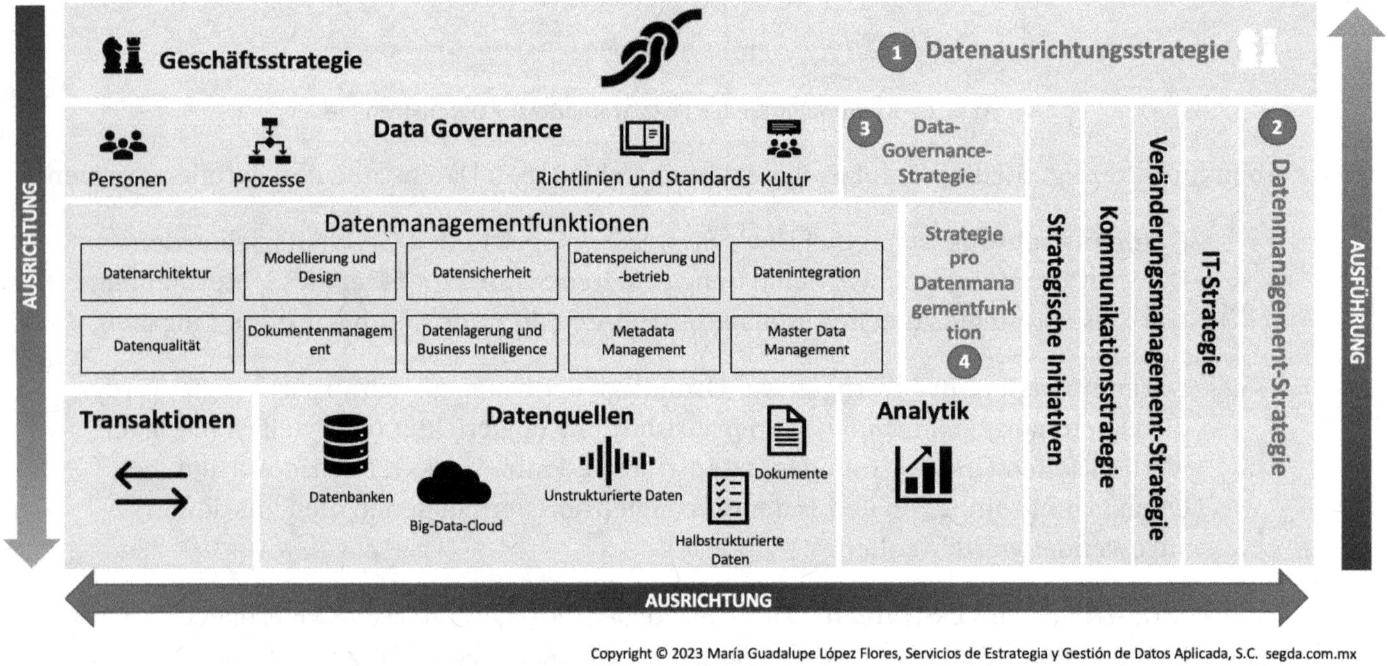

Abb. 26: Anordnung zur Vorlage und Produktion von Datenstrategien

Bevor Sie um Unterstützung bitten, sollten Sie sich darauf vorbereiten, folgende Einwände mit den entsprechenden Argumenten zu widerlegen:

- **Ganzheitlich**: Für wirksame Ergebnisse muss die Datenstrategie über die Weiterentwicklung technischer Plattformen und Lösungen hinausgehen. Sie muss Geschäftsanforderungen, Motivationen, datenbezogene Schmerzpunkte sowie unerwünschte datenbezogene Verhaltensweisen ganzheitlich berücksichtigen und vor allem die Geschäftsziele einbeziehen. Zudem muss sie offen sein: Stakeholder aus der gesamten Organisation müssen dazu beitragen und an ihrer Definition teilnehmen. Das gibt ihnen Gründe, ihre Umsetzung zu unterstützen. Schließlich muss sie für jeden in der Organisation leicht auffindbar und verständlich sein.

- **Geplant**: Erstellen Sie einen Zeitplan, der deutlich macht, wie lange die Entwicklung der ersten Version der Datenstrategien dauert. Die Erstellung der Datenausrichtungsstrategie, der Datenmanagement-Strategie, der Data-Governance-Strategie, des Data-Governance-Geschäftsmodells und der Data-Governance-Roadmap kann beim ersten Mal innerhalb von neun Wochen erfolgen.

- **Offen/Inklusiv**: Bei großen Organisationen wird die Umsetzung der Datenstrategie schwierig, wenn diese von einer einzelnen Person oder einem Berater definiert wird. Die meisten Stakeholder identifizieren sich nämlich nur mit der Strategie, wenn sie an ihrer Definition beteiligt waren. Beziehen Sie daher Stakeholder aus der gesamten Organisation ein.

- **Beleggestützt**: Dokumentieren Sie einen Fall, in dem die Organisation in technische Plattformen oder Lösungen investierte, um Datenprobleme zu beheben, das erwartete Ergebnis jedoch nicht erreichte.

- **Kommunizierbar**: Erstellen Sie eine einseitige Datenstrategie-Charta, um den praktischen Ansatz, den Zeitplan, die erforderlichen Ressourcen und den erwarteten Nutzen zu kommunizieren.

Die Definition von Datenstrategien darf keine isolierte Maßnahme zur Unterstützung von IT-Initiativen und dem Datenbetrieb sein. Integrieren Sie diesen Prozess daher in die jährliche strategische Planung Ihrer Organisation. Der Zyklus schließt sich, wenn Sie die Datenstrategien in der strategischen Geschäftsplanung verankert haben.

Bevor Sie den Datenstrategiezyklus durchlaufen, definieren Sie alle Schritte, als würden Sie dies zum ersten Mal tun. Datenstrategien sind einmal definiert lebende Dokumente, die aktualisiert werden müssen, wenn sich die Unternehmensstrategie ändert. Überprüfen und aktualisieren Sie die hier definierten Datenstrategien mithilfe der zehn beschriebenen Schritte mindestens einmal pro Jahr. Diese jährliche Überprüfung erfordert deutlich weniger Zeit, wenn die Organisation reifer wird; denn es ist wenig überraschend, dass ein bestehendes Canvas immer leichter zu ändern ist als eines von Grund auf neu zu erstellen.

7.2. Befolgung des Datenstrategiezyklus

7.2.1 Schritt 1: Umfang, Teilnehmer und Ressourcen definieren/überprüfen

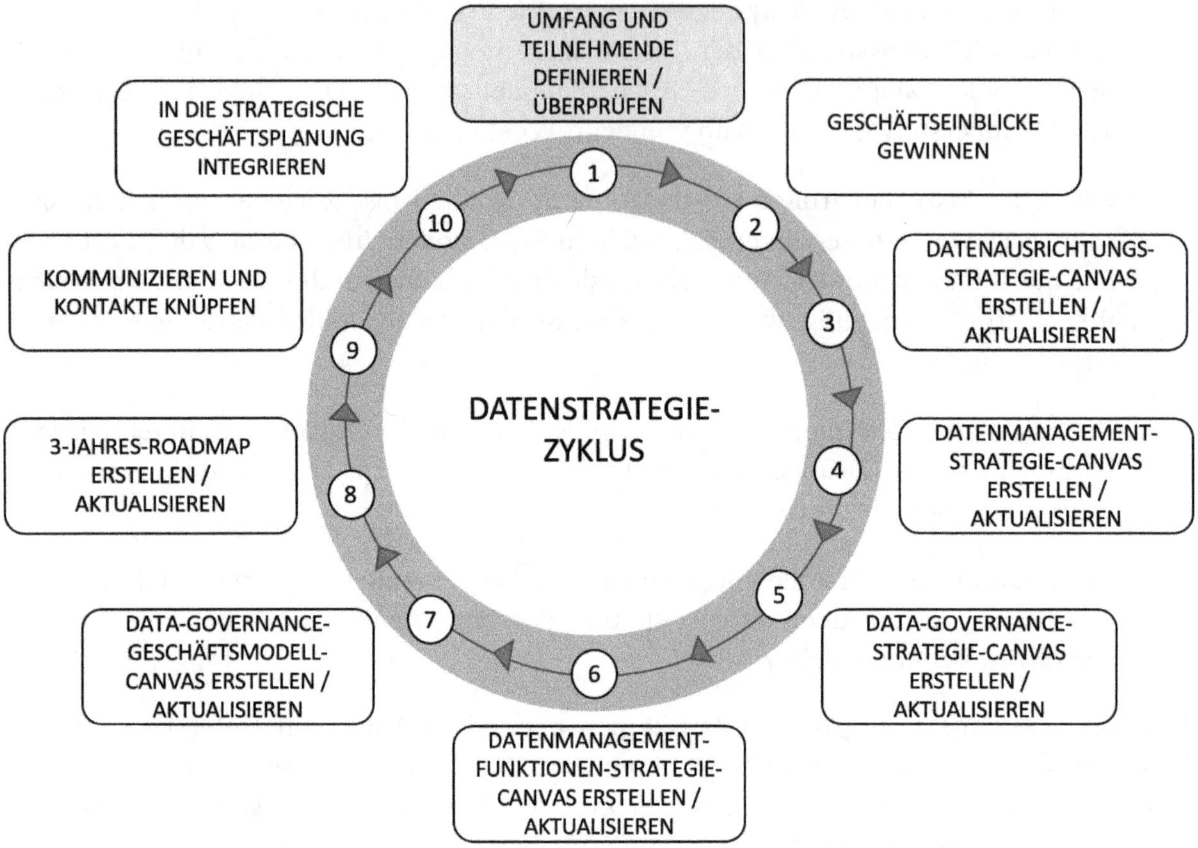

In diesem Schritt werden die Stakeholder identifiziert, die die Datenstrategien definieren sollen. Der ganzheitliche Ansatz erfordert Stakeholder aus der gesamten Organisation. Bei großen Organisationen, insbesondere bei multinationalen Unternehmen, sollten Sie den Umfang dieser Initiative zu diesem Zeitpunkt definieren. Wird die Initiative auf Unternehmensebene gestartet und auf die Geschäftseinheiten kaskadiert? Oder wird es eine Initiative auf lokaler Ebene sein, die auf Unternehmensdefinitionen basiert? Zunächst benötigen Sie einen Sponsor für Datenstrategie mit starkem Einfluss in der Organisation, um den optimalen Ansatz zu bestimmen. Diese Person sollte den Umfangsvorschlag unterbreiten und die Unterstützung der obersten Geschäftsleitung sichern.

Da mehrere Stakeholder beteiligt sein werden, müssen Sie einen Zeitplan erarbeiten, der ihren Agenden und dem Zeitrahmen der Organisation entspricht.

Schritt 1 Prozessablauf

1. **Sponsor für Datenstrategie ernennen:** Ihr Sponsor kann aus dem Geschäftsbereich oder der IT stammen. Wichtig ist, dass er/sie sich für eine ganzheitliche, offene Datenstrategie einsetzt und andere Mitglieder der obersten Geschäftsleitung bezüglich Finanzierung, Zusammenarbeit und Stakeholder-Beteiligung beeinflussen kann.

2. **Umfang definieren und Teilnehmer identifizieren:** Das Ziel besteht darin, möglichst viele Organisationseinheiten zu vertreten. Es gibt keine Regel bezüglich der Hierarchieebene der Stakeholder in der Organisation - die Gruppe kann sowohl die Geschäftsführung als auch operative Mitarbeitende umfassen. Alle sollten die Prozesse und datenbezogenen Probleme in ihren Bereichen kennen. Sie müssen sich zu Wort melden und dürfen sich nicht eingeschüchtert fühlen, wenn die Geschäftsführung anwesend ist.

3. **Eine einseitige Datenstrategie-Charta erstellen:** Diese muss sich auf die wesentlichen Informationen konzentrieren: **Was** wird vorgeschlagen, **warum** wird es vorgeschlagen, **wie** wird es implementiert, **wer** muss teilnehmen, **wann** wird es erreicht und welche **Vorteile** bietet es. Erstellen Sie zusätzlich Präsentationsfolien, um die Datenstrategie-Initiative, die Profile der Teilnehmenden und den erforderlichen Zeitaufwand zu kommunizieren.

4. **Aussagekräftige und ansprechende Botschaft entwickeln:** Bereiten Sie eine solche Botschaft vor, um sie mit Menschen auf allen Ebenen der Organisation zu teilen. Lassen Sie Ihren Sponsor ein kurzes Video (drei bis fünf Minuten) aufnehmen, das sich auf die Botschaft konzentriert. Nutzen Sie dieses Video, um Ihre Arbeitssitzungen zu eröffnen, wenn Sie ein Publikum zum ersten Mal treffen, und um Stakeholder für diese Initiative einzubeziehen. Sponsoren gehören in der Regel zur obersten Geschäftsleitung und haben sehr komplexe Agenden. Durch die Videoaufzeichnung kann der Sponsor laufende Unterstützung bieten, ohne den Zeitplan zu belasten.

5. **Workshop-Format festlegen:** Die Arbeit kann durch persönliche Workshops oder Online-Meetings durchgeführt werden. Die zweite Option ermöglicht die Teilnahme von Personen an verschiedenen Standorten. Entscheiden Sie sich für eine Option und bereiten Sie die entsprechenden Voraussetzungen vor.

6. **Techniken und Tools auswählen:** Die von Herbert Simon 1969 in seinem Werk „*The Sciences of the Artificial*", in der dritten Auflage erschienen (Simon, 2019), vorgestellten Design-Thinking-Techniken sind für diese Arbeit sehr wirksam.[44] Sie ermöglichen es, die erforderlichen Informationen zur Definition von Datenstrategien auf eine Weise zu sammeln, die eine empathische Umgebung schafft. Für persönliche Treffen eignet sich die Brown-Paper-Technik sehr gut. Hierbei werden die Wände des Tagungsraums mit

[44] Design Thinking https://www.interaction-design.org/literature/topics/design-thinking

braunem Papier bedeckt, auf dem Felder für Eingaben (Fragen, Motivationen, geschäftliche und strategische Ziele, Verhaltensweisen, Schmerzpunkte) oder verschiedene Canvases je nach Sitzung gezeichnet werden. Die Teilnehmer bewegen sich im Raum und ergänzen Post-its mit Inhalten. Einige Büros haben Tagungsräume mit Glaswänden, die sich gut für diese Technik eignen. Ähnliche Dynamiken können durch kollaborative Tools erreicht werden, wenn die Sitzung virtuell stattfindet. Die Teilnehmer können ihre Ideen teilen und sehen dann die gesamte Sammlung der Ideen, über die sie anschließend die Top 10 auswählen. Wählen Sie Ihr Tool daher so aus, dass es Abstimmungsfunktionen bietet.

7. **Workshops planen:** Das Ziel besteht darin, möglichst viele Stakeholder aktiv einzubeziehen. Daher ist die Wahl der optimalen Tage und Uhrzeiten für die Sitzungen entscheidend. Erstellen Sie einen Terminplan für alle Sitzungen der Schritte 2–8 und stellen Sie sicher, dass das Publikum die Einladungen mindestens zwei Wochen im Voraus erhält. Vermeiden Sie zeitliche Überschneidungen mit kritischen Terminen der Organisation, wie dem Monatsende.

8. **Formulieren Sie eine klare und ansprechende Einladungsbotschaft:** Formulieren Sie die Sitzungseinladung sorgfältig, von der Betreffzeile bis zum Inhalt. Wenn möglich, sorgen Sie dafür, dass die Einladung vom Sponsor oder einer anderen Person versendet wird, auf die die Teilnehmer achten werden.

9. **Rechtzeitigkeit sicherstellen:** Versenden Sie Einladungen mindestens zwei Wochen vor dem Termin und erinnern Sie rechtzeitig daran, um das Ereignis präsent zu halten.

Überlegungen für kleine Unternehmen/Organisationen: Ähnliche Schritte gelten auch für kleine Organisationen, in denen es möglicherweise eine kleinere Anzahl von Stakeholdern gibt. In kleineren Organisationen kann eine einzelne Person mehrere Rollen erfüllen.

Tabelle 3: Schritt 1 Zusammenfassung

Schritt 1. Umfang und Teilnehmer definieren/überprüfen	
Zielsetzung	• Identifizieren Sie auf Grundlage des definierten Umfangs die Organisationseinheiten, die bei der Definition bzw. Überprüfung der Datenstrategien vertreten sein müssen. • Identifizieren Sie außerdem die einzelnen Stakeholder, die an den Data-Strategie-Workshops teilnehmen sollen. • Organisieren Sie die Agenda, damit die Teilnehmer wissen, was sie erwartet. • Terminieren Sie die Workshops und stellen Sie dabei sicher, dass größere Konflikte vermieden werden. • Verwenden Sie eine Checkliste für die Vorbereitung, um die Teilnahme der Teilnehmer sowie die Verfügbarkeit von Einrichtungen und Tools sicherzustellen.
Zweck	• Stellen Sie sicher, dass die Voraussetzungen für die Erstellung einer ganzheitlichen Datenstrategie unter Beteiligung der Schlüsselstakeholder der gesamten Organisation geschaffen sind. • Achten Sie darauf, dass der Sponsor eine aussagekräftige Botschaft an die beteiligten Bereiche versendet. • Beteiligen Sie Organisationseinheiten, die Daten nutzen oder einen Einfluss auf Daten haben, da diese die Datenstrategien beeinflussen können. • Stellen Sie sicher, dass sich alle ausgewählten Organisationseinheiten aktiv einbringen. • Nutzen Sie die Zeit der Teilnehmer optimal, indem Sie sicherstellen, dass sie fundierte Kenntnisse der Prozesse in ihren Bereichen und der Art der bestehenden datenbezogenen Schmerzpunkte haben. • Stellen Sie schließlich sicher, dass alles bereit ist, um die Datenstrategiedefinitions-Workshops durchzuführen.
Eingaben	• Umfangsdefinition (Unternehmen/Firma/Land/Tochtergesellschaften) • Organigramme • Bestehende Leitungsgremien
Techniken und Tools	• Datenstrategien-Stakeholder-Pyramide (siehe Abbildung 15) • Fragebogen zur Moderation • Charta zur Datenstrategie • Checkliste zur Bereitschaft
Ergebnisse	• Charta zur Datenstrategie • Checkliste zur Bereitschaft • Liste der am Prozess beteiligten Organisationseinheiten.

Schritt 1. Umfang und Teilnehmer definieren/überprüfen	
	• Liste der Teilnehmer, einschließlich ihrer Organisationseinheiten, Rollen und der Workshop-Sitzungen, an denen sie teilnehmen müssen. • Kalender mit Workshops, Tagesordnungen und Einladungsschreiben an die Teilnehmer. • Aufzeichnung der motivierenden Botschaft des Sponsors
Teilnehmer	• Data-Governance-Verantwortliche oder Äquivalent • Sponsor für Datenstrategie • Leitungsgremium, das die relevantesten führenden Manager einschließt.
Kontrollpunkt	• Einen Sponsor für die Datenstrategie haben. • Umfang und Teilnehmer definieren. • Eine einseitige Charta zur Datenstrategie erstellen. • Sicherstellen, dass der Sponsor eine aussagekräftige und ansprechende Botschaft formuliert. • Entscheiden Sie sich für ein Workshop-Format. • Entscheiden Sie sich für die zu verwendenden Techniken und Tools. • Legen Sie den besten Zeitplan für die Workshops fest. • Formulieren Sie eine klare und ansprechende Botschaft für die Einladungen. • Versenden Sie die Einladungen mindestens zwei Wochen im Voraus. • Stellen Sie sicher, dass die Einladungen bestätigt werden.

7.2.2 Schritt 2: Geschäftseinblicke gewinnen

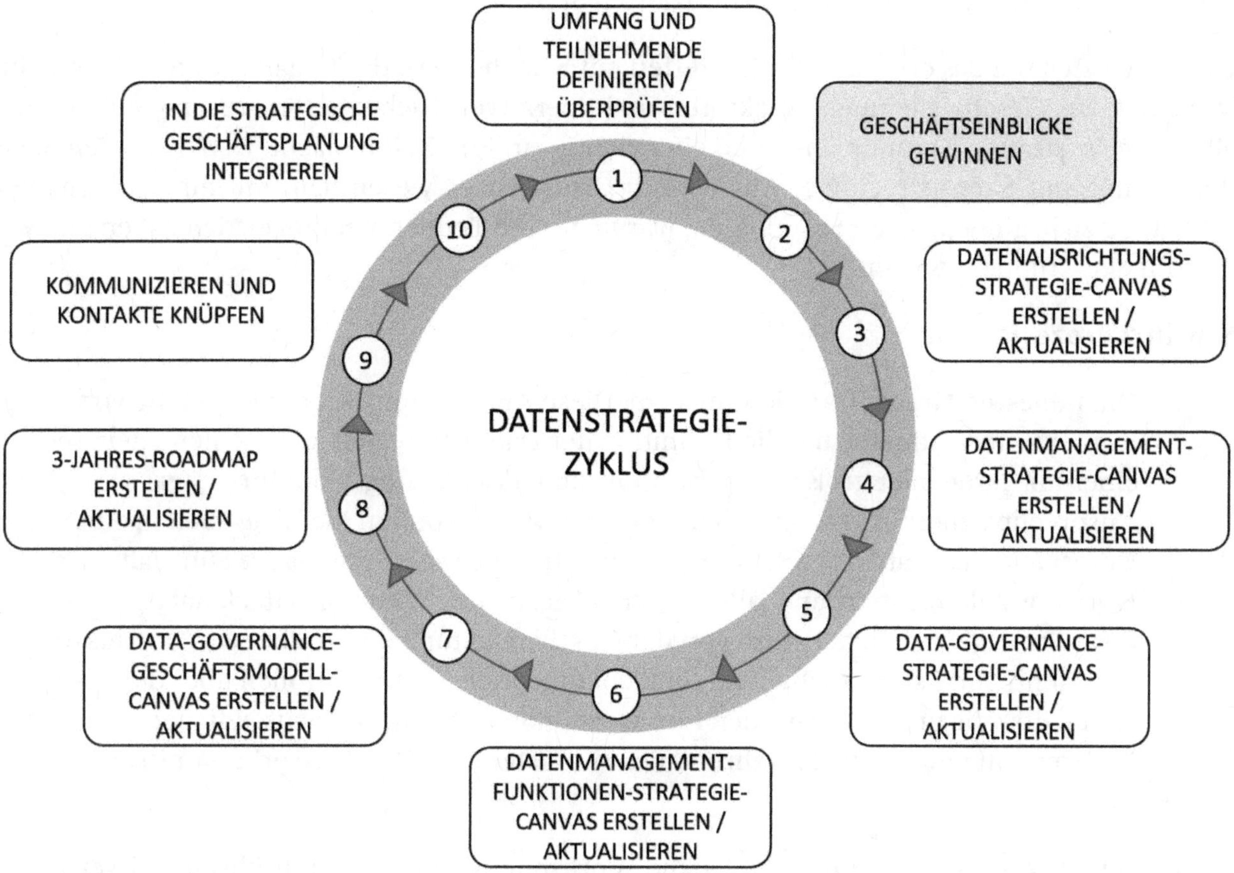

Widmen Sie den zweiten Schritt dem Verständnis der Organisation. Im Idealfall beginnt dieser mit einer Überprüfung der Unternehmensstrategie. Manchmal ist diese Strategie jedoch nicht dokumentiert. Selbst wenn sie dokumentiert ist, wird sie in der Organisation nicht unbedingt auf die gleiche Weise verstanden. In diesem Schritt wird ein Konsens über die obersten Geschäftsziele als primäre Eingabe zur Erstellung der Datenstrategien angestrebt.

In Kapitel 5 haben wir andere Eingaben zur Definition von Datenstrategien erörtert:

- Geschäftsfragen
- Datenbezogene Schmerzpunkte
- Motivationen
- Zu ändernde Verhaltensweisen
- Strategische Initiativen

Die Ziele dieses Schritts sind die Identifizierung und Priorisierung dieser Punkte im Interesse der Gesamtorganisation und nicht nur der einzelnen Geschäftseinheiten. Dies erfordert die aktive Beteiligung aller in Schritt 1 identifizierten Stakeholder.

Es handelt sich um das erste Zusammentreffen mit Stakeholdern der Organisation, bei dem eine Mischung aus Geschäftsleitung, Direktoren und operativen Fachexperten zusammenkommt – alle mit sehr straffen Terminplänen und eifersüchtig auf ihre Zeit bedacht. Daher müssen Sie in der Sitzung mit Skepsis rechnen. Aus diesem Grund ist es wesentlich, mit einer prägnanten Einleitung zu beginnen, in der Sie erklären, warum Sie die Teilnehmer eingeladen haben und was Sie von der Gruppe erwarten.

Schritt 2 Prozessablauf

1. **Die neuesten Geschäftsziele sammeln:** Diese Aufgabe umfasst die Erfassung von Kontextinformationen, um die Definition der Datenstrategien zu beschleunigen. In einer mittleren oder großen Organisation kann das Planungsteam Ihr erster Ansprechpartner für Geschäftsziele sein. Alternativ können die Ziele auch in einer Unternehmensstrategie enthalten sein, die typischerweise mit einem Fünf-Jahres-Horizont dokumentiert und jährlich aktualisiert wird. Wenn Sie Glück haben, wird diese Strategie möglicherweise von der Geschäftsleitung im Intranet der Organisation veröffentlicht. Es kann schwierig sein, dokumentierte Informationen über die Geschäftsziele und Motivationen hinaus zu finden. Die meisten zusätzlichen Informationen werden Sie während der Workshops zu Geschäftserkenntnissen sammeln.

2. **Ihre Tools vorbereiten:** Bevor Sie die Workshop-Sitzungen durchführen, müssen Sie Ihre Design-Thinking-Tools für jede Aktivität vorbereiten. Erstellen Sie Vorlagen, in die die Teilnehmer ihre Ideen eintragen können. Bereiten Sie einige Basis-Elemente oder Beispiele für jedes Thema vor, um Diskussionen zu starten und Ihre Anfrage zu veranschaulichen. Füllen Sie diese Vorlagen vor den Sitzungen aus, um die Aktivitäten während der Meetings zu beschleunigen:

    a) **Geschäftsziele:** Erstellen Sie basierend auf den Informationen aus Punkt 1 eine Liste aller Geschäftsziele. Bitten Sie die Teilnehmer, die Liste während des Workshops um weitere Ziele zu ergänzen, falls etwas fehlt, und die drei bis fünf obersten Ziele zu priorisieren, sofern diese nicht bereits priorisiert sind.
    b) **Geschäftsfragen:** Fordern Sie alle Teilnehmer auf, die Geschäftsfragen aufzulisten, die sie zur Führung ihres Unternehmens haben. Dies ist schwierig, da verschiedene Personen den Begriff „Geschäftsfrage" unterschiedlich interpretieren werden. Der beste Weg zur Verdeutlichung besteht darin, drei bis fünf Beispielfragen in die Vorlage einzufügen, in die die Teilnehmer ihre Fragen eintragen können.
    c) **Motivationen für Datenmanagement:** Fordern Sie die Teilnehmer auf, ihre Motivationen für den Start oder die Verbesserung des Datenmanagement-

Programms auszudrücken. Identifizieren Sie auf Basis Ihrer Erkenntnisse über die Organisation drei Motivationen für das Datenmanagement-Programm und fügen Sie diese der Vorlage hinzu, in die die Teilnehmer ihre Motivationen eintragen.

d) **Datenbezogene Schmerzpunkte:** Die vierte Aktivität besteht darin, alle datenbezogenen Schmerzpunkte aufzulisten. Bereiten Sie daher die Vorlage vor. Letztendlich müssen alle Teilnehmer über die zehn obersten Schmerzpunkte abstimmen.

e) **Zu ändernde Verhaltensweisen priorisieren:** Die letzte Aktivität dieses Abschnitts besteht darin, unerwünschte datenbezogene Verhaltensweisen zu identifizieren und zu priorisieren, die geändert werden müssen. Bereiten Sie für diese Aktivität einen Platz für eine einfache Liste vor. Sie können einige Beispiele entwerfen (z. B. Berichtsdesigner, die die in ihren Berichten verwendete Datenquelle nicht angeben). Nachdem Sie die Liste mit den Ideen der Teilnehmer erstellt haben, bitten Sie sie, die fünf obersten auszuwählen.

3. **Die Workshops terminieren:** Da die meisten Menschen volle Terminkalender haben, ist es wichtig, Einladungen für alle Workshop-Sitzungen frühzeitig zu versenden - mindestens zwei Wochen vor der Auftaktveranstaltung, damit die Teilnehmenden ihre Kalender entsprechend blockieren können.

4. **Die Workshops durchführen:** Workshops müssen agil sein. Daher ist eine gute Vorbereitung wesentlich. Setzen Sie einen Zeitwächter ein. Die ersten Sitzungen haben folgende Ziele:

a) **Die drei obersten Geschäftsziele priorisieren:** Nutzen Sie die Vorlage mit den Entwurfsinhalten aus Punkt 2. a, damit die Teilnehmer die Liste bei Bedarf ergänzen können. Danach bringen Sie die Gruppe dazu, sich auf die Priorität der Ziele zu einigen

b) **Geschäftsfragen priorisieren:** Fordern Sie alle Teilnehmer dazu auf, die Fragen, die sie zur Führung ihres Unternehmens haben, aufzulisten. Nutzen Sie dazu die Vorlage mit den in Punkt 2. b erarbeiteten Inhalten. Bitten Sie anschließend alle Teilnehmer, über die zehn relevantesten Geschäftsfragen für die Gesamtorganisation abzustimmen.

c) **Motivationen für Datenmanagement priorisieren:** Fordern Sie die Teilnehmer auf, ihre Motivationen für den Start oder die Verbesserung des Datenmanagement-Programms auszudrücken. Bitten Sie sie anschließend, über die fünf obersten Motivationen abzustimmen.

d) **Datenbezogene Schmerzpunkte priorisieren:** Fordern Sie die Teilnehmer auf, die datenbezogenen Schmerzpunkte aufzulisten. Sie können mit Problemen im Zusammenhang mit der Infrastruktur beginnen, z. B. fehlende Kapazität oder hohe Antwortzeiten. Unter Umständen müssen Sie sie anleiten, um Probleme im Zusammenhang mit den Daten selbst zu identifizieren, beispielsweise inkonsistente Berichte aufgrund schlechter Datenqualität. Die Teilnehmer müssen über die zehn obersten Schmerzpunkte abstimmen.

e) **Zu ändernde Verhaltensweisen priorisieren:** Als letztes Element müssen die unerwünschten datenbezogenen Verhaltensweisen, die geändert werden müssen, identifiziert und priorisiert werden. Die Beispiele, die Sie für diese Aktivität vorbereiten, helfen dem Publikum bei der Orientierung. Nachdem Sie die Liste mit den Ideen aller Teilnehmenden erstellt haben, bitten Sie sie, die fünf obersten auszuwählen.

f) **Strategische Initiativen identifizieren und priorisieren:** Ein weiteres Element der Datenmanagement- und Data-Governance-Strategie ist eine priorisierte Liste laufender oder kurz bevorstehender Programme oder Projekte höchster Priorität in der Organisation, um die Erreichung der Geschäftsziele zu unterstützen. Diese Initiativen sind die besten Kandidaten, um von der Datenmanagement-Praxis zu profitieren.

Tabelle 4: Schritt 2 Zusammenfassung

Schritt 2: Geschäftseinblicke gewinnen	
Zielsetzung	• Identifizieren Sie die aktuellen strategischen Geschäftsziele. • Identifizieren Sie wichtige geschäftliche Fragen, die zu Entscheidungen führen. • Identifizieren Sie alle geschäftlichen Treiber und Motivationen für die Definition oder Verbesserung eines Datenmanagement-Programms. • Identifizieren Sie alle derzeit laufenden strategischen Initiativen in der Organisation. • Identifizieren Sie datenbezogene Schwachstellen in der Organisation. • Identifizieren Sie unerwünschte datenbezogene Verhaltensweisen.
Zweck	• Sammeln Sie alle erforderlichen Informationen, um die Datenstrategien zu definieren. • Priorisieren Sie die gesammelten Informationen • Erzielen Sie einen Konsens über die Punkte, auf die sich das Datenmanagement vorrangig konzentrieren muss.
Eingaben	Falls verfügbar: • Strategische Unternehmensplanung • Bestandsaufnahme strategischer Initiativen • Regulatorische/rechtliche/auditorische Anforderungen/Treiber • Bestehende Datenstrategien

Schritt 2: Geschäftseinblicke gewinnen	
Techniken und Tools	• Kollaborative Tools für Brainstorming und Bewertung (z. B. Mural, MS365 Whiteboard usw.) • Brown-Paper-Technik für persönliche Workshops • Workshop zur Erfassung und Priorisierung von strategischen Geschäftszielen, geschäftlichen Fragen, datenbezogenen Verhaltensweisen und datenbezogenen Schwachstellen
Ergebnisse	• Priorisierte strategische Geschäftsziele • Priorisierte geschäftliche Schlüsselfragen • Priorisierte geschäftliche Treiber/Motivationen für das Datenmanagement • Priorisierte unerwünschte datenbezogene Verhaltensweisen • Priorisierte datenbezogene Schwachstellen
Teilnehmer	Je nach definiertem Umfang und vorhandenen Bereichen: • Ein Vertreter aus jedem Geschäftsbereich • Ein Vertreter aus dem Bereich Corporate Governance • Ein Vertreter aus der Rechtsabteilung • Ein Vertreter aus der strategischen Planung • Ein Vertreter aus dem Bereich Informationssicherheit • Ein Vertreter aus dem Bereich Unternehmensarchitektur • Ein Vertreter aus dem IT-Bereich • Leiter und Team für Data Governance
Kontrollpunkt	• Sammeln Sie alle vorhandenen Unterlagen für die erforderlichen Elemente als Eingabe. • Bereiten Sie Ihr gemeinsam ausgewähltes Tool oder Ihre Brown-Paper-Materialien und Vorlagen vor. • Bereiten Sie eine Einführungspräsentation vor, in der der Stand des Prozesses und die Erwartungen klar dargelegt werden. • Stellen Sie sicher, dass ein Termin für den Workshop zur Erfassung der Geschäftseinblicke festgelegt und die Teilnahme bestätigt wurde. • Führen Sie das Meeting durch, um die Geschäftseinblicke zu sammeln. • Klassifizieren Sie die während der Workshops gesammelten Informationen.

7.2.3 Schritt 3: Datenausrichtungsstrategie-Canvas erstellen/aktualisieren

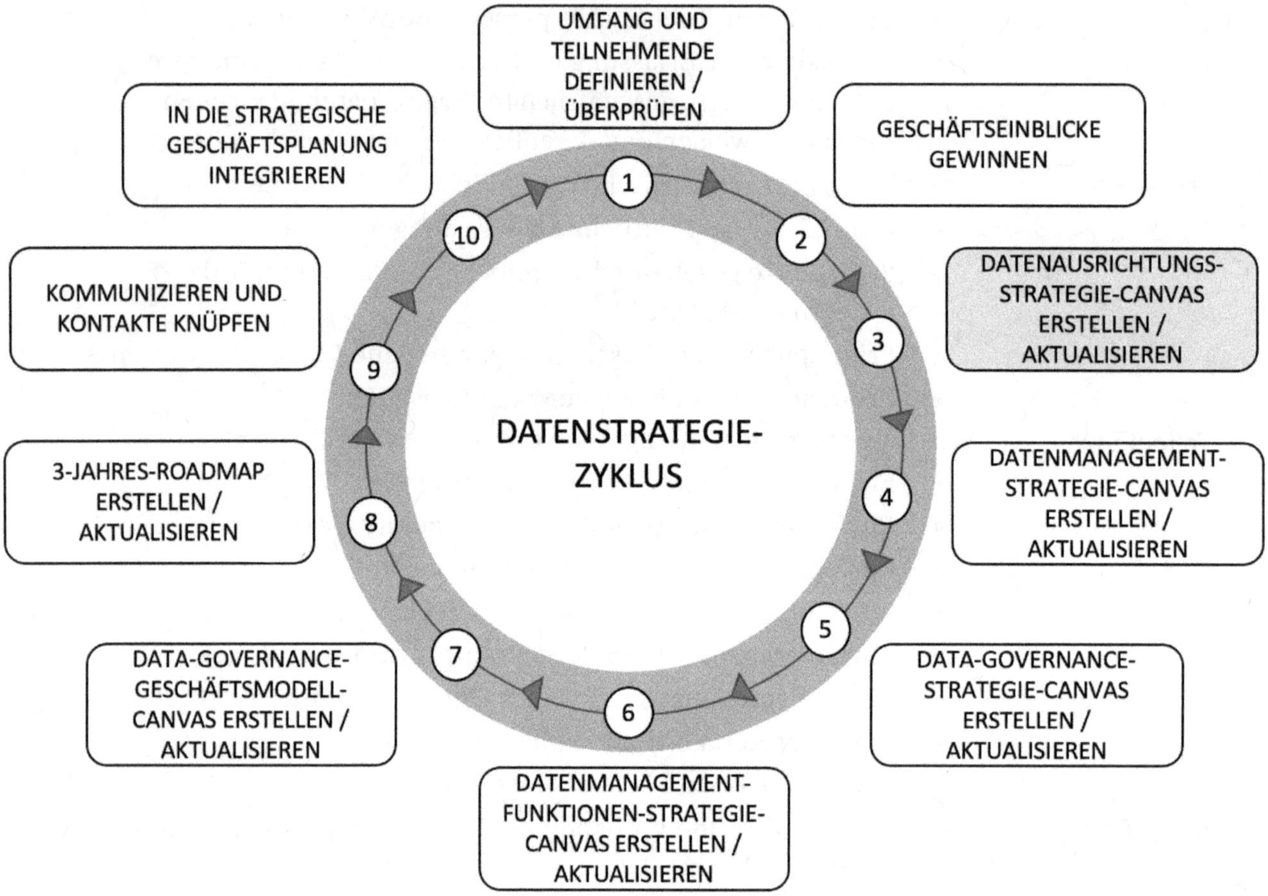

In Schritt 3 beginnen wir mit der Definition der Datenstrategien. Zunächst erstellen wir die Datenausrichtungsstrategie (siehe Abbildung 26). In Schritt 2 haben wir Vertreter aus der gesamten Organisation zusammengebracht, um die obersten Geschäftsziele und kritischen Geschäftsfragen zu priorisieren. In Schritt 3 konzentrieren wir uns auf die Identifizierung der erforderlichen Daten, um diese Fragen zu beantworten - unabhängig davon, ob diese Daten bereits vorhanden sind oder nicht. Für diese erste Strategie sind nur drei der in Schritt 2 identifizierten Eingaben erforderlich:

- Strategische Unternehmensziele
- Geschäftliche Fragen
- Datenbezogene Schwachstellen/Schmerzpunkte

Die Datenausrichtungsstrategie wird in Workshops definiert, an denen alle relevanten Stakeholder teilnehmen (Schritt 2). Zur Vorbereitung der Workshops füllt die für die Data Governance verantwortliche Person Basis-Inhalte (Listen) für jede Zelle des

Datenausrichtungsstrategie-Canvas aus. Die Teilnehmer werden Elemente aus diesen Listen hinzufügen (oder gegebenenfalls entfernen). In der Regel wird die Arbeit in drei zweistündigen Sitzungen abgeschlossen. In den ersten beiden Sitzungen werden die Elemente für jede Kategorie identifiziert und priorisiert. In der dritten Sitzung wird der mit allen Eingaben aus den vorherigen Sitzungen gefüllte Canvas präsentiert. An diesem Punkt werden weitere Anpassungen vorgenommen, um das Canvas zu fertigzustellen. Wenn das Team den Datenstrategiezyklus zum ersten Mal durchläuft, stellt dies Version 1 dar. Wenn das Team eine jährliche Überprüfung des Canvas durchführt, bildet der bestehende Canvas den Ausgangspunkt. Das Ziel des ersten Treffens besteht darin, Änderungen an den Inhalten jeder Zelle zu identifizieren. Im zweiten Treffen wird überprüft, wie der aktualisierte Canvas aussieht.

Jährliche Überprüfungen sind in der Regel leichter durchzuführen, da die Strategie bereits vorhanden ist. Dennoch können Diskussionen die gleiche Anzahl von Sitzungen erfordern, je nach Veränderungen in der Umgebung (intern und extern).

Schritt 3 Prozessablauf

1. Datenausrichtungsstrategie-Workshops vorbereiten:
    a. Canvas ausfüllen.
        i. Hinweis: Abbildung 27 zeigt die Reihenfolge, die beim Ausfüllen des Datenausrichtungsstrategie-Canvas und beim Lesen zu beachten ist.
        ii. Die Inhalte für die Canvas-Zellen 1, 2 und 3 wurden in Schritt 2 definiert. Füllen Sie diese Zellen vor dem Workshop aus.
        iii. Bereiten Sie basierend auf Ihren gesammelten Informationen eine Liste mit Elementen für die Zellen 4–14 vor. Machen Sie sich zu diesem Zeitpunkt keine Sorgen, falls die Informationen ungenau oder unvollständig sind. Dies ist nur ein Ausgangspunkt. Wenn Sie die Datenausrichtungsstrategie als Teil der jährlichen Überprüfung überarbeiten, dient der im Vorjahr genehmigte Canvas als Ausgangspunkt.
    b. Bereiten Sie das von Ihnen gewählte Kollaborationstool mit dem Layout für den Workshop und den Inhalten Ihrer Aufgabenlisten vor.
    c. Bereiten Sie Präsentationsfolien zur Eröffnung der Sitzung vor. In der ersten Sitzung sollten Sie den Kontext schaffen, die Initiative, die beteiligten Bereiche, den Ablauf der Sitzungen und die Ziele für die Workshops beschreiben. Vergessen Sie nicht, den Zeitplan zu präsentieren und die aktuelle Sitzung darin einzuordnen. Für nachfolgende Sitzungen können Sie eine Zusammenfassung der vorherigen Sitzung und das Ziel für die aktuelle Sitzung einbeziehen.

d. Bestätigen Sie, dass die Sitzungen terminiert sind und die Teilnehmer bestätigt wurden. Sitzungen dürfen nicht länger als zwei Stunden dauern. Stellen Sie daher sicher, dass Sie eine klare Agenda mit zugewiesenen Zeiten für jede Aktivität haben. Bestimmen Sie außerdem einen Zeitwächter.

2. Durchführung der Workshop-Sitzungen:

   a. Um die Inhalte der Zellen 4–8 zu erfassen, sind mindestens zwei Sitzungen erforderlich. Nutzen Sie die erste Sitzung für die Arbeit an den Zellen 4, 5 und 6, die sich auf Datendomänen, Datenanbieter und Datenkonsumenten konzentrieren.

   b. Eröffnen Sie die Sitzung mit Ihren Einleitungsfolien, um die Erwartungen der Teilnehmenden abzustimmen.

   c. Für jede der Zellen:

      i. Erklären Sie den Zweck der Zelle und geben Sie einige aussagekräftige Beispiele für den Inhalt an.

      ii. Fordern Sie die Teilnehmer auf, ihre Ideen für Elemente der jeweiligen Zelle einzeln aufzuschreiben.

      iii. Geben Sie allen Teilnehmern Zeit, alle Ideen zu lesen und über die fünf relevantesten abzustimmen. Dies bestimmt die Priorität.

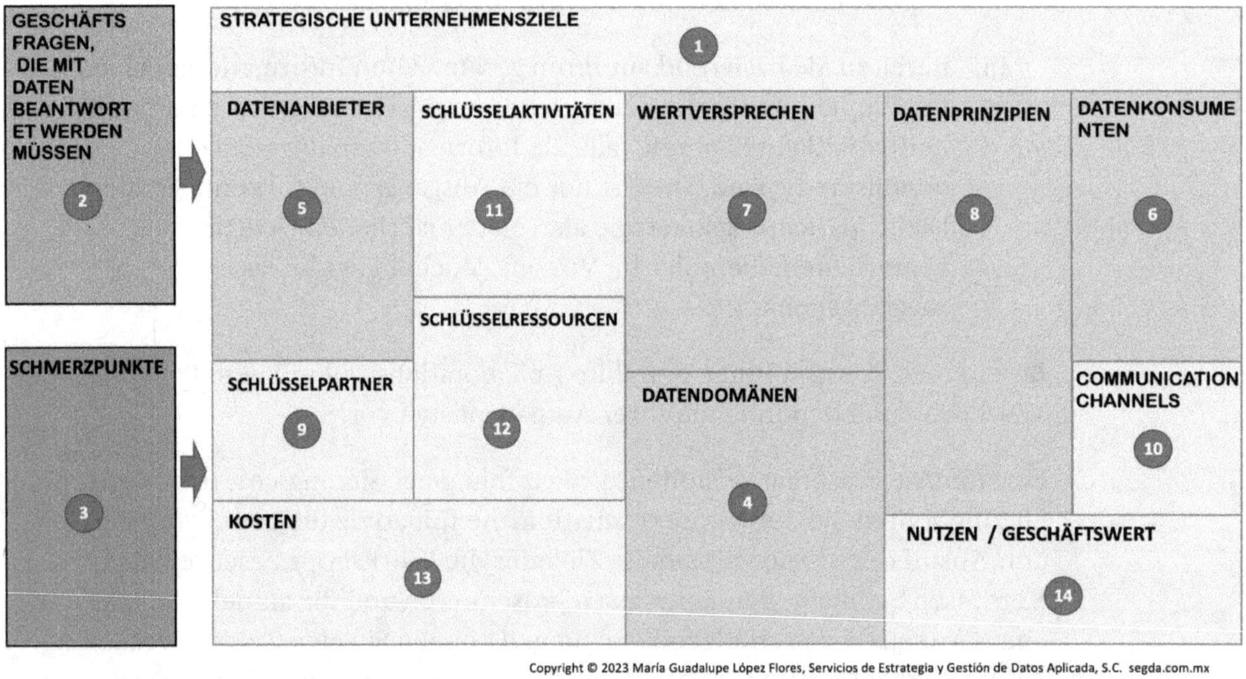

Abb. 27: Reihenfolge zum Ausfüllen und Lesen der Datenausrichtungsstrategie-Canvas

3. Ausfüllen des Datenausrichtungsstrategie-Canvas:

    a. Dies ist eine Syntheseaufgabe. In den Zellen 4–8 ordnen Sie alle von den Stakeholdern vorgeschlagenen Ideen nach Priorität an. Wie bereits erwähnt, konzentrieren sich die Zellen 4–6 auf Datendomänen, Datenanbieter und Datenkonsumenten. Die Zellen 7 und 8 konzentrieren sich auf Datenprinzipien und das Wertversprechen des Datenmanagements. Durch die Kombination beider Ansätze entwickeln Sie ein Verständnis dafür, wie Daten auf die Geschäftsanforderungen ausgerichtet werden können. Alle im Verlauf dieses Prozesses gesammelten Materialien bilden die Grundlage für den Inhalt dieses Teils der Datenstrategie. Stellen Sie daher sicher, dass Sie diese als Referenz und Unterstützung speichern.

    b. Auf Grundlage Ihres Wissens über die Organisation und der Eingaben aus den Schritten 1 und 2 können Sie die Zellen 9–14 ausfüllen. Diese konzentrieren sich auf die erforderlichen Faktoren des Datenmanagement-Programms. (Verweisen Sie dabei auf Kapitel 5, um zu beschreiben, welche Informationen in jede Zelle gehören.)

4. Feedback anfordern:

    a. Führen Sie die dritte Sitzung mit den Stakeholdern durch, um den vollständigen Datenausrichtungsstrategie-Canvas zu präsentieren. Fordern Sie Rückmeldungen zu den Zellen 9–14 an, die Sie nicht gemeinsam mit ihnen ausgefüllt haben.

    b. Erstellen Sie die endgültige Version des Datenausrichtungsstrategie-Canvas.

    c. Stellen Sie sicher, dass Ihr Canvas gültige Datums- und Versionsinformationen enthält.

    d. Fügen Sie dem Canvas ein „ENTWURF"-Wasserzeichen hinzu.

    e. Testen Sie Ihre Fähigkeiten in Synthese und Klarheit, indem Sie den Entwurf des Canvas an alle Stakeholder zur abschließenden Rückmeldung versenden. Legen Sie eine Frist für die Einreichung von Rückmeldungen fest und machen Sie deutlich, dass Sie davon ausgehen, dass die Personen den Inhalt akzeptiert haben, sofern Sie keine Rückmeldung erhalten.

5. Genehmigung einholen:

    a. Nehmen Sie alle Anpassungen auf Grundlage des erhaltenen Feedbacks vor.

    b. Aktualisieren Sie die Versionsinformationen und entfernen Sie das Wasserzeichen „ENTWURF".

c. Versenden Sie den Datenausrichtungsstrategie-Canvas an die Stakeholder und fordern Sie die Genehmigung an. Legen Sie eine Frist für die Genehmigung fest.

d. Sammeln Sie alle Genehmigungen der Stakeholder ein.

e. Präsentieren Sie die Ergebnisse dem Sponsor, um dessen Genehmigung einzuholen.

6. Gehen Sie zu Schritt 9 über - Kommunizieren und Kontakte knüpfen

Tabelle 5: Schritt 3 Zusammenfassung

Schritt 3: Datenausrichtungsstrategie-Canvas erstellen/aktualisieren	
Zielsetzung	• Identifizieren Sie die zur Erfüllung von Geschäftsanforderungen erforderlichen Datentypen. • Identifizieren Sie außerdem Datenanbieter und Datenkonsumenten. • Identifizieren Sie die Datenprinzipien für das Datenmanagement. • Identifizieren Sie das Wertversprechen der Datenstrategien. • Identifizieren Sie die Schlüsselaktivitäten, die erforderlich sind, um ein nachhaltiges Datenmanagementprogramm zu etablieren. • Identifizieren Sie die übergeordneten Kosten und den Nutzen eines Datenmanagementprogramms.
Zweck	Unabhängig davon, ob dies zum ersten Mal erstellt wird oder ob es sich um eine nachfolgende jährliche Überprüfung handelt, dient die Erstellung dieser Strategie folgenden Zwecken: • Abstimmung der Datenkategorien (Domänen), die zur Erreichung der geschäftlichen strategischen Ziele und zur Beantwortung geschäftlicher Fragen erforderlich sind, sowie derjenigen, die sich auf Datenprobleme beziehen. • Erreichen eines Konsenses über die Grundsätze, die das Unternehmen bei der Erstellung und Nutzung von Daten befolgen muss. • Priorisierung der Datenkategorien, auf die sich das Datenmanagement konzentrieren muss. • Priorisierung der wichtigsten Produzenten und Konsumenten von Daten. • Erreichen eines Konsenses über den Wertbeitrag von Datenstrategien und einem Datenmanagementprogramm. • Explizite Darstellung der wichtigsten Aktivitäten und Ressourcen, die zur Umsetzung der Datenstrategien erforderlich sind.
Eingaben	• Priorisierte strategische Unternehmensziele • Klassifizierte und priorisierte Geschäftsfragen • Priorisierte Motivationen für das Datenmanagement • Priorisierte unerwünschte datenbezogene Verhaltensweisen • Priorisierte datenbezogene Schwachstellen/Schmerzpunkte

Schritt 3: Datenausrichtungsstrategie-Canvas erstellen/aktualisieren	
Techniken und Tools	• Workshop zur Überprüfung/Aktualisierung der Datenausrichtungsstrategie • Vorlage für den Datenausrichtungsstrategie-Canvas • Kollaborative Tools zum Brainstorming und zur Bewertung (z.B. Mural, MS365 Whiteboard usw.) • Brown-Paper-Technik für persönliche Workshops
Ergebnisse	• Datenausrichtungsstrategie-Canvas
Teilnehmer	• Data-Governance-Verantwortliche/r und -Team • Ein Vertreter aus: o Jeder Geschäftslinie o Der Unternehmens-Governance o Der Rechtsabteilung o Der strategischen Planung o Der Informationssicherheit o Der Unternehmensarchitektur o Der IT
Kontrollpunkt	• Alle Beiträge klassifizieren und priorisieren. • Das gemeinsam ausgewählte Tool oder die Brown-Paper-Materialien und Vorlagen vorbereiten. • Bereiten Sie eine Einführungspräsentation vor, in der Sie den Stand des. Prozesses und die Erwartungen an diesen bestimmten Schritt klar darlegen. • Füllen Sie die Datenausrichtungsstrategie-Vorlage mit den bisher ermittelten Informationen vorab aus. • Stellen Sie sicher, dass ein Termin für den Workshop zur Überprüfung/Aktualisierung der Datenausrichtungsstrategie-Vorlage vereinbart wird. • Führen Sie die Besprechung zur Überprüfung/Aktualisierung der Datenausrichtungsstrategie durch. • Holen Sie sich abschließendes Feedback ein. • Holen Sie Genehmigungen ein.

7.2.4 Schritt 4: Datenmanagement-Strategie-Canvas erstellen/aktualisieren

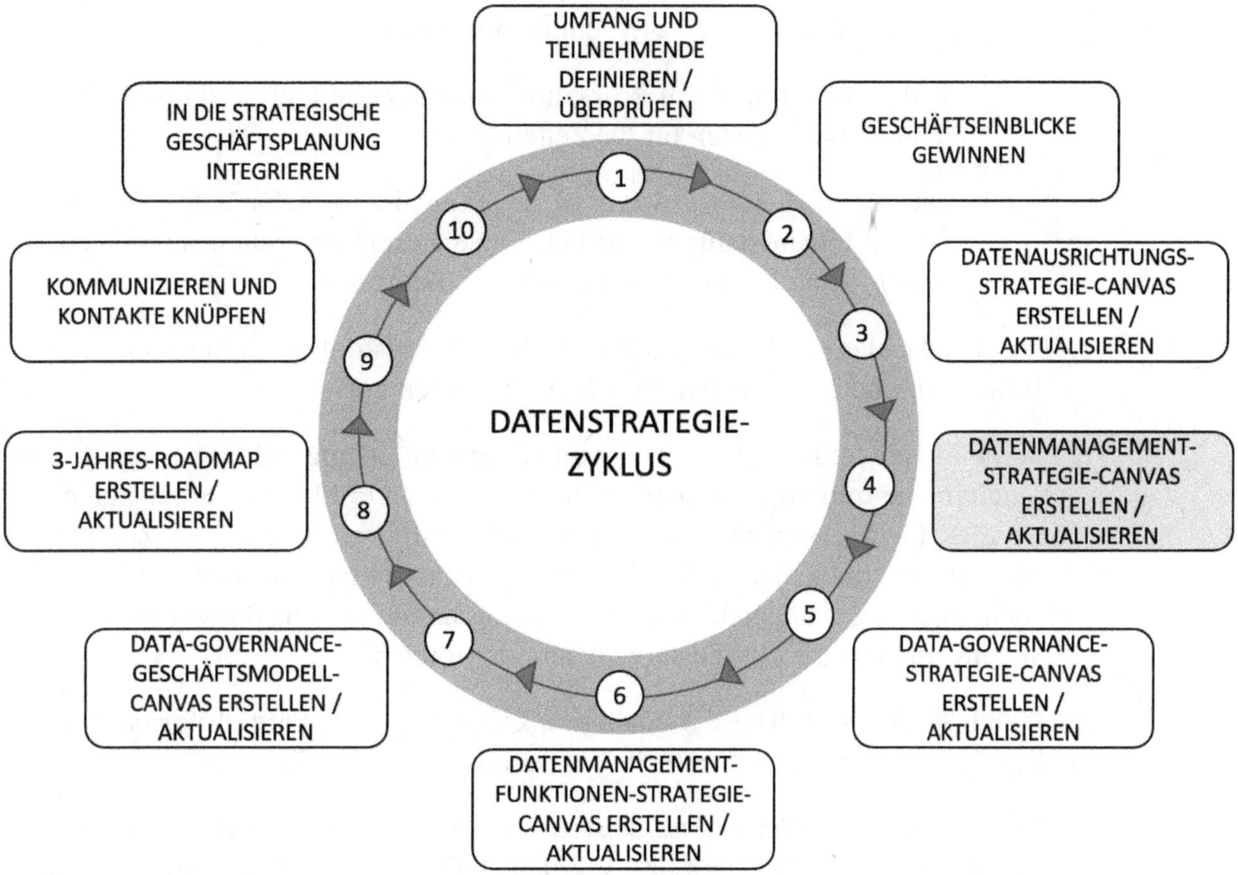

Bis Schritt 4 haben wir folgende Erkenntnisse gewonnen: Wir kennen die strategischen Unternehmensziele, zu denen ein gutes Datenmanagement-Programm beitragen kann. Ebenso kennen wir die Datendomänen, die diese unterstützen, sowie die Reihenfolge, in der wir diese Domänen angehen müssen. Nun ist es an der Zeit, die Datenmanagement-Funktionen zu identifizieren und zu priorisieren, die das Programm und die Geschäftsstrategie unterstützen. Die Priorisierung dieser Funktionen ist grundlegend für die Entwicklung des Gesamtprogramms.

Schritt 4 ist der Erstellung des Datenmanagement-Strategie-Canvas auf Grundlage der Treiber bzw. Motivationen für Datenmanagement (Punkt 2 in Abbildung 28) gewidmet. Er legt die Erwartungen fest, was mit den priorisierten Datenmanagement-Funktionen innerhalb eines Zeitraums von drei Jahren zur Unterstützung der Datenstrategie erreicht werden soll.

Schritt 4 Prozessablauf

1. Vorbereitung für die Datenmanagement-Strategie-Workshops:

a. Erstellen Sie auf Grundlage der Eingaben aus Schritt 2, der in Schritt 3 erstellten Datenausrichtungsstrategie und der gesamten unterstützenden Dokumentation eine Liste mit Elementen für jede Zelle des in Abbildung 28 gezeigten Canvas.

    i. Der Inhalt der Zellen 2–5 stammt aus Schritt 2.

    ii. Füllen Sie für die erste Workshop-Sitzung Zelle 1 aus und erstellen Sie dann Entwurfslisten für die Zellen 6–14.

    iii. Die Zellen 15–23 werden in der zweiten Sitzung behandelt. Wenn Sie bereits Inhalte dafür haben, bereiten Sie diese vor, füllen Sie die Zellen aber nicht vor der ersten Workshop-Sitzung aus.

b. Bereiten Sie das von Ihnen gewählte Kollaborationstool mit dem Layout für den Workshop und den Inhalten Ihrer Aufgabenlisten vor.

c. Bereiten Sie Einführungsfolien vor. In der ersten Sitzung sollten Sie den Kontext schaffen, die Initiative, die beteiligten Bereiche, den Ablauf der Sitzungen und die Ziele für die Workshops beschreiben. Präsentieren Sie auch den Zeitplan und kennzeichnen Sie, wo die aktuelle Sitzung darin eingeordnet ist. Für nachfolgende Sitzungen können Sie eine Zusammenfassung der vorherigen Sitzung und das Ziel für die aktuelle Sitzung einbeziehen.

d. Füllen Sie auf Grundlage der zu diesem Zeitpunkt verfügbaren Informationen den Datenmanagement-Strategie-Canvas aus (siehe Abbildung 28).

e. Terminieren Sie außerdem mindestens zwei Workshop-Sitzungen, um genügend Zeit zu haben, die Elemente für die Zellen 1 und 6–23 zu identifizieren und zu priorisieren.

f. Bestätigen Sie die Teilnahme der Teilnehmenden.

2. Durchführung der Workshop-Sitzungen:

    a. Nutzen Sie die erste Sitzung, um an den Inhalten der Zellen 1 und 6–14 zu arbeiten.

    b. Eröffnen Sie die Sitzung mit Ihren Einführungsfolien, um die Erwartungen der Teilnehmenden abzustimmen.

    c. Für Zelle 1:

        i. Erklären Sie den Zweck der Zelle und geben Sie einige aussagekräftige Beispiele für den Inhalt an.

        ii. Fordern Sie die Teilnehmenden auf, ihre Ideen für Elemente der spezifischen Zelle einzeln aufzuschreiben.

iii. Geben Sie allen Teilnehmenden Zeit, alle Ideen der anderen Stakeholder zu lesen und über die fünf relevantesten abzustimmen.

d. Nutzen Sie für die Zellen 6–14 den vorausgefüllten Canvas, um das Gespräch zu lenken.

i. Fordern Sie die Teilnehmenden auf, die aufgelisteten Elemente zu behalten, zu entfernen oder neue vorzuschlagen.

ii. Fordern Sie die Teilnehmenden auf, über die drei obersten Themen abzustimmen. Die Priorität ergibt sich aus dieser Abstimmung.

3. Datenmanagement-Strategie-Canvas verfeinern:

a. Füllen Sie die Zellen 2, 3, 4 und 5 mit den Ergebnissen aus Schritt 2 aus.

b. Dies ist eine Syntheseaufgabe. Sie müssen alle von den Stakeholdern vorgeschlagenen Ideen in den Zellen 1 und 6–23 des Canvas in der in Schritt 2 definierten Prioritätsreihenfolge anordnen. (Verweisen Sie für eine vollständige Beschreibung, was in jede Zelle gehört, auf Kapitel 5.)

4. Feedback anfordern:

a. Stellen Sie sicher, dass Ihr Canvas gültige Datums- und Versionsinformationen enthält.

b. Fügen Sie dem Canvas ein Entwurf-Wasserzeichen hinzu.

c. Versenden Sie den ausgefüllten Canvas an alle Stakeholder, die an seiner Erstellung beteiligt waren, damit diese Feedback geben können. Legen Sie eine Frist für die Einreichung von Feedback fest und machen Sie deutlich, dass Sie den Inhalt als akzeptiert betrachten, sofern Sie keine Rückmeldung erhalten.

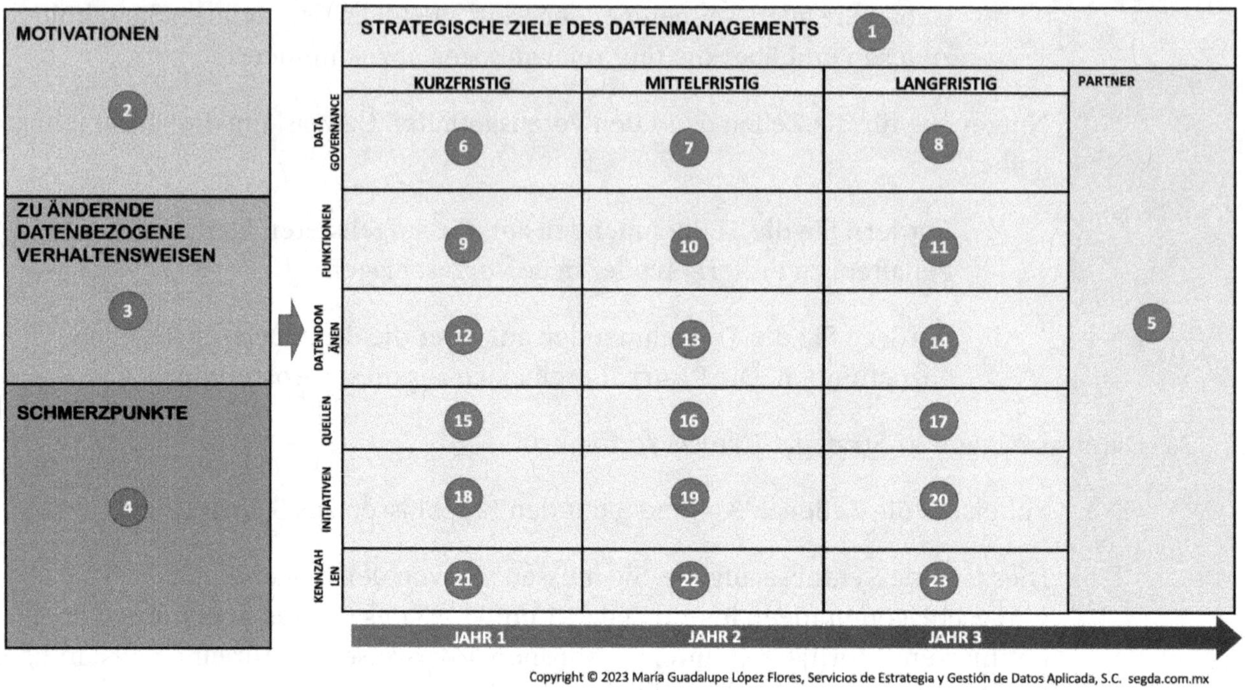

Abb. 28: Anleitung zum Ausfüllen und Lesen des Datenmanagement-Strategie-Canvas

5. Genehmigungen einholen:

   a. Nehmen Sie alle Anpassungen auf Grundlage des erhaltenen Feedbacks vor.

   b. Aktualisieren Sie die Versionsinformationen und entfernen Sie das Wasserzeichen „Entwurf".

   c. Versenden Sie den Datenmanagement-Strategie-Canvas zur Genehmigung an die Stakeholder, die an seiner Erstellung beteiligt waren. Stellen Sie sicher, dass die Frist angegeben ist.

   d. Sammeln Sie alle Genehmigungen der Stakeholder ein

   e. Präsentieren Sie die Ergebnisse dem Sponsor zur Genehmigung

6. Gehen Sie zu Schritt 9 über - Kommunizieren und Kontakte knüpfen

Tabelle 6: Schritt 4 Zusammenfassung

Schritt 4: Datenmanagement-Strategie-Canvas erstellen/aktualisieren	
Zielsetzung	• Identifizieren Sie die strategischen Ziele des Datenmanagements. • Identifizieren Sie die erforderlichen Data-Governance-Fähigkeiten, um Geschäftsanforderungen zu erfüllen. • Identifizieren Sie die erforderlichen Datenmanagementfunktionen zur Erfüllung von Geschäftsanforderungen. • Identifizieren Sie laufende strategische Initiativen zum Testen von Datenmanagement-Praktiken. • Identifizieren Sie Datenmanagement-Kennzahlen und KPIs, um den Fortschritt der Strategieumsetzung zu messen. • Identifizieren Sie schließlich wichtige Partner zur Ausführung der Datenmanagement-Strategie.
Zweck	• Priorisieren Sie die Datenmanagement-Funktionen zur Adressierung von Geschäftsmotivationen, zu modifizierenden Verhaltensweisen und Schmerzpunkten unter Data-Governance-Steuerung • Priorisieren Sie die Datendomänen, auf denen die ausgewählten Datenmanagement-Funktionen angewendet werden. • Priorisieren Sie die Datenquellen, auf denen die ausgewählten Datenmanagement-Funktionen angewendet werden. • Priorisieren Sie die strategischen Initiativen, auf denen die ausgewählten Datenmanagement-Funktionen angewendet werden. • Priorisieren Sie die Datenmanagement-Kennzahlen und KPIs
Eingaben	• Datenausrichtungsstrategie • Priorisierte Motivationen für Datenmanagement • Priorisierte unerwünschte datenbezogene Verhaltensweisen • Priorisierte Schmerzpunkte
Techniken und Tools	• Workshop zur Überprüfung und Aktualisierung der Datenmanagement-Strategie • Vorlage für den Datenmanagement-Strategie-Canvas • Kollaborative Tools zum Brainstorming und zur Bewertung (z. B. Mural, MS365 Whiteboard usw.) • Brown-Paper-Technik für persönliche Workshops
Ergebnisse	• Datenmanagement-Strategie-Canvas
Teilnehmer	• Data-Governance-Leiter/in und -Team • Ein Vertreter aus jeder Geschäftslinie • Ein Vertreter aus der Informationssicherheit • Ein Vertreter aus der Unternehmensarchitektur • Ein Vertreter aus der IT • Ein Vertreter aus dem PMO

Schritt 4: Datenmanagement-Strategie-Canvas erstellen/aktualisieren	
Kontrollpunkt	• Bereiten Sie das gemeinsam ausgewählte kollaborative Tool oder Ihre Brown-Paper-Materialien und Vorlagen vor. • Erstellen Sie eine Einführungspräsentation, in der Sie den aktuellen Stand des Prozesses und die Erwartungen an diesen bestimmten Schritt klar darlegen. • Füllen Sie die Datenmanagement-Strategie-Canvas mit den bisher ermittelten Informationen vorab aus. • Stellen Sie sicher, dass ein Termin für den Workshop zur Überprüfung bzw. Aktualisierung der Datenmanagement-Strategie-Canvas vereinbart wird. • Führen Sie die Besprechung zur Überprüfung/Aktualisierung der Datenmanagement-Strategie durch. • Holen Sie sich abschließendes Feedback ein. • Holen Sie Genehmigungen ein.

7.2.5 Schritt 5: Data-Governance-Strategie-Canvas erstellen/aktualisieren

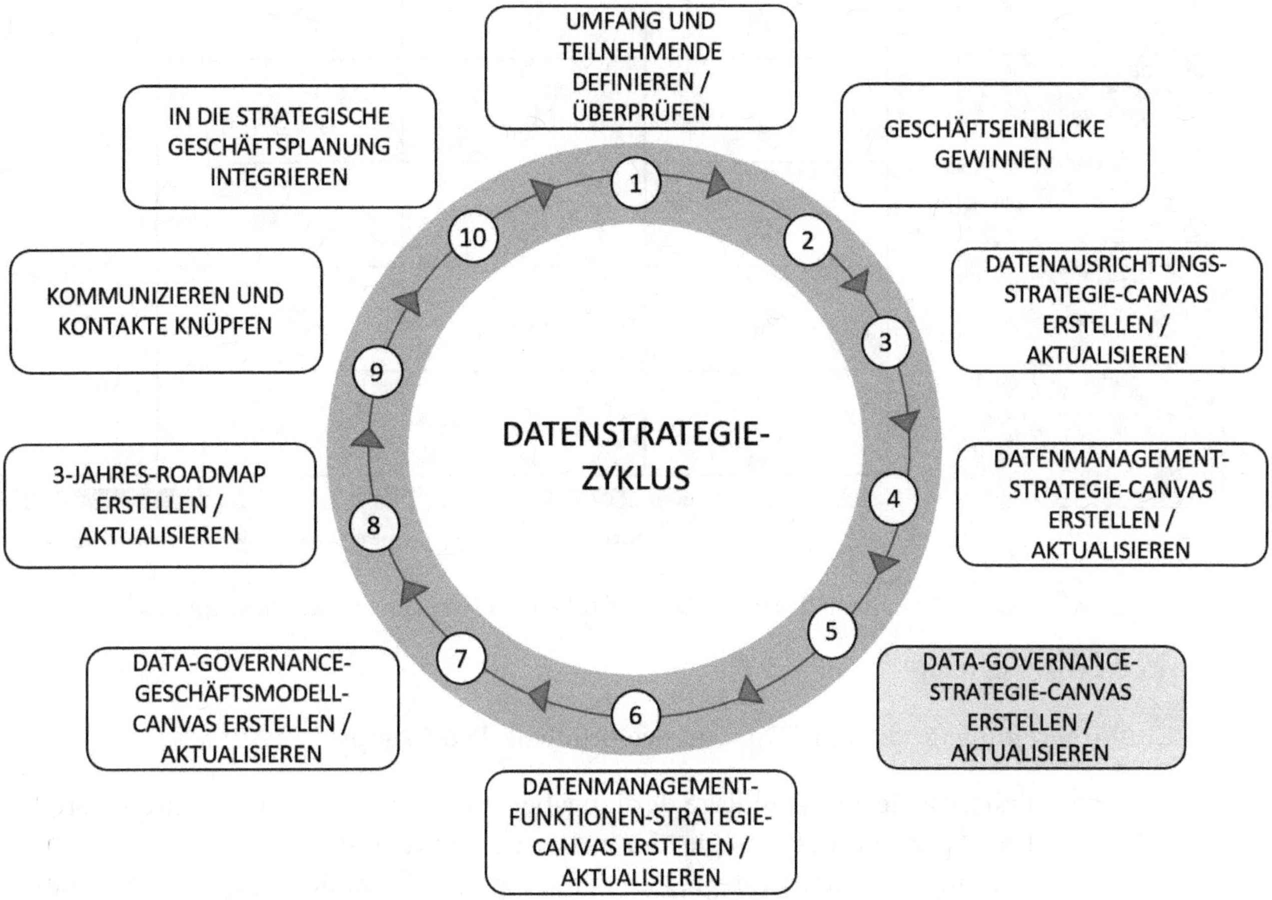

In Schritt 4 haben wir die Datenmanagementfunktionen priorisiert und dabei mit den Data-Governance-Fähigkeiten begonnen. In Schritt 5 werden wir uns näher mit den Details der Data Governance befassen. Alle Datenstrategie-Canvas legen fest, welche Erwartungen im Laufe der Zeit durch die Anwendung von Datenmanagement-Praktiken erreicht werden sollen. Data Governance ist die sichtbarste Datenmanagementfunktion und steuert die anderen Funktionen (Datenarchitektur, Datenqualität, Metadatenmanagement, Datenintegration usw.). In diesem Schritt werden wir die strategischen Ziele der Data Governance definieren und festlegen, welche Fähigkeiten im Laufe der Zeit eingeführt werden sollen und wer diese Funktion zum Leben erweckt. Ein wichtiger Aspekt ist die Definition der Objekte (Geschäftsprozesse, behördliche Berichte, Datenrepositorien usw.), die für die Governance priorisiert werden.

Es wird dringend empfohlen, dass Sie bereits ein auf Fähigkeiten ausgerichtetes Datenmanagement-Reifegradmodell ausgewählt haben, bevor Sie mit der strategischen Data-Governance-Planung beginnen (siehe Kapitel 2).

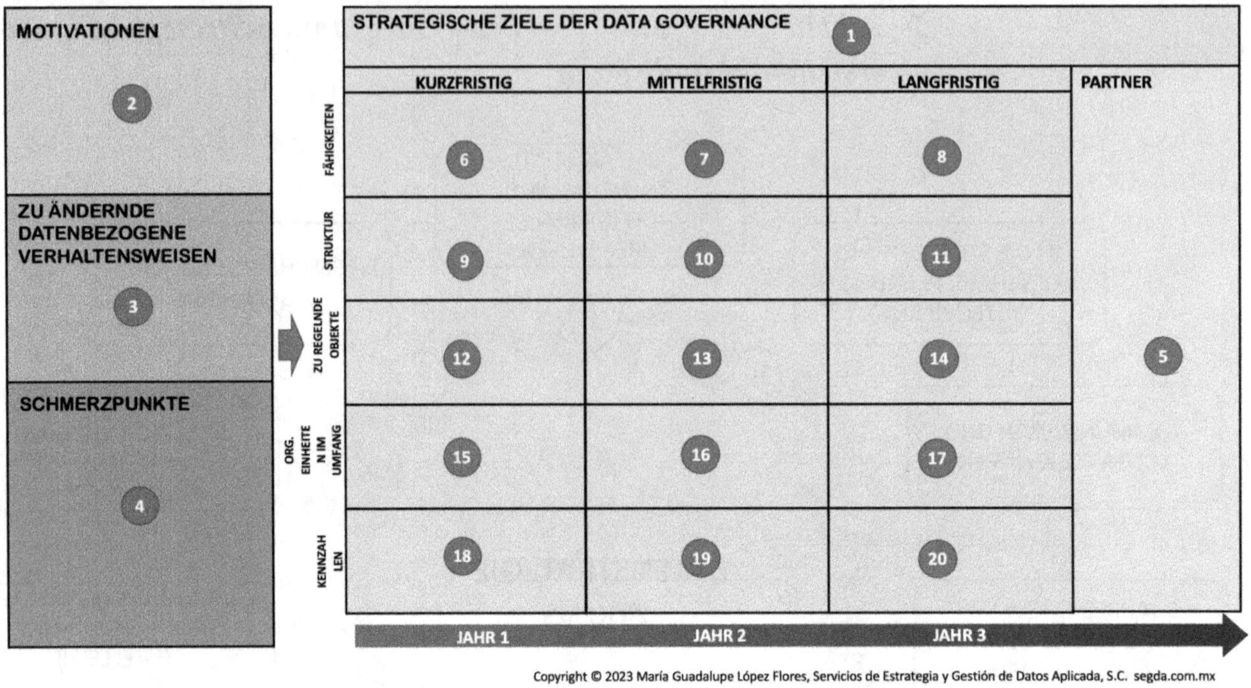

Abb. 29: Auftrag zum Ausfüllen und Lesen der Zellen des Data-Governance-Strategie-Canvas

Schritt 5 Prozessablauf

1. Vorbereitung für die Data-Governance-Strategie-Workshops:

   a. Erstellen Sie auf Grundlage der Eingaben aus Schritt 2, der in Schritt 3 erstellten Datenausrichtungsstrategie, der in Schritt 4 erstellten Datenmanagementstrategie und der gesamten unterstützenden Dokumentation eine Liste mit Elementen für jede Zelle des in Abbildung 29 gezeigten Canvas.

      i. Den Inhalt für die Zellen 2, 3, 4 und 5 erhalten Sie aus Schritt 2.

      ii. Es empfiehlt sich, Zelle 5 zu verfeinern, um die Partner zu identifizieren, die Data Governance unterstützen (z. B. das Projektmanagement-Büro, die interne Kommunikation, die interne Revision, die Compliance usw.).

      iii. Für die erste Workshop-Sitzung bereiten Sie vor, mit Zelle 1 zu beginnen und die Zellen 6–11 zu behandeln. Die Zellen 12–20 werden in der zweiten Sitzung behandelt.

   b. Bereiten Sie das von Ihnen gewählte Kollaborationstool mit dem Layout für den Workshop und den Inhalten Ihrer Aufgabenlisten vor.

   c. Bereiten Sie Einführungsfolien vor. Beschreiben Sie in der ersten Sitzung den Kontext, die Initiative, die beteiligten Bereiche, den Ablauf der Sitzungen und die Ziele der Workshops. Dies ist nützlich für die Dokumentation aller Übungen zu Referenzzwecken. Da die Stakeholder an den vorherigen Schritten teilgenommen haben, sollten sie sich aller Initiativen bewusst sein. Verwenden Sie hierfür dieselben Folien wie in den Schritten 3 und 4, aktualisieren Sie diese jedoch mit der Zeitleiste und geben Sie die Position der aktuellen Sitzung in der Abfolge an. Für nachfolgende Sitzungen können Sie eine Zusammenfassung der vorherigen Sitzung und das Ziel der aktuellen Sitzung einbeziehen.

   d. Füllen Sie auf Grundlage der zu diesem Zeitpunkt verfügbaren Informationen den Data-Governance-Strategie-Canvas (siehe Abbildung 29) aus.

   e. Terminieren Sie mindestens zwei Workshop-Sitzungen, damit Sie genügend Zeit haben, die Elemente für die Zellen 1 und 6–20 zu identifizieren und zu priorisieren.

2. Durchführung der Workshop-Sitzungen:

   a. Nutzen Sie die erste Sitzung, um an den Inhalten der Zellen 1 und 6–11 zu arbeiten.

   b. Eröffnen Sie die Sitzung mit Ihren Einführungsfolien, um die Erwartungen der Teilnehmenden abzustimmen.

   c. Für Zelle 1:

      i. Erklären Sie den Zweck der Zelle und geben Sie einige aussagekräftige Beispiele für den Inhalt an.

      ii. Fordern Sie die Teilnehmenden auf, ihre Ideen für Elemente der spezifischen Zelle einzeln aufzuschreiben.

      iii. Geben Sie allen Teilnehmenden Zeit, alle Ideen zu lesen und über die fünf relevantesten abzustimmen.

   d. Nutzen Sie für die Zellen 6–11 den vorausgefüllten Canvas, um das Gespräch zu lenken.

      i. Fordern Sie die Teilnehmenden auf, die aufgelisteten Elemente zu behalten oder zu entfernen und neue vorzuschlagen.

      ii. Fordern Sie die Teilnehmenden auf, über die drei obersten Themen abzustimmen.

3. Data-Governance-Strategie-Canvas verfeinern:

   a. Füllen Sie die Zellen 2, 3, 4 und 5 mit den Ergebnissen aus Schritt 2 aus.

   b. Dies ist eine Syntheseaufgabe. Sie müssen alle von den Stakeholdern vorgeschlagenen Ideen in den Zellen 1 und 6–23 des Canvas in der von den Stakeholdern vorgeschlagenen Prioritätsreihenfolge anordnen. (Verweisen Sie auf Kapitel 5 für eine Beschreibung dessen, was in jede Zelle gehört.)

4. Feedback anfordern:

   a. Stellen Sie sicher, dass Ihr Canvas gültige Datums- und Versionsinformationen enthält.

   b. Fügen Sie dem Canvas ein Entwurf-Wasserzeichen hinzu.

   c. Es ist an der Zeit, Ihre Synthese- und Klarheitsfähigkeiten zu testen. Versenden Sie dazu den ausgefüllten Canvas an alle Stakeholder, die an seiner Erstellung beteiligt waren, damit diese Feedback geben können. Legen Sie eine Frist für die Einreichung von Feedback fest und machen Sie deutlich, dass Sie den Inhalt als akzeptiert betrachten, sofern Sie keine Rückmeldung erhalten.

5. Genehmigungen einholen:

   a. Nehmen Sie alle Anpassungen auf Grundlage des erhaltenen Feedbacks vor.

   b. Aktualisieren Sie die Versionsinformationen und entfernen Sie das Wasserzeichen „Entwurf".

   c. Versenden Sie den Data-Governance-Strategie-Canvas zur Genehmigung an die Stakeholder, die an seiner Erstellung beteiligt waren. Stellen Sie sicher, dass die Frist angegeben ist.

   d. Sammeln Sie alle Genehmigungen der Stakeholder ein.

   e. Präsentieren Sie die Ergebnisse dem Sponsor zur Genehmigung.

6. Gehen Sie zu Schritt 9 über - Kommunizieren und Kontakte knüpfen

Tabelle 7: Schritt 5 Zusammenfassung

Schritt 5: Data-Governance-Strategie-Canvas erstellen/aktualisieren	
Zielsetzung	• Identifizieren Sie die strategischen Ziele der Data Governance. • Bestätigen und ergänzen Sie die in der Datenmanagement-Strategie ermittelten Data-Governance-Fähigkeiten, die erforderlich sind, um Geschäftsanforderungen zu erfüllen, datenbezogene Verhaltensweisen zu ändern oder Schmerzpunkte zu beheben. • Identifizieren Sie die für die Durchführung der Data-Governance-Praktiken erforderliche Organisationsstruktur. • Identifizieren Sie die Objekte (Geschäftsprozesse, behördliche Berichte, Datenrepositorien, Datenquellen, Datendomänen usw.), die der Governance unterliegen. • Bestimmen Sie die Geschäftseinheiten, die die Data-Governance-Praktiken einführen sollen. • Identifizieren Sie Datenmanagement-Kennzahlen und KPIs, um den Fortschritt der Strategieumsetzung zu messen. • Identifizieren Sie schließlich wichtige Partner zur Ausführung der Data-Governance-Strategie.
Zweck	• Priorisieren Sie die Data-Governance-Fähigkeiten, die im Laufe der Zeit in der Organisation eingeführt werden sollen. • Priorisieren Sie die Data-Governance-Rollen und die Governance-Gremien, die im Laufe der Zeit zugewiesen oder etabliert werden sollen, sowie die Bereiche der Organisation, in denen sie tätig werden. • Priorisieren Sie die datenbezogenen Objekte, die der Governance in der Organisation unterliegen werden. • Priorisieren Sie die Organisationseinheiten, in denen die Data-Governance-Praktiken eingeführt werden. • Priorisieren Sie schließlich die Kennzahlen und KPIs der Data-Governance-Strategie.
Eingaben	• Datenausrichtungsstrategie • Datenmanagement-Strategie • Priorisierte Motivationen für Datenmanagement • Priorisierte unerwünschte datenbezogene Verhaltensweisen • Priorisierte Schmerzpunkte
Techniken und Tools	• Workshop zur Überprüfung und Aktualisierung der Data-Governance-Strategie • Vorlage für den Data-Governance-Strategie-Canvas • Kollaborative Tools zum Brainstorming und zur Bewertung (z. B. Mural, MS365 Whiteboard usw.) • Brown-Paper-Technik für persönliche Workshops

Schritt 5: Data-Governance-Strategie-Canvas erstellen/aktualisieren	
Ergebnisse	• Data-Governance-Strategie-Canvas
Teilnehmer	• Data-Governance-Leiter/in und -Team • Ein Vertreter der priorisierten Datenmanagementfunktionen (sofern vorhanden)
Kontrollpunkt	• Bereiten Sie das gemeinsam ausgewählte kollaborative Tool oder Ihre Brown-Paper-Materialien und Vorlagen vor. • Erstellen Sie eine Einführungspräsentation, in der Sie den aktuellen Stand des Prozesses und die Erwartungen an diesen bestimmten Schritt klar darlegen. • Füllen Sie die Data-Governance-Strategie-Canvas mit den bisher ermittelten Informationen vorab aus. • Terminieren Sie anschließend ein Treffen für den Workshop zur Überprüfung und Aktualisierung der Data-Governance-Strategie-Canvas. • Führen Sie das Treffen zur Überprüfung und Aktualisierung der Datenmanagement-Strategie durch. • Holen Sie sich abschließendes Feedback ein. • Holen Sie Genehmigungen ein.

7.2.6 Schritt 6: Spezifische Datenmanagementfunktionen-Strategie-Canvas erstellen/aktualisieren

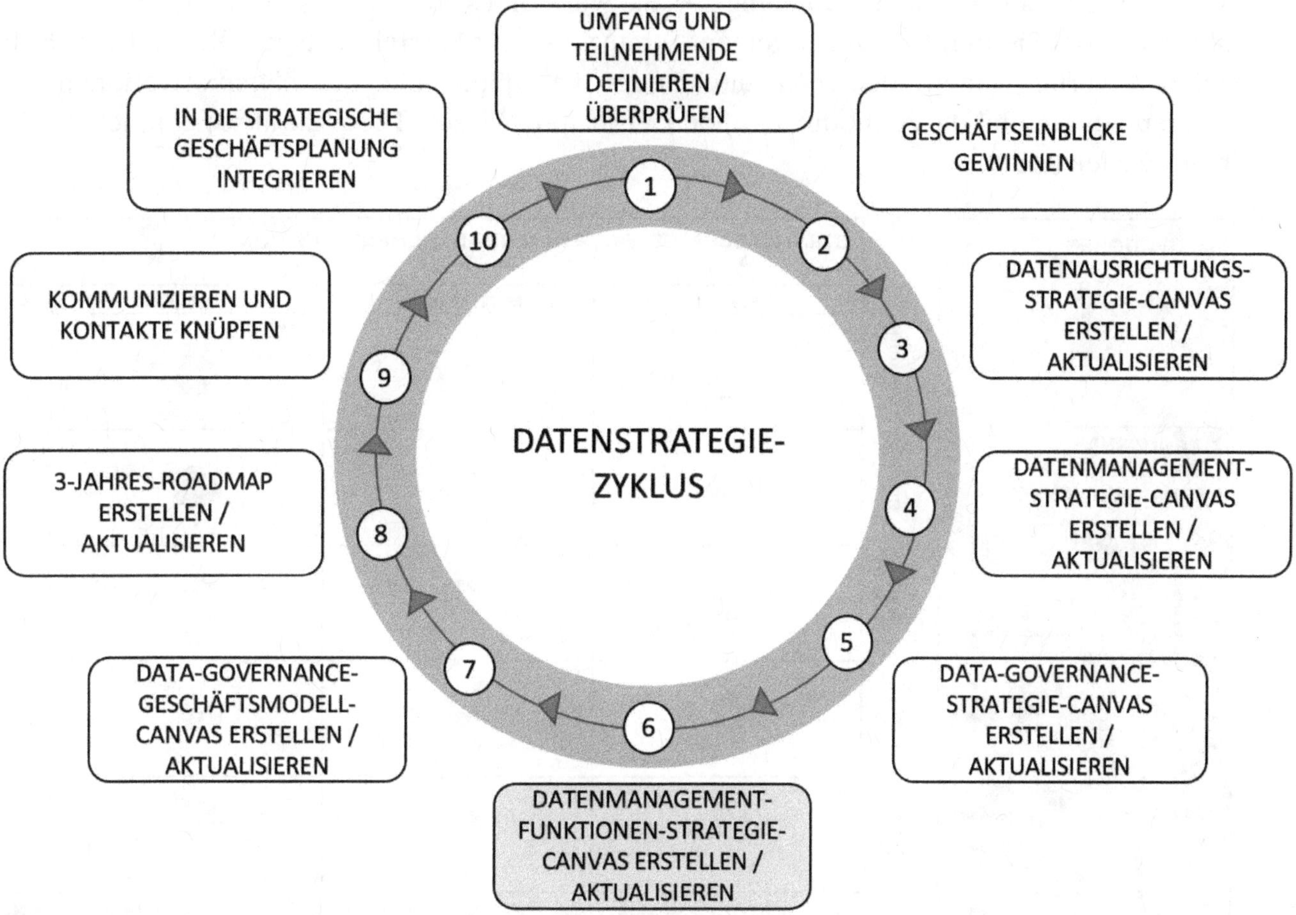

Im Rahmen der Erstellung des Datenmanagement-Strategie-Canvas wurden die Datenmanagementfunktionen priorisiert. Einige dieser Funktionen existieren möglicherweise bereits. Typischerweise existieren beispielsweise bereits eine Datenspeicherung, ein Datenbetrieb und eine Datenintegration. Ihre Existenz bedeutet jedoch nicht automatisch, dass sie ausgereift, angemessen gesteuert oder strategisch ausgerichtet sind. Die verschiedenen Funktionen befinden sich auf unterschiedlichen Reifegradstufen. Dementsprechend wird die Strategie verschiedenen Funktionen unterschiedliche Arten von Zielen zuordnen. Wenn beispielsweise das Metadatenmanagement noch nicht vorhanden ist, besteht das kurzfristige Ziel darin, grundlegende Fähigkeiten aufzubauen. Existiert die Datenspeicherung bereits, werden die kurzfristigen Ziele die Entwicklung von Richtlinien und Regeln zur Gewährleistung einer angemessenen Steuerung der Prozesse umfassen. Wie in Kapitel 5 anhand des Vergleichs mit der Dreibeinstuhl-Theorie erläutert, ist es am besten, nicht mehr als drei Datenmanagementfunktionen gleichzeitig anzugehen. Data Governance ist dabei stets eine dieser drei Funktionen.

Die Data-Governance-Strategie wurde in Schritt 5 erörtert. Definieren Sie nun eine Strategie für jede andere priorisierte Datenmanagementfunktion. Der Canvas für spezifische Datenmanagementfunktionen (siehe Abbildung 30) ähnelt stark dem Canvas für die Data-Governance-Strategie (siehe Abbildung 29). Sie werden feststellen, dass Ihnen der Rest leichter fällt, nachdem Sie den Datenmanagement-Strategie-Canvas erstellt haben. Alle sind durch die gleichen verbindenden Elemente miteinander verknüpft: die Geschäftsmotivationen, die Schmerzpunkte und die zu modifizierenden Verhaltensweisen. Diese Einflüsse entwickeln sich in den Zellen 6–20.

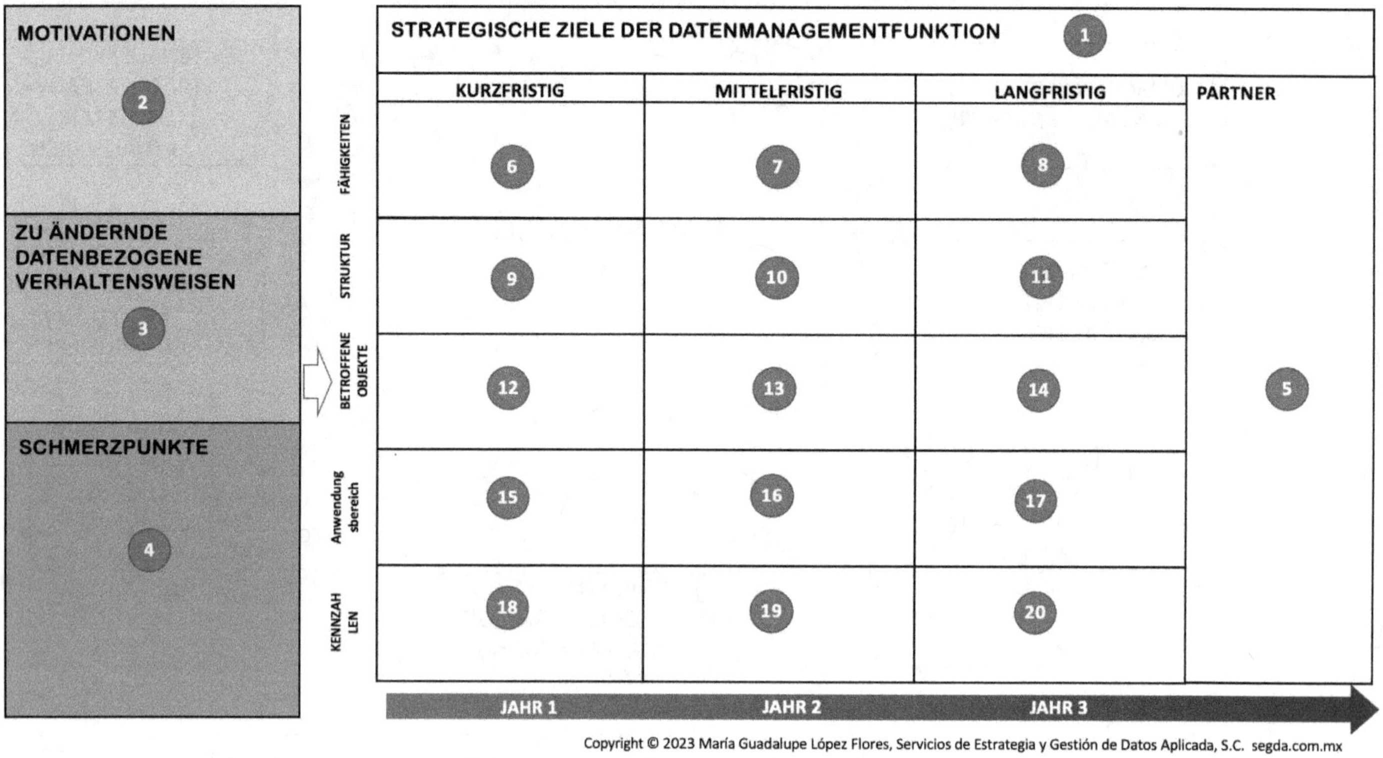

Abb. 30: Anleitung zum Ausfüllen und Lesen des Spezifische Datenmanagementfunktionen-Strategie-Canvas

Schritt 6 Prozessablauf

1. Vorbereitung für die Spezifische-Datenmanagementfunktionen-Strategie-Workshops:

    a. Erstellen Sie auf Basis der Inputs aus Schritt 2, der in Schritt 3 erstellten Datenausrichtungsstrategie, der in Schritt 4 erstellten Datenmanagementstrategie, der in Schritt 5 definierten Data-Governance-Strategie sowie aller unterstützenden Dokumentation eine Liste mit Elementen für jede Zelle des in Abbildung 30 gezeigten Canvas.

    i. Den Inhalt für die Zellen 2–5 erhalten Sie aus Schritt 2. In diesem Fall müssen Sie möglicherweise Zelle 5 mit spezifischen Partnern verfeinern.
    ii. Für die erste Workshop-Sitzung müssen Sie sich darauf vorbereiten, mit Zelle 1 zu beginnen und dann zu den Zellen 6–11 überzugehen.
    iii. Die Zellen 12–20 werden in der zweiten Workshop-Sitzung behandelt.

b. Bereiten Sie das von Ihnen gewählte Kollaborationstool mit dem Layout für den Workshop und den Inhalten Ihrer Aufgabenlisten vor.

c. Erstellen Sie Eröffnungsfolien, um die Workshop-Sitzung zu eröffnen. Für die erste Sitzung ist es sinnvoll, das Szenario darzulegen und dabei die Initiative, die Teilnehmerbereiche, die Mechanik der Sitzungen und das Ziel nach den Workshops zu beschreiben. Da die meisten Stakeholder, die an diesem Schritt teilnehmen, an den vorherigen Schritten nicht beteiligt waren, sind Kontext und Hintergrundinformationen notwendig und willkommen. Präsentieren Sie auch den Zeitplan und kennzeichnen Sie dabei, wo die aktuelle Workshop-Sitzung liegt. Für nachfolgende Workshop-Sitzungen können Sie eine Zusammenfassung der vorherigen Sitzung und das Ziel der aktuellen Session enthalten.

d. Füllen Sie auf der Grundlage der zu diesem Zeitpunkt verfügbaren Informationen den Canvas für Strategien spezifischer Datenmanagementfunktionen (siehe Abbildung 30) aus.

e. Terminieren Sie außerdem mindestens zwei Workshop-Sitzungen, um ausreichend Zeit zu haben, die Elemente für die Zellen 1 und 6–20 zu identifizieren und zu priorisieren.

2. Durchführung der Workshop-Sitzungen:

    a. Nutzen Sie die erste Sitzung, um an den Inhalten der Zellen 1 und 6–11 zu arbeiten.

    b. Eröffnen Sie die Sitzung mit Ihren Einführungsfolien, um die Erwartungen der Teilnehmenden abzustimmen.

    c. Für Zelle 1:

        i. Erklären Sie den Zweck der Zelle und geben Sie einige aussagekräftige Beispiele für den Inhalt an.
        ii. Fordern Sie die Teilnehmenden auf, ihre Ideen für Elemente der spezifischen Zelle einzeln aufzuschreiben.
        iii. Geben Sie allen Teilnehmenden Zeit, alle Ideen zu lesen und über die fünf relevantesten abzustimmen.

   d. Nutzen Sie für die Zellen 6–11 den vorausgefüllten Canvas, um das Gespräch zu lenken.

      i. Fordern Sie die Teilnehmenden auf, die aufgelisteten Elemente zu behalten oder zu entfernen und neue vorzuschlagen.

      ii. Fordern Sie die Teilnehmenden auf, über die drei obersten Themen abzustimmen.

3. Spezifische Datenmanagementfunktionen-Strategie-Canvas verfeinern :

   a. Füllen Sie die Zellen 2–5 mit den Ergebnissen aus Schritt 2 aus. Die Zelle 5 kann sich auf Grundlage der zusätzlichen Eingaben ändern, die Sie aus der ersten Workshop-Sitzung dieses Schritts erhalten haben.

   b. Tragen Sie alle von den Stakeholdern vorgeschlagenen Ideen in ihrer vorgeschlagenen Prioritätsreihenfolge in die Zellen 1 und 6–23 des Canvas ein. Beziehen Sie sich für die Beschreibung des Inhalts jeder Zelle auf Kapitel 5.

4. Feedback anfordern:

   a. Stellen Sie sicher, dass Ihr Canvas gültige Datums- und Versionsinformationen enthält.

   b. Fügen Sie dem Canvas ein Entwurf-Wasserzeichen hinzu.

   c. Es ist an der Zeit, Ihre Synthese- und Klarheitsfähigkeiten zu testen. Versenden Sie dazu den ausgefüllten Canvas an alle Stakeholder, die an seiner Erstellung beteiligt waren, damit diese Feedback geben können. Legen Sie eine Frist für die Einreichung von Feedback fest und machen Sie deutlich, dass Sie den Inhalt als akzeptiert betrachten, sofern Sie keine Rückmeldung erhalten.

5. Genehmigungen einholen:

   a. Nehmen Sie alle Anpassungen auf Grundlage des erhaltenen Feedbacks vor.

   b. Aktualisieren Sie die Versionsinformationen und entfernen Sie das Wasserzeichen „Entwurf".

   c. Versenden Sie den Spezifische Datenmanagementfunktionen-Strategie-Canvas zur Genehmigung an die Stakeholder, die an seiner Erstellung beteiligt waren. Stellen Sie sicher, dass die Frist angegeben ist.

   d. Sammeln Sie alle Genehmigungen der Stakeholder ein.

   e. Präsentieren Sie die Ergebnisse dem Sponsor zur Genehmigung.

6. Gehen Sie zu Schritt 9 über - Kommunizieren und Kontakte knüpfen

Tabelle 8: Schritt 6 Zusammenfassung

Schritt 6: Spezifische Datenmanagementfunktionen-Strategie-Canvas erstellen/aktualisieren	
Zielsetzung	• Identifizieren Sie die strategischen Ziele der Datenmanagementfunktion. • Identifizieren Sie die Fähigkeiten, die erforderlich sind, um Geschäftsanforderungen zu erfüllen, datenbezogene Verhaltensweisen zu ändern oder Schmerzpunkte zu beheben. • Identifizieren Sie die für die Durchführung der Datenmanagementfunktion erforderliche Organisationsstruktur. • Identifizieren Sie die Objekte (Geschäftsprozesse, Berichte, Datenrepositorien, Datenquellen, Datendomänen usw.), auf die die Datenmanagementfunktion angewendet wird. • Identifizieren Sie den Anwendungsbereich, auf den die Datenmanagementfunktion angewendet wird. • Identifizieren Sie die Kennzahlen und KPIs der Datenmanagementfunktion, um den Fortschritt der Strategieumsetzung zu messen. • Identifizieren Sie schließlich wichtige Partner für die Datenmanagementfunktion-Strategie.
Zweck	• Priorisieren Sie die Fähigkeiten der Datenmanagementfunktion, die im Laufe der Zeit in der Organisation eingeführt werden sollen. • Priorisieren Sie die Rollen der Datenmanagementfunktion und die Governance-Gremien, die im Laufe der Zeit zugewiesen oder etabliert werden sollen, sowie die Bereiche der Organisation, in denen sie tätig werden. • Priorisieren Sie die datenbezogenen Objekte, auf die diese Datenmanagementfunktion angewendet wird. • Priorisieren Sie die Organisationseinheiten, in denen die Datenmanagementfunktion eingeführt wird. • Priorisieren Sie schließlich die Kennzahlen und KPIs der Datenmanagementfunktion-Strategie.

Schritt 6: Spezifische Datenmanagementfunktionen-Strategie-Canvas erstellen/aktualisieren	
Eingaben	• Datenausrichtungsstrategie • Datenmanagement-Strategie • Data-Governance-Strategie • Data-Governance-Geschäftsmodell • Priorisierte Motivationen für Datenmanagement • Priorisierte unerwünschte datenbezogene Verhaltensweisen • Priorisierte Schmerzpunkte
Techniken und Tools	• Workshop zur Überprüfung/Aktualisierung der Roadmap für spezifische Datenmanagementfunktionen • Vorlage für den Canvas spezifischer Datenmanagementfunktionen • Kollaborative Tools zum Brainstorming und zur Bewertung (z. B. Mural, MS365 Whiteboard usw.) • Brown-Paper-Technik für persönliche Workshops
Ergebnisse	• Spezifische Datenmanagementfunktionen-Strategie-Canvas
Teilnehmer	• Data-Governance-Leiter/in und -Team • Team für Spezifische Datenmanagementfunktionen
Kontrollpunkt	• Bereiten Sie das gemeinsam ausgewählte kollaborative Tool oder Ihre Brown-Paper-Materialien und Vorlagen vor. • Erstellen Sie eine Einführungspräsentation, in der Sie den aktuellen Stand des Prozesses und die Erwartungen an diesen bestimmten Schritt klar darlegen. • Füllen Sie den Canvas der spezifischen Datenmanagementfunktionen mit den bisher ermittelten Informationen vorab aus. • Stellen Sie sicher, dass das Treffen zur Überprüfung/Aktualisierung des Canvas spezifischer Datenmanagementfunktionen terminiert ist. • Führen Sie anschließend das Treffen zur Überprüfung und Aktualisierung des Canvas durch.

7.2.7 Schritt 7: Data-Governance-Geschäftsmodell-Canvas erstellen/aktualisieren

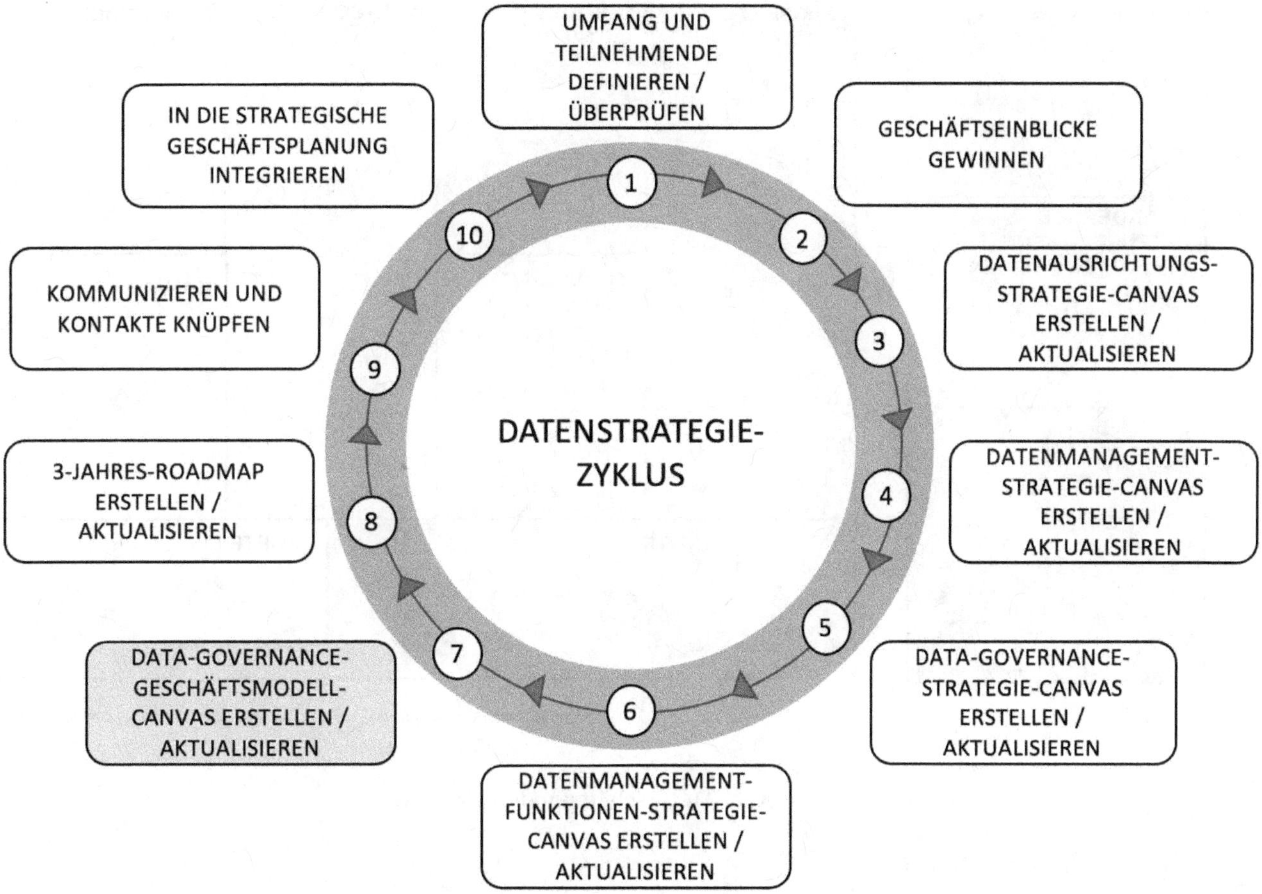

In Kapitel 5 haben wir die Kraft hinter Alexander Osterwalders Business Model Canvas erörtert und erläutert, warum es zur primären Inspirationsquelle für die Datenstrategie-Canvases wurde. Sie können das Modell nicht nur auf Organisationen verschiedener Größe, sondern auch auf alle Arten von Funktionen innerhalb einer Organisation anwenden. In jeder Funktion gibt es einen Kunden, ein Wertversprechen für diesen Kunden sowie Aktivitäten zur Erfüllung dieses Wertversprechens. Daher können Sie alle Datenmanagementfunktionen mit diesem Canvas modellieren.

Data Governance ist die zentrale Datenmanagementfunktion. Ein definierter Ansatz ist erforderlich, um die anderen Datenmanagementfunktionen zu formalisieren. Daher verwenden wir Data Governance, um diesen Zyklus-Schritt zu beschreiben. Alle anderen Datenmanagementfunktionen werden ebenfalls ihre eigenen Geschäftsmodell-Canvases haben. Die Dokumentation dieser Geschäftsmodelle ist für den Teamaufbau von wesentlicher Bedeutung, da sie festlegt, wer was tut, wer den Prozess unterstützt, welche Kosten entstehen und welche Vorteile sich daraus ergeben.

Abbildung 31 zeigt den generischen Geschäftsmodell-Canvas mit den in Schritt 2 ermittelten und priorisierten Eingaben.

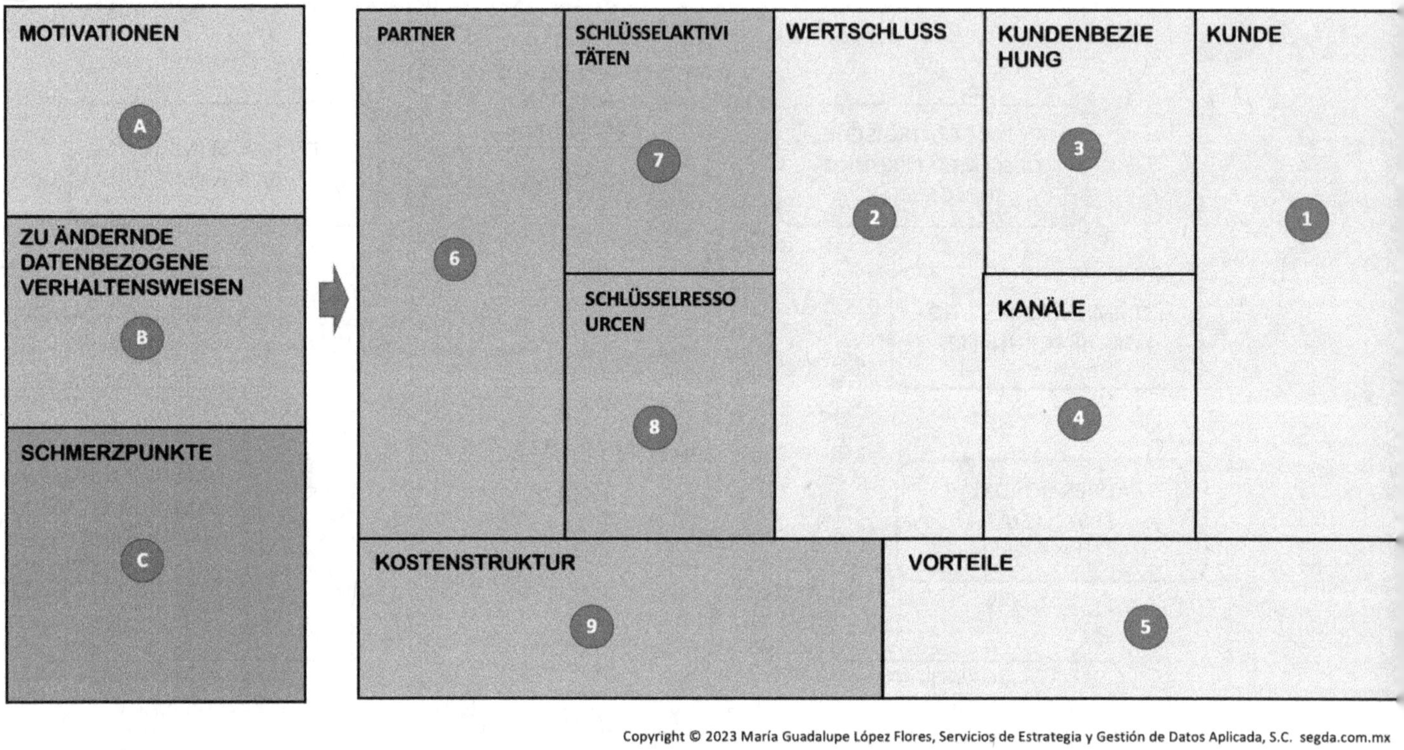

Abb. 31: Geschäftsmodell-Canvas

Schritt 7 Prozessablauf

1. Vorbereitung für die Data-Governance-Geschäftsmodell-Workshops:

    a. Erstellen Sie auf der Grundlage der Eingaben aus Schritt 2, der in Schritt 3 erarbeiteten Strategie zur Datenabgleichung, der in Schritt 4 erarbeiteten Strategie zum Datenmanagement, der in Schritt 5 erarbeiteten Strategie zur Datenverwaltung sowie aller Begleitdokumente eine Liste mit Punkten für jede Zelle in der in Abbildung 31 dargestellten Übersicht.

        i. Aus Schritt 2 entnehmen Sie die Inhalte für die Zellen A, B und C.

        ii. Für die erste Workshop-Sitzung müssen Sie darauf vorbereitet sein, mit Zelle 1 zu beginnen und dann von 1 bis 5 fortzufahren.

iii. Für die Zellen 6–9 ist möglicherweise eine weitere Sitzung erforderlich.

b. Bereiten Sie das von Ihnen gewählte Kollaborationstool mit dem Layout für den Workshop und den Inhalten Ihrer Aufgabenlisten vor.

c. Erstellen Sie Folien für den Auftakt der Sitzung. Auch wenn die teilnehmenden Stakeholder bereits bei den vorherigen Schritten anwesend waren, ist es hilfreich, eine für diese Sitzung aktualisierte Präsentation zu haben, die als Dokumentation für spätere Zwecke erhalten bleibt. Vergessen Sie nicht, den Zeitplan vorzustellen und zu markieren, an welcher Stelle sich die Sitzung darin befindet. Für nachfolgende Sitzungen können Sie eine Zusammenfassung der vorherigen Sitzung und das Ziel der aktuellen Sitzung einfügen.

d. Füllen Sie auf der Grundlage der Ihnen derzeit vorliegenden Informationen das Data-Governance-Geschäftsmodell-Canvas aus (siehe Abbildung 31).

2. Durchführung der Workshop-Sitzungen:

   a. Planen Sie mindestens zwei Workshop-Sitzungen ein, damit genügend Zeit bleibt, die Punkte für die Zellen 1 und 6–9 zu ermitteln und zu priorisieren.

   b. Nutzen Sie die erste Sitzung, um an den Inhalten für die Zellen 1–5 zu arbeiten.

   c. Beginnen Sie die Sitzung mit Ihren Einführungsfolien, um die Erwartungen der Teilnehmer abzustimmen.

   d. Für Zelle 1:

      i. Erläutern Sie den Zweck der Zelle und nennen Sie einige anschauliche Beispiele für den Inhalt.

      ii. Bitten Sie die Teilnehmenden, ihre Ideen für die spezifische Zelle einzeln aufzuschreiben.

      iii. Geben Sie den Teilnehmenden Zeit, alle Ideen der anderen Stakeholder zu lesen und für die fünf relevantesten abzustimmen.

   e. Für die Zellen 6–11 verwenden Sie den vorausgefüllten Canvas, um das Gespräch zu lenken.

      i. Fordern Sie die Teilnehmenden auf, die aufgelisteten Elemente zu behalten, zu entfernen oder neue vorzuschlagen.

      ii. Fordern Sie die Teilnehmenden auf, über die drei obersten Themen abzustimmen. Die Priorität ergibt sich aus dieser Abstimmung.

3. Verfeinerung des Data-Governance-Geschäftsmodell-Canvas:

a. Füllen Sie die Zellen 2, 3, 4 und 5 mit den Ergebnissen aus Schritt 2 aus.

b. Dies ist eine Syntheseaufgabe. Sie müssen alle von den Stakeholdern vorgeschlagenen Ideen in den Zellen 1 und 6–23 des Canvas in der von den Stakeholdern vorgeschlagenen Prioritätsreihenfolge anordnen. (Verweisen Sie auf Kapitel 5 für eine Beschreibung dessen, was in jede Zelle gehört.)

4. Feedback anfordern:

   a. Stellen Sie sicher, dass Ihr Canvas gültige Datums- und Versionsinformationen enthält.

   b. Fügen Sie dem Canvas ein Entwurf-Wasserzeichen hinzu.

   c. Es ist an der Zeit, Ihre Synthese- und Klarheitsfähigkeiten zu testen. Versenden Sie dazu den ausgefüllten Canvas an alle Stakeholder, die an seiner Erstellung beteiligt waren, damit diese Feedback geben können. Legen Sie eine Frist für die Einreichung von Feedback fest und machen Sie deutlich, dass Sie den Inhalt als akzeptiert betrachten, sofern Sie keine Rückmeldung erhalten.

5. Genehmigungen einholen:

   a. Nehmen Sie alle Anpassungen auf Grundlage des erhaltenen Feedbacks vor.

   b. Aktualisieren Sie die Versionsinformationen und entfernen Sie das Wasserzeichen „Entwurf".

   c. Versenden Sie den Data-Governance-Geschäftsmodell-Canvas zur Genehmigung an die Stakeholder, die an seiner Erstellung beteiligt waren. Stellen Sie sicher, dass die Frist angegeben ist.

   d. Sammeln Sie alle Genehmigungen der Stakeholder ein.

   e. Präsentieren Sie die Ergebnisse dem Sponsor zur Genehmigung.

6. Gehen Sie zu Schritt 9 über - Kommunizieren und Kontakte knüpfen

Tabelle 9: Schritt 7 Zusammenfassung

Schritt 7: Data-Governance-Geschäftsmodell-Canvas erstellen/aktualisieren	
Zielsetzung	• Identifizieren Sie die Kunden der Data Governance. • Identifizieren Sie das Wertversprechen der Data Governance. • Identifizieren Sie die Data-Governance-Services, durch die das Wertversprechen bereitgestellt wird. • Identifizieren Sie die Kommunikationskanäle des Data-Governance-Teams mit seinen Kunden. • Identifizieren Sie, wie Beziehungen gepflegt werden, um das Interesse und die Anerkennung der Kunden zu bewahren. • Identifizieren Sie die erforderlichen Schlüsselaktivitäten zur Bereitstellung des Wertversprechens. • Identifizieren Sie die erforderlichen Schlüsselressourcen zur Bereitstellung des Wertversprechens. • Identifizieren Sie die Schlüsselpartner, die das Data-Governance-Team bei der Einführung von Data-Governance-Praktiken unterstützen. • Legen Sie die Kosten für die Einführung und Aufrechterhaltung der Data-Governance-Praktiken explizit auf hoher Ebene dar. • Legen Sie die Vorteile einer Data-Governance-Praxis auf hoher Ebene dar.
Zweck	• Setzen Sie organisationsweit klare Erwartungen darüber, was das Data-Governance-Team für welche internen Kunden tun wird.
Eingaben	• Datenausrichtungsstrategie • Datenmanagement-Strategie • Priorisierte Motivationen für Datenmanagement • Priorisierte unerwünschte datenbezogene Verhaltensweisen • Priorisierte Schmerzpunkte
Techniken und Tools	• Workshop zur Überprüfung/Aktualisierung des Data-Governance-Geschäftsmodells • Vorlage für den Geschäftsmodell-Canvas • Kollaborative Tools zum Brainstorming und zur Bewertung (z. B. Mural, MS365 Whiteboard usw.) • Brown-Paper-Technik für persönliche Workshops
Ergebnisse	• Data-Governance-Geschäftsmodell-Canvas
Teilnehmer	• Data-Governance-Leiter/in und -Team

Schritt 7: Data-Governance-Geschäftsmodell-Canvas erstellen/aktualisieren	
Kontrollpunkt	• Bereiten Sie das von Ihnen gewählte Kollaborationstool oder Ihre Brown-Paper-Materialien und Vorlagen vor. • Erstellen Sie eine Einführungspräsentation, in der Sie den aktuellen Stand des Prozesses und die Erwartungen an diesen bestimmten Schritt klar darlegen. • Füllen Sie den Data-Governance-Geschäftsmodell-Canvas mit den bis zu diesem Zeitpunkt ermittelten Informationen vorab aus. • Stellen Sie sicher, dass das Treffen für den Workshop zur Überprüfung/Aktualisierung des Data-Governance-Geschäftsmodell-Canvas terminiert ist. • Führen Sie anschließend das Treffen zur Überprüfung und Aktualisierung des Data-Governance-Geschäftsmodells durch.

7.2.8 Schritt 8: Dreijahres-Roadmap erstellen/aktualisiere

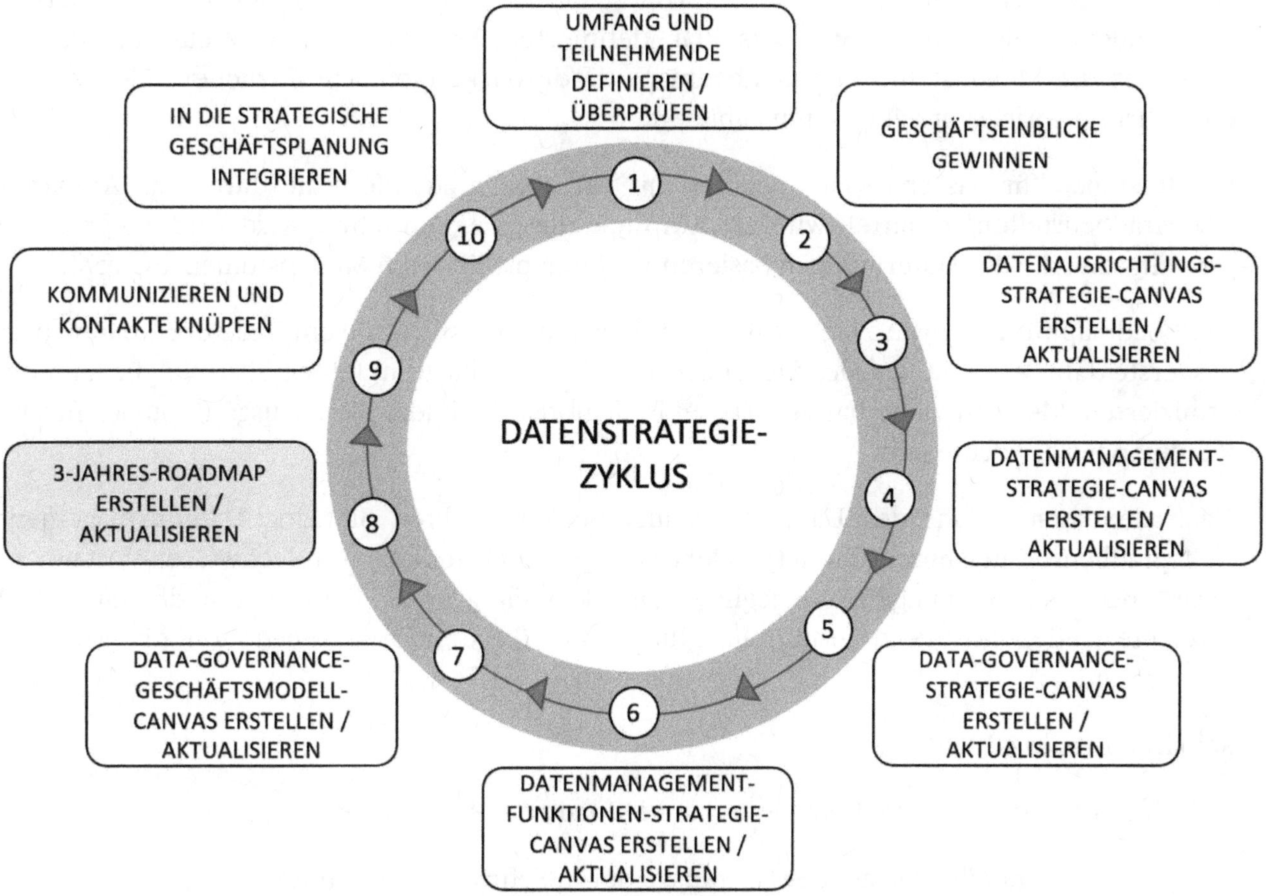

Die Erstellung von Datenmanagement-Strategie-Canvases (für die Datenmanagement-Strategie, die Data-Governance-Strategie und spezifische Datenmanagementfunktionen) ist wesentlich, um die Erwartungen zu steuern, die im Laufe der Zeit durch das Datenmanagementprogramm erfüllt werden sollen. Der beste Weg, um zu verschiedenen Zeitpunkten klar zu kommunizieren, was zu erwarten ist, sind jedoch Roadmaps. Da das Data-Governance-Team die Definition der anderen Datenmanagementfunktionen koordiniert, ist die erste zu entwickelnde Roadmap die Data-Governance-Roadmap (siehe Abbildungen 32, 33 und 34). Sobald diese Roadmap und die Strategien für die Datenmanagementfunktionen definiert sind, kann eine Roadmap für jede einzelne Funktion erstellt werden.

Die Meilensteine in den Roadmaps stammen direkt aus den Datenmanagement- und Data-Governance-Strategien. Ergänzt werden sie durch Meilensteine, die in Grün gekennzeichnet sind und den operativen Betrieb der Data Governance darstellen. Dies ist wesentlich, um Erwartungen klar zu setzen und zu verwalten. Es muss deutlich sein, dass wir nicht ein oder zwei Jahre damit verbringen werden, Data-Governance-Fähigkeiten zu etablieren. Parallel dazu beginnen wir mit der Umsetzung von Governance und folgen dabei den in den Strategien festgelegten Prioritäten.

Hierfür ist ein formales, fähigkeitsgesteuertes Datenmanagement-Reifegradmodell entscheidend. Die Kombination aus klar definierten Fähigkeiten und Zielreifegradstufen verankert die Meilensteine in den Roadmaps. Dadurch können wir jährliche Ziele und den Fortschritt priorisierter Fähigkeiten abbilden.

Die Roadmap für das erste Jahr beginnt mit den Reifegradstufen, die durch die Ausgangs-Reifegradbeurteilung ermittelt wurden. Am Ende dieses ersten Jahres wird die Reifegradstufe erreicht sein, die das Unternehmen basierend auf den projizierten Meilensteinen anstrebt.

Die Roadmap für das zweite Jahr beginnt mit der Reifegradstufe, die am Ende der Roadmap für das erste Jahr erreicht wurde. Sie endet mit der geschätzten Reifegradstufe, die auf den projizierten Meilensteinen basiert. Diese Reifegradstufe bildet den Ausgangspunkt für die Roadmap für das dritte Jahr.

Nach dem ersten Jahr des Data-Governance-Betriebs sollten Sie eine Datenmanagement-Reifegradbeurteilung durchführen (idealerweise auf der Grundlage von Nachweisen statt nur auf Basis von Wahrnehmungen, um jegliche Subjektivität auszuschließen), um die tatsächlich erreichte Reifegradstufe zu ermitteln. Nutzen Sie diese Informationen, um die Roadmap anzupassen.

Schritt 8 Prozessablauf

1. Vorbereitung für die Data-Governance-Roadmap-Workshops:

    a. Erstellen Sie auf der Grundlage der in Schritt 3 erarbeiteten Datenausrichtungsstrategie, der in Schritt 4 erarbeiteten Datenmanagement-Strategie, der in Schritt 5 erarbeiteten Data-Governance-Strategie sowie der durch das von Ihnen ausgewählte Datenmanagement-Reifegradmodell angegebenen Data-Governance-Fähigkeiten einen Entwurf der Dreijahres-Roadmap. Die Eingaben umfassen auch die aktuelle Reifegradstufe auf der Grundlage der jüngsten Beurteilung.

    b. Beginnen Sie damit, die Meilensteine für Data-Governance-Fähigkeiten festzulegen.

    c. Ermitteln Sie aus der Datenmanagement-Strategie Meilensteine, die sich auf die Prioritäten beziehen, welche Sie auf kurz-, mittel- und langfristige Ziele aufgeteilt haben, und setzen Sie diese entlang der Roadmap an.

    d. Verfahren Sie ebenso mit der Data-Governance-Strategie; Ermitteln Sie Meilensteine, die sich auf die Prioritäten beziehen, und setzen Sie diese entlang der Roadmap an.

e. Identifizieren Sie auf der Grundlage der Eingaben zur Erstellung der Datenmanagement- und Data-Governance-Strategien Meilensteine, die anzeigen, dass Data Governance in Betrieb ist (Geschäftsglossar wurde veröffentlicht, erste Sitzung des Data-Governance-Komitees fand statt, Anfragedienst für Datenquellen wurde etabliert, erste Richtlinien wurden genehmigt usw.).

2. Durchführung der Workshop-Sitzungen:

    a. Planen Sie mindestens zwei Workshop-Sitzungen ein, um genügend Zeit für die Ausarbeitung und Verfeinerung der Data-Governance-Roadmap zu haben.

    b. Nutzen Sie die erste Sitzung, um die Liste der Meilensteine entlang der Data-Governance-Roadmap zu ergänzen und Bewusstsein für die erforderliche Arbeit zu schaffen. Seien Sie dabei realistisch. Viele Teams planen für das erste Jahr zu viele Meilensteine ein. Wenn diese nicht erreicht werden, kann das demoralisierend sein. Vermeiden Sie Übercommitment in dieser Phase.

    c. Nutzen Sie die zweite Sitzung, um die Roadmap zu verfeinern und sicherzustellen, dass alle erforderlichen Meilensteine dokumentiert sind und sich über die drei Jahre verteilen. Diese Verteilung muss mit den in den Datenmanagement- und Data-Governance-Strategien festgelegten Prioritäten abgestimmt werden und dabei auch Abhängigkeiten berücksichtigen.

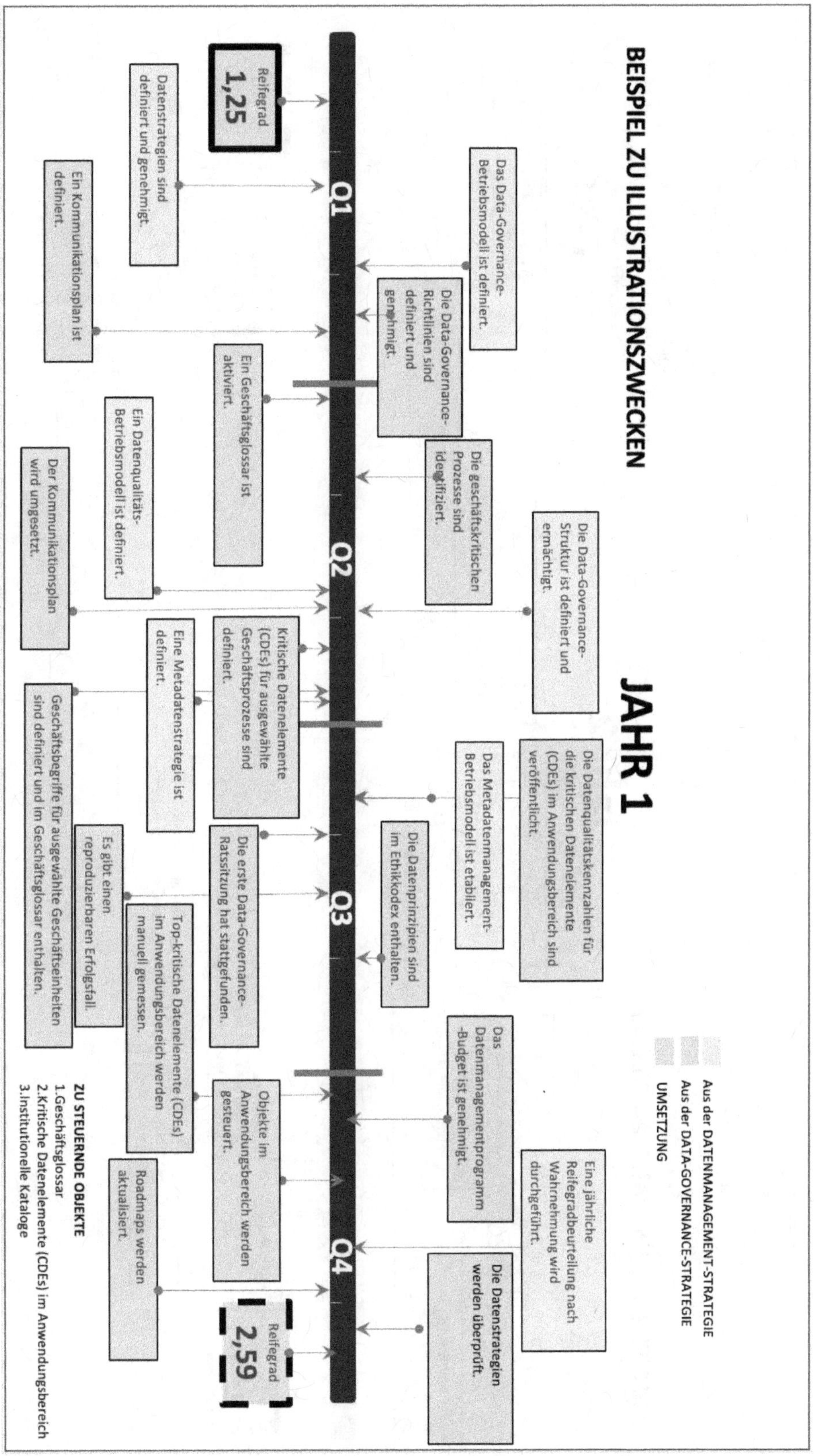

Abb. 32: Data-Governance-Roadmap für das erste Jahr

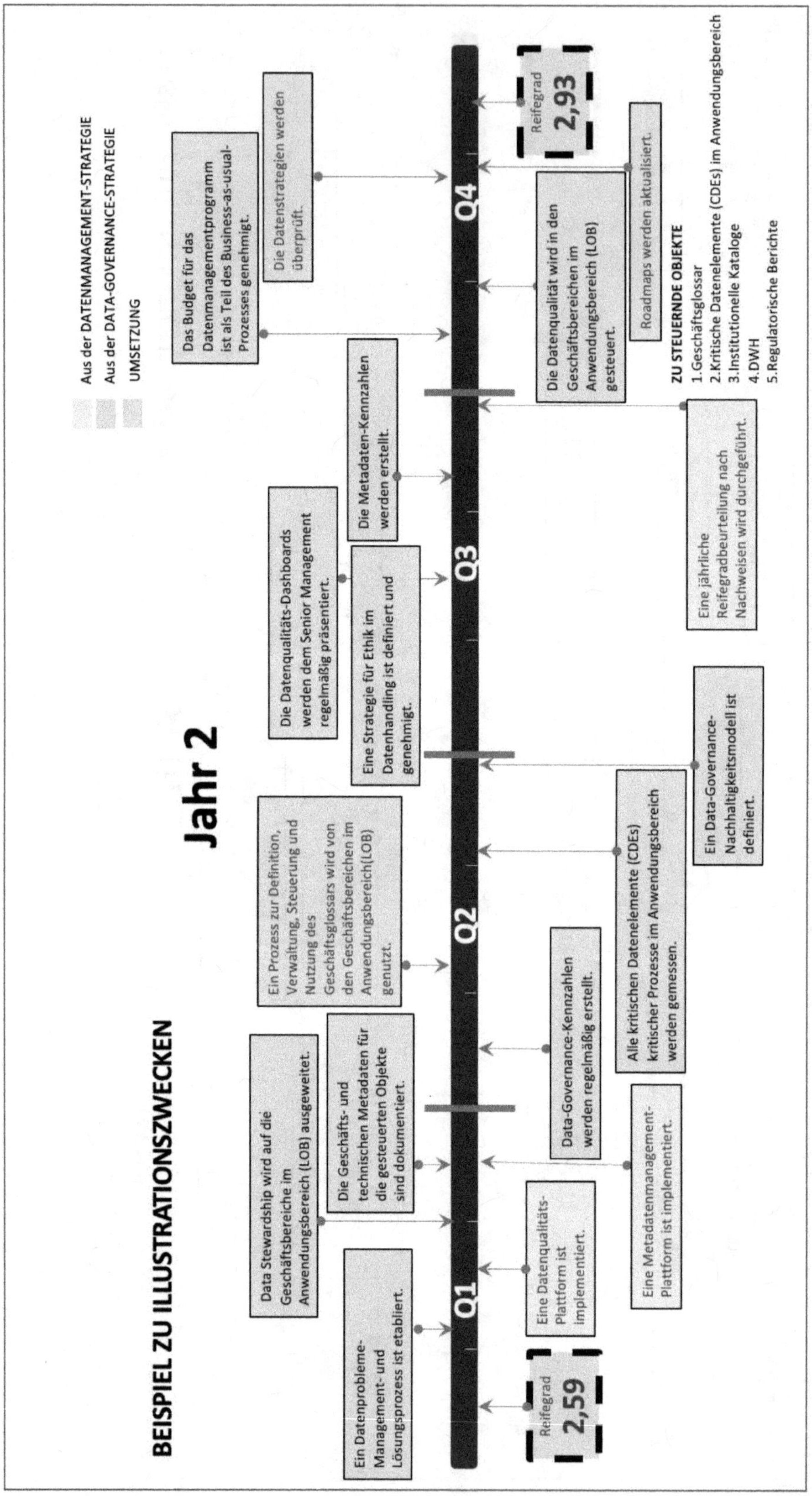

Abb. 33: Data-Governance-Roadmap für das zweite Jahr

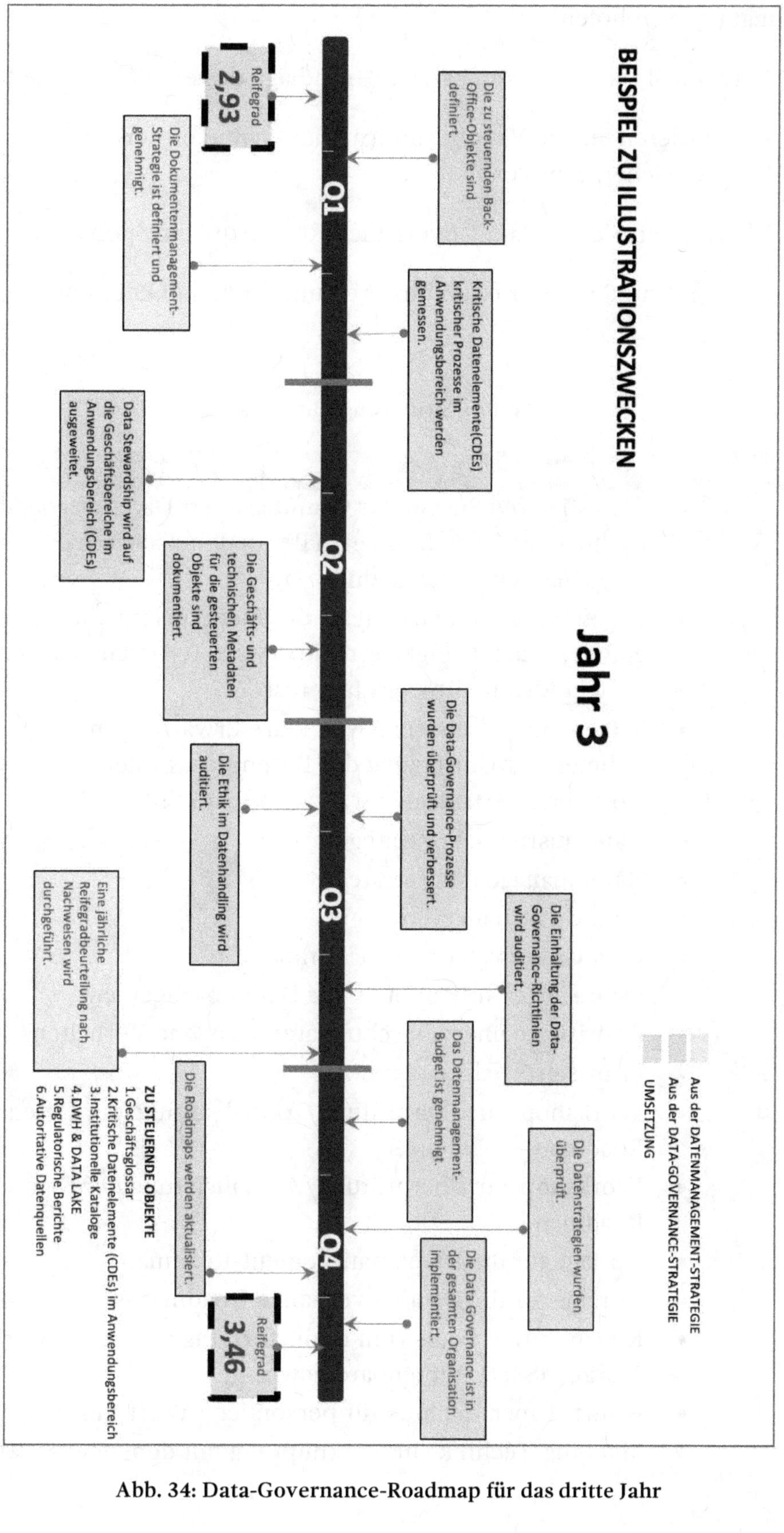

Abb. 34: Data-Governance-Roadmap für das dritte Jahr

3. Genehmigungen einholen:
    a. Nehmen Sie alle Anpassungen auf Grundlage des erhaltenen Feedbacks vor.
    b. Aktualisieren Sie die Versionsinformationen und entfernen Sie das Wasserzeichen „Entwurf".
    c. Übermitteln Sie die Data-Governance-Roadmap dem Sponsor zur Genehmigung.
4. Gehen Sie zu Schritt 9 über - Kommunizieren und Kontakte knüpfen

•

Tabelle 10: Schritt 8 Zusammenfassung

Schritt 8: Dreijahres-Roadmap erstellen/aktualisiere	
Zielsetzung	• Identifizieren Sie auf der Grundlage der Datenmanagement- und Data-Governance-Strategien die in den nächsten drei Jahren zu erreichenden Meilensteine. • Legen Sie auf der Grundlage der Meilensteine für die zu etablierenden Fähigkeiten die erwartete Datenmanagement-Reifegradstufe für jedes Jahr fest.
Zweck	• Setzen Sie organisationsweit klare Erwartungen darüber, was im Rahmen der Umsetzung der Datenmanagement- und Data-Governance-Strategien wann erreicht wird.
Eingaben	• Datenausrichtungsstrategie • Datenmanagement-Strategie • Data-Governance-Strategie • Data-Governance-Geschäftsmodell • Priorisierte Motivationen für Datenmanagement • Priorisierte unerwünschte datenbezogene Verhaltensweisen • Priorisierte Schmerzpunkte
Techniken und Tools	• Workshop zur Überprüfung/Aktualisierung der Datenmanagement-Roadmap • Workshop zur Überprüfung/Aktualisierung der Data-Governance-Roadmap • Vorlage für die Datenmanagement-Roadmap • Vorlage für die Data-Governance-Roadmap • Kollaborative Tools zum Brainstorming und zur Bewertung (z. B. Mural, MS365 Whiteboard usw.) • Brown-Paper-Technik für persönliche Workshops • Mapping-Technik zur Verknüpfung mit dem operativen Plan

Schritt 8: Dreijahres-Roadmap erstellen/aktualisiere	
Ergebnisse	• Datenmanagement-Dreijahres-Roadmap • Data-Governance-Dreijahres-Roadmap
Teilnehmer	Für die Datenmanagement-Roadmap: • Datenmanagement-Leiter/in • Data-Governance-Leiter/in und -Team • Priorisierte Datenmanagementfunktionen Für die Data-Governance-Roadmap: • Data-Governance-Leiter/in und -Team
Kontrollpunkt	• Bereiten Sie das von Ihnen gewählte Kollaborationstool oder Ihre Brown-Paper-Materialien und Vorlagen vor. • Erstellen Sie eine Einführungspräsentation, in der Sie den aktuellen Stand des Prozesses und die Erwartungen an diesen bestimmten Schritt klar darlegen. • Erstellen Sie einen Entwurf der Datenmanagement-Roadmap, um die Diskussion zu beginnen. • Terminieren Sie Treffen für die Workshops zur Überprüfung/Aktualisierung der Datenmanagement- und Data-Governance-Roadmaps. • Führen Sie anschließend die Treffen zur Überprüfung und Aktualisierung der Datenmanagement- und Data-Governance-Roadmaps durch.

7.2.9 Schritt 9: Kommunizieren und Kontakte knüpfen

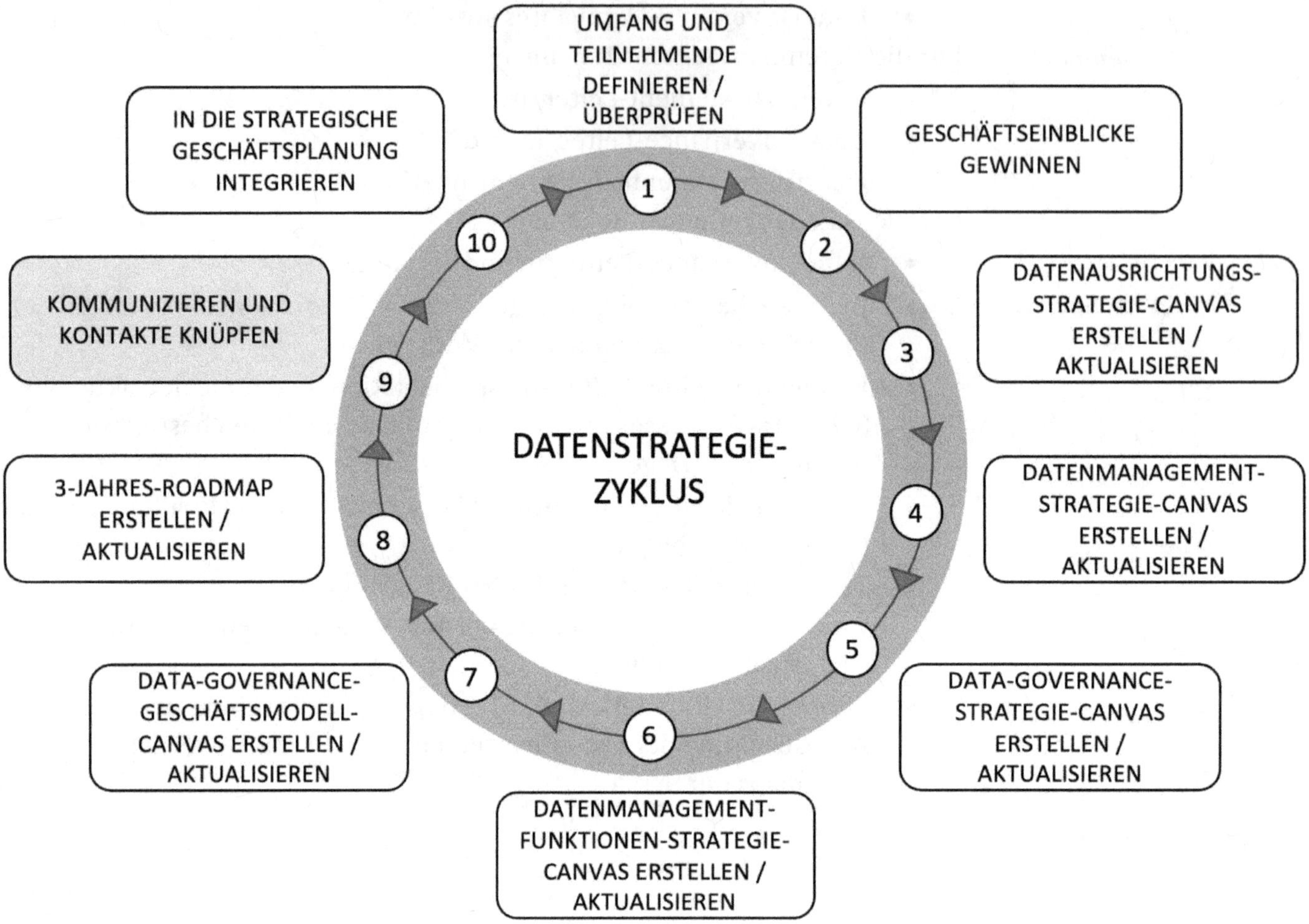

Ein wesentliches Element dieser Initiative ist die Kommunikation. Wir haben bereits die Vorteile der Nutzung von Canvases zur Erleichterung der Kommunikation erörtert. Canvases wären jedoch nutzlos, wenn wir sie erstellen und anschließend ungenutzt lassen würden. Die Datenstrategie-Initiative ist ein kontinuierlicher Prozess, der in der gesamten Organisation umfassend kommuniziert werden muss. Um erfolgreich zu sein, ist eine klare Kommunikationsstrategie erforderlich. Diese Strategie basiert auf klar definierten Zielen. Identifizieren Sie die verschiedenen Zielgruppen, die laufend über das informiert werden müssen, was im Datenmanagement geschieht. Berücksichtigen Sie dabei die Bandbreite der Kommunikationsmedien, um diese zu erreichen. Neben elektronischen Medien (z. B. Intranet, E-Mail) zählen dazu auch verschiedene Plattformen und interne Veranstaltungen, auf denen Sie dieses Thema präsentieren und die Datenstrategie vermitteln können. Falls es in Ihrem Unternehmen eine Kommunikationsabteilung gibt, beziehen Sie diese in die Initiative ein.

Bei der Implementierung von Data Governance wird Kommunikation kaum berücksichtigt und bei Diskussionen zum Datenmanagement noch weniger. Sie ist jedoch entscheidend für den Erfolg. Eine unzureichende Kommunikationsplanung führt dazu, dass viele Stakeholder nicht verstehen, was datenbezogene Steuerung bedeutet, welche Datenmanagementfunktionen zuständig sind, welche Aufsicht sie ausüben, welche Dienstleistungen sie anbieten und was von diesen Services zu erwarten ist.

Im Schritt „Kommunizieren und Kontakte knüpfen" legen Sie Ihre Kommunikationsstrategie für die Datenstrategie fest. Hierfür müssen Sie folgende Aspekte berücksichtigen:

- Zielgruppen
- Arten von Botschaften, die vermittelt werden sollen
- Verfügbarkeit und Wirksamkeit verschiedener Kommunikationsmedien
- Kommunikationsforen (z. B. Lenkungs- oder ständige Ausschüsse)
- Unternehmenskultur
- Kommunikationsrichtlinien
- Pläne für Kommunikationskampagnen

Denken Sie immer daran, dass es bei der Kommunikation letztendlich um Menschen geht. Sie möchten Ihre Botschaften schließlich an Ihre Stakeholder vermitteln. Es ist wichtig, die verfügbaren Kommunikationskanäle zu identifizieren, aber noch wichtiger ist es, deren Wirksamkeit zu verstehen. Wenn eine interne Website beispielsweise existiert, die von den Mitarbeitern aber selten besucht wird, ist sie kein wirksamer Kanal. Wenn Sie diese nutzen möchten, geben Sie den Menschen einen Grund, sie zu besuchen. E-Mail ist ein einfacher und häufig genutzter Kommunikationskanal. Aber die meisten Menschen erhalten viele E-Mails, die sie nicht lesen. Wenn Sie E-Mail nutzen, riskieren Sie, dass Ihre Botschaften ungesehen untergehen. Bei einer hohen Anzahl von Nachrichten werden diese ignoriert. Falls bereits eine Website für Datenmanagement- oder Data-Governance-Zwecke existiert, ist sie ein hervorragender Ort, um Informationen zur Datenstrategie-Initiative, deren Status sowie die verschiedenen erstellten Canvases zu veröffentlichen. Falls noch keine Website vorhanden ist, möchten Sie möglicherweise im Rahmen dieser Initiative eine erstellen. In jedem Fall müssen Sie die Menschen auf deren Existenz aufmerksam machen und die Nutzung fördern.

Schritt 9 Prozessablauf

1. Kommunikationsstrategie definieren:
    a. Die strategischen Ziele, die Sie erreichen möchten
    b. Die Zielgruppen, die Sie erreichen möchten

   c. Die verfügbaren Kommunikationskanäle
   d. Die Partner, die Sie bei der Kommunikation unterstützen
   e. Die Arten von Botschaften, die Sie vermitteln möchten
      i. Bewusstsein: Interne Infografiken zu den Auswirkungen mangelnden Datenmanagements
      ii. Information: Definition von Elementen der Datenstrategie
      iii. Fortschritt der Initiative: Aktualisierungen zum Fortschritt der Umsetzung der Datenstrategie
2. Das Unternehmenskommunikationsteam einbeziehen:
   a. Die wirksamsten Kommunikationskanäle zur Umsetzung der Kommunikationsstrategie
   b. Das Ausmaß der Beteiligung des Unternehmenskommunikationsteams
   c. Die erforderliche Genehmigungsebene für Kommunikationsmitteilungen
   d. Die optimalen Kommunikationskampagnen
   e. Die einzuhaltenden Richtlinien, wenn Botschaften nicht vom Unternehmenskommunikationsteam vermittelt werden
   f. Die operative Zusammenarbeit zwischen Ihrem Team und dem Unternehmenskommunikationsteam
3. Neue Ideen erkunden:
   a. Mittags-Lernveranstaltungen (persönlich oder virtuell)
   b. Interner Podcast (laden Sie Stakeholder mit Erfolgsgeschichten ein)
   c. Datenstrategie-Nuggets (kurze informative Mitteilungen mit ansprechenden Designs, um Aufmerksamkeit zu erregen)
4. Datenstrategie-Sponsor in die Kommunikation einbeziehen:
   a. Lassen Sie den Sponsor aussagekräftige Mitteilungen zur Datenstrategie aufzeichnen.
   b. Lassen Sie den Sponsor eine ständige Teilnahme in Lenkungsausschüssen etablieren, um Fortschritte in den Datenstrategien zu präsentieren.
5. Definieren Sie ein Inhaltsraster:

   a. Nachrichtentyp
   b. Ziel der Nachricht
   c. Kopie (tatsächliche Nachricht, wie sie übermittelt wird)
   d. Handlungsaufforderung
   e. Das Datum, an dem die Nachricht kommuniziert wird
6. Erstellen Sie einen Kommunikationsplan:
   a. Berücksichtigen Sie alle verschiedenen Kommunikationskanäle und kreativen Alternativen.
   b. Berücksichtigen Sie laufende oder geplante Unternehmenskommunikationskampagnen.
   c. Berücksichtigen Sie Genehmigungszeiten und Reaktionszeiten
7. Umsetzung des Kommunikationsplans

Tabelle 11: Schritt 9 Zusammenfassung

Schritt 9: Kommunizieren und Kontakte knüpfen	
Zielsetzung	• Etablieren Sie eine Kommunikationsstrategie. • Beziehen Sie das Team der Unternehmenskommunikation ein. • Stellen Sie sicher, dass alle Stakeholder die Ergebnisse ihrer Beiträge zur Datenstrategie sehen. • Machen Sie sicher, dass Mitarbeiter in der gesamten Organisation über die Datenstrategien informiert sind. • Stellen Sie sicher, dass die Data-Strategie-Canvases leicht zu finden und zugänglich sind.
Zweck	• Stellen Sie sicher, dass die Datenstrategie für die gesamte Organisation offensteht. • Setzen Sie organisationsweit klare Erwartungen darüber, was durch die Datenmanagement- und Data-Governance-Programme erreicht wird.
Eingaben	• Datenausrichtungsstrategie • Datenmanagement-Strategie • Data-Governance-Strategie • Data-Governance-Geschäftsmodell • Strategie für spezifische Datenmanagementfunktionen

Schritt 9: Kommunizieren und Kontakte knüpfen	
Techniken und Tools	• Inhaltsraster • Debriefing für Führungskräfte • Vorlage für Kommunikationsstrategie
Ergebnisse	• Datenmanagement-Kommunikationsstrategie • Inhaltsraster für Datenstrategien • Kommunikationsinhalte
Teilnehmer	• Unternehmenskommunikation • Data-Governance-Leiter/in und Team
Kontrollpunkt	• Definieren Sie Ihre Kommunikationsstrategie. • Beziehen Sie das interne Kommunikationsteam ein. • Sammeln Sie fundierte Informationen über datenbezogene Schmerzpunkte und deren Auswirkungen. • Bereiten Sie Ihre Inhaltsmatrix vor. • Definieren Sie einen Kommunikationsplan. • Holen Sie die Genehmigung ein. • Führen Sie den Plan durch.

7.2.10 Schritt 10: In die strategische Geschäftsplanung integrieren

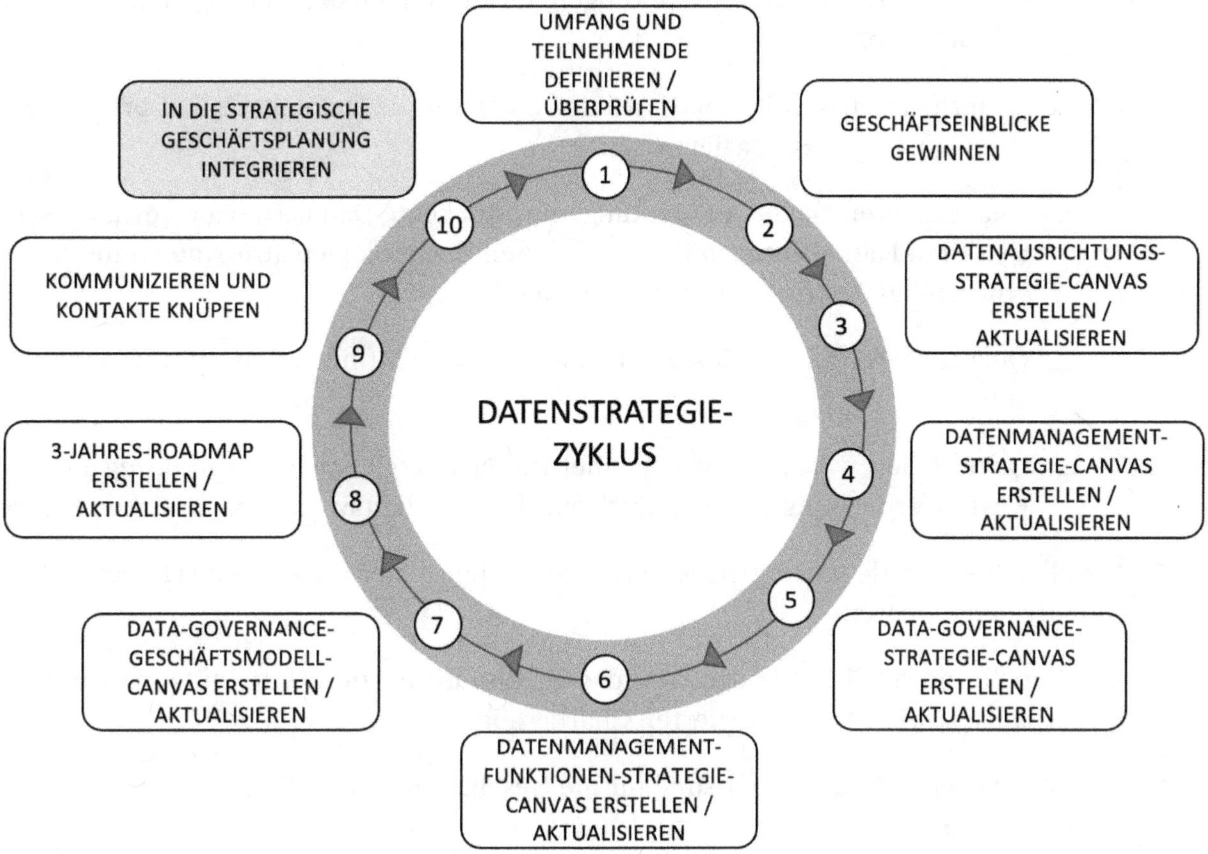

Ein wesentliches Merkmal eines reifen Datenmanagementprogramms ist die Nachhaltigkeit. Das bedeutet, dass ein jährliches Budget zur Unterstützung von Datenmanagement-Praktiken vorhanden sein muss. Die jährlichen Budgetanforderungen müssen im Kontext einer kontinuierlichen und sich entwickelnden Einführung von Fähigkeiten klar verstanden werden. Das Letzte, was wir möchten, ist, das Datenmanagement für jedes Projekt innerhalb des Programms von Grund auf erläutern zu müssen. Schritt 10 zielt stattdessen darauf ab, Datenmanagement-Ziele und -Initiativen in die strategische Planung zu integrieren, sodass diese immer Teil des Planungszyklus sind.

Ein weiterer Grund für diesen Schritt ist, dass wir die Datenstrategie mit der Unternehmensstrategie abgleichen müssen. Im Rahmen der jährlichen strategischen Planung analysieren Schlüssel-Stakeholder die Geschäftsumgebung und legen die strategische Ausrichtung der Organisation fest. In diesem Prozess müssen Daten berücksichtigt werden und der Sponsor des Datenmanagements muss an diesem Tisch Platz nehmen. Um dies zu erreichen, ist eine Einbeziehung von Führungskräften in die strategische Planung und Finanzierung durch einen starken Geschäftsfall erforderlich.

Schritt 10 Prozessablauf

1. Erstellen Sie einen Geschäftsfall::
    a. Quantifizieren Sie die Auswirkungen der führenden datenbezogenen Schmerzpunkte.
    b. Quantifizieren Sie die Opportunitätskosten für die Unfähigkeit, auf prioritäre Geschäftsfragen zu reagieren.
    c. Quantifizieren Sie die Auswirkungen, wenn keine Datenstrategie vorhanden ist (basierend auf bisherigen Fällen, in denen Technologieplattformen ohne vollständige Nutzung erworben wurden).
    d. Quantifizieren Sie die Kosten, die durch das Nichtfinden von Informationen entstehen.
    e. Quantifizieren Sie die Vorteile einer Datenstrategie, nicht nur in Bezug auf Kostenvermeidung, sondern auch auf den Geschäftswert genauer Erkenntnisse.
2. Erstellen Sie für jede im kurzfristigen Zeitraum identifizierte Datenmanagement-Initiative eine Charta.
3. Bereiten Sie ein jährliches Budget vor, das die Einführung und Unterstützung von Data Governance sowie alle identifizierten Chartas abdeckt.
4. Erstellen Sie eine Zusammenfassung für die Geschäftsführung, die sich auf folgende Punkte stützt:
    a. Data-Strategie-Charter
    b. Beteiligte Organisationseinheiten
    c. Data-Governance-Roadmap
    d. Verknüpfung zu Data-Strategie-Canvases
    e. Jährliches Budget
5. Beziehen Sie das strategische Planungsteam ein:
    a. Der Sponsor der Datenstrategie stellt die Datenstrategie-Initiative vor.
    b. Vereinbaren Sie, wie, wann und an wen über den Fortschritt der Datenstrategie berichtet wird.
    c. Holen Sie sich Rückmeldung ein.
    d. Definieren Sie einen übergeordneten Prozess, wie die Datenstrategie in den Unternehmensplanungsprozess integriert wird.

e. Holen Sie Rückmeldung zum vorgeschlagenen Prozess ein.

f. Holen Sie die Genehmigung ein.

g. Gehen Sie zu Schritt 9, um den finalen Prozess zu kommunizieren.

Tabelle 12: Schritt 10 Zusammenfassung

Schritt 10: In die strategische Geschäftsplanung integrieren	
Zielsetzung	• Datenstrategie in die strategische Unternehmensplanung integrieren. • Bewusstsein für Datenbestände schaffen, die wie jeder andere Vermögenswert behandelt werden. • Bewusstsein schaffen, dass Datenmanagement ein Programm ist, das kontinuierliche Finanzierung erfordert.
Zweck	• Zusammenarbeit mit der Unternehmensplanung • Zusammenarbeit mit dem Finanzbereich
Eingaben	• Datenausrichtungsstrategie • Datenmanagement-Strategie • Data-Governance-Strategie
Techniken und Tools	• Debriefing für Führungskräfte
Ergebnisse	• Zeitplan für die jährliche Überprüfung der Datenstrategien
Teilnehmer	• Sponsor der Datenstrategie • Data-Governance-Leiter/in und -Team • Unternehmensplanung • Finanzbereich
Kontrollpunkt	• Dokumentieren Sie Ihren Geschäftsfall. • Bereiten Sie eine Präsentation der Datenstrategie und der genehmigten Datenstrategien für die Geschäftsführung vor. • Beziehen Sie das strategische Planungsteam des Unternehmens ein. • Etablieren Sie eine Vereinbarung darüber, wie die Datenstrategie in die strategische Unternehmensplanung integriert wird. • Beziehen Sie das Finanzteam ein. • Etablieren Sie eine Vereinbarung darüber, wie ein jährliches Budget für Datenmanagement basierend auf den Datenstrategien verwaltet wird.

7.3. Einige Anmerkungen zu Tools

Alle gezeigten Canvases basieren auf PowerPoint-Vorlagen und bieten eine einfache Möglichkeit, um anzufangen. Wie Sie sich vielleicht bereits gedacht haben, gibt es jedoch bessere, dynamischere und agilere Möglichkeiten, Canvases darzustellen. Die meisten Tools für die Unternehmensarchitektur ermöglichen es Ihnen, angepasste Canvases zu erstellen und diese mit anderen Unternehmensartefakten (Unternehmensstrategie, Geschäftsprozesse, Rollen,

Governance-Gremien, Anwendungsarchitekturen, Technologiearchitekturen usw.) zu verknüpfen. Mit diesen Tools können Sie den Inhalt der Canvases erfassen und dokumentieren, wie, wann und von wem sie erstellt wurden. Sie können auch die Nachverfolgbarkeit online anzeigen. Dadurch werden Änderungen in verknüpften Objekten widergespiegelt, wenn ein bestimmtes Objekt geändert wird. Wenn Sie kein Tools für die Unternehmensarchitektur haben, gibt es auch Open-Source-Optionen. Nachdem Sie Ihre Data-Strategie-Canvases erstellt haben, können diese Tools Ihnen ermöglichen, jeden Canvas als Bild zu exportieren, um die Organisationskommunikation zu erleichtern.

Sie können auch Kollaborationstools erkunden, die die Erfassung und Nutzung von Informationen in Workshops erleichtern.

7.4. Alles miteinander verbinden

In den drei Komponenten der PAC-Methode zur Datenstrategie sind alle Elemente miteinander verbunden. Sie sollten die Verbindungen zwischen ihnen jederzeit nachverfolgen können. Wenn Sie beispielsweise einen operativen Plan für die Umsetzung der Datenstrategien erstellen, ordnen Sie jede Aktivität einem Meilenstein in den Roadmaps zu. Die Meilensteine in den Roadmaps stammen aus den jeweiligen Data-Strategie-Canvas. Der Inhalt jedes Data-Strategie-Canvas beantwortet die in Schritt 2 des Datenstrategiezyklus definierten Eingaben: Geschäftsfragen, Motivationen für Datenmanagement, zu ändernde Verhaltensweisen und datenbezogene Schmerzpunkte. Wenn Sie den Datenstrategiezyklus durchlaufen, werden Sie diese Zusammenhänge bemerken und verstehen, wie alles einen Sinn ergibt. Lenken Sie bei der Kommunikation mit Stakeholdern deren Aufmerksamkeit auf diese Zusammenhänge, um ihnen zu helfen, die Ziele und die zur Erreichung dieser Ziele erforderlichen Details zu verstehen.

Die Aufrechterhaltung einer wirksamen Datenstrategie ist ein kontinuierlicher Prozess. Die Arbeit endet nicht, sobald Sie die Data-Strategie-Canvases erstellt haben. An diesem Punkt beginnt die schwierige Arbeit der Umsetzung. Dies beinhaltet die Überwachung, ob die Strategien datenbezogene Aktivitäten leiten und die Organisation befähigen, mehr Wert aus ihren Daten zu generieren.

7.5. Kernkonzepte

Der Datenstrategiezyklus ist eine Reihe von zehn Schritten, die mindestens einmal jährlich durchgeführt werden müssen. Letztendlich endet er mit der Einbeziehung der Überprüfung der Datenstrategien in die strategische Jahresplanung der Organisation. Dies trägt wesentlich dazu bei, Daten und Informationen als strategische Vermögenswerte zu verwalten.

7.6. Wichtige Aspekte

1. Der erste Erfolgsfaktor besteht darin, dass Schlüssel-Stakeholder, die verschiedene Organisationseinheiten vertreten, an der Definition der Datenausrichtungsstrategie beteiligt sind. Ihre Eingaben und Priorisierungen treiben den Rest der Datenstrategien voran.

2. Der zweite Erfolgsfaktor ist die wirksame Vorbereitung jeder Workshop-Sitzung und das Zeitmanagement während der Sitzungen.

3. Der dritte Erfolgsfaktor ist die Aufrechterhaltung einer wirksamen Kommunikation mit allen an diesem Prozess beteiligten Stakeholdern. So verstehen sie, wie sich ihr Beitrag in Datenstrategien umsetzt und wie diese im Laufe der Zeit umgesetzt werden.

7.7. Interview zur Datenstrategie

BEFRAGTE EXPERTIN: **Danette McGilvray**[45]

Danette McGilvray ist eine international anerkannte Expertin für Datenqualität. Sie unterstützt Führungskräfte und Mitarbeiter dabei, den geschäftlichen Wert zu steigern, den ihre Organisationen durch Datenqualität und Data Governance erzielen. Dieser Ansatz kommt datengestützten Initiativen zugute, beispielsweise in den Bereichen Sicherheit, Analytik, digitale Transformation, Künstliche Intelligenz, Data Science und Compliance.

Danette ist Präsidentin und Gründerin von Granite Falls Consulting, Inc. Sie setzt sich für den angemessenen Einsatz von Technologie sowie für die Berücksichtigung der menschlichen Aspekte des Datenmanagements durch wirksame Kommunikation und Change Management ein.

Danette ist die Autorin von „*Executing Data Quality Projects: Ten Steps to Quality Data and Trusted Information™* “, 2. Auflage (Elsevier/Academic Press, 2021). In diesem Buch präsentiert sie eine bewährte Methode, die erfolgreich in vielen Ländern und Branchen angewendet wurde. Das Buch wird in den sozialen Medien häufig als „Klassiker” bezeichnet oder als eines der „Top-Ten-Bücher” zum Datenmanagement erwähnt. Danette ist zudem Co-Autorin von „The Leader's Data Manifesto” (siehe dataleaders.org) und hat die Übersetzung des Manifests in 21 Sprachen überwacht.

---

[45] Danette McGilvray https://www.linkedin.com/in/danette-mcgilvray-bb9b85/

Angesichts Ihrer umfangreichen Erfahrung als Data-Quality-Beraterin: Wie häufig finden Sie in den Organisationen Ihrer Kunden eine gut definierte horizontale Datenstrategie, die die datenbezogenen Arbeiten lenkt und auf die Geschäftsstrategie ausgerichtet ist?

Wenn ich um Unterstützung bei den Datenqualitäts- oder Data-Governance-Anforderungen einer Organisation gebeten werde, stelle ich häufig eines von zwei Dingen fest:

- Inseln des Datenmanagements an verschiedenen Stellen der Organisation, aber keine horizontale Datenstrategie
- Eine übergreifende horizontale Datenstrategie (oft kürzlich neu definiert), aber ohne praktische Schritte zur Umsetzung dieser Strategie

Im ersten Fall kann die Erarbeitung einer horizontalen Datenstrategie die bereits durchgeführten Arbeiten zusammenbringen. Dadurch kann die Organisation Synergien erzielen, Anstrengungen koordinieren, ihre Ressourcen optimal nutzen und doppelte Arbeiten vermeiden.

Im zweiten Fall gilt das Sprichwort: „Der Teufel steckt im Detail." Ein guter Umsetzungsplan ist unerlässlich und es müssen die richtigen Personen mit dem entsprechenden Wissen und den entsprechenden Fähigkeiten einbezogen werden. Die Berücksichtigung menschlicher Faktoren entscheidet oft darüber, ob eine Umsetzung erfolgreich ist oder die Datenstrategie im Papierkorb landet.

Welche Rolle spielt Ihrer Meinung nach die Datenstrategie für den Erfolg oder Misserfolg eines Datenqualitätsprogramms?

Eine horizontale und integrierte Datenstrategie bietet den übergreifenden Rahmen, in den ein Datenqualitätsprogramm passt. Dies macht es einfacher, ein Datenqualitätsprogramm aufzubauen und aufrechtzuerhalten, denn alle erforderlichen Fähigkeiten, Rollen, Prozesse, Technologien usw. für hochwertige, vertrauenswürdige Daten wurden identifiziert und ihre Beziehungen sind klar. ALLES, was mit Daten zu tun hat, muss zunächst mit den Geschäftsanforderungen der Organisation beginnen – einschließlich einer Datenstrategie. Mit Geschäftsanforderungen meine ich jene Dinge, die für die Organisation am wichtigsten sind, um Produkte und Dienstleistungen bereitzustellen, Kunden zufriedenzustellen, Risiken zu managen, Geschäftswert zu steigern, Strategien umzusetzen, Ziele zu erreichen, Probleme zu bewältigen und Chancen zu nutzen. Egal welchen Aspekt des Datenmanagements Sie bearbeiten - kennen Sie die Geschäftsanforderungen und die Daten, die diese Anforderungen unterstützen.

Ich vertrete einen ganzheitlichen Ansatz zur Datenqualität. Das bedeutet, dass jeder Aspekt des Datenmanagements dem Zweck dient, hochwertige und vertrauenswürdige Daten zu erzeugen - egal, ob es um Metadaten, Architektur oder Master Data Management geht. Datenqualität bedeutet, Daten, Prozesse, Menschen und Technologie über den gesamten Datenlebenszyklus hinweg zusammenzubringen. Ein ganzheitlicher Ansatz berücksichtigt auch menschliche Faktoren, Kommunikation und Ethik, die für den Aufbau von Vertrauen in die Daten wesentliche Elemente sind. Eine Datenstrategie sollte hier den Weg weisen.

Falls keine Datenstrategie vorhanden ist, ist der Aufbau eines Datenqualitätsprogramms möglich, jedoch langsamer. In jedem Fall müssen alle erwähnten Komponenten zusammenarbeiten, damit die Daten den Geschäftsanforderungen entsprechen. Eine Datenstrategie beschleunigt den Aufbau eines Datenqualitätsprogramms. Da eine Datenstrategie grundlegend und langfristig angelegt ist, erhöht sich die Wahrscheinlichkeit, dass die verschiedenen Komponenten dieser Strategie (einschließlich eines Datenqualitätsprogramms) weiterhin finanziert werden und angemessene Aufmerksamkeit erhalten.

Aus Ihrer Perspektive: Wer sollte Ihrer Meinung nach die Erarbeitung und Aufrechterhaltung einer Datenstrategie vorantreiben und welche Stakeholder müssen an diesem Prozess beteiligt sein?

Ein/Eine Chief Data Officer (CDO) ist am besten geeignet, um eine Datenstrategie zu erarbeiten und aufrechtzuerhalten. Dies setzt voraus, dass der/die CDO eine Führungsposition innerhalb der Organisation innehat. Der/Die CDO sollte für die Datenstrategie verantwortlich sein und die Unterstützung anderer Führungskräfte sowie des Vorstands sicherstellen. Der/Die CDO kann einen Teil der Verantwortung für die Strategieentwicklung an andere delegieren und die Eingaben von Stakeholdern moderieren. Diese verantwortlichen Rollen können je nach Organisation variieren, könnten aber die höchsten Datenverantwortlichen innerhalb von Data Governance, Datenqualität und/oder Datenmanagement einschließen.

Wie bereits erwähnt, kümmern wir uns um Daten nur, weil sie Geschäftsanforderungen unterstützen. Deshalb ist es wesentlich, Führungskräfte und/oder sehr führende Positionen aus verschiedenen Geschäftsfunktionen einzubeziehen.

Da Datenmanagement ohne die richtige Informationstechnologie nicht möglich ist, ist es auch entscheidend, dass die richtigen Führungskräfte und/oder sehr führende Positionen aus der IT-Gruppe an der Strategieentwicklung beteiligt sind.

Ein gut strukturierter Data-Governance-Prozess kann die Erarbeitung und Aufrechterhaltung einer Datenstrategie ermöglichen, bei der diejenigen, die die Autorität zur Entscheidungsfindung haben, und diejenigen, die über das Wissen für gute Entscheidungen verfügen (und dabei geschäftliche, datengestützte und technologische Perspektiven vertreten), zusammengebracht werden.

Wie würden Sie einem neuen Leiter/-in der Data Governance empfehlen, das Bewusstsein zu schaffen und die Zustimmung des Senior Managements für die Relevanz der Erarbeitung einer integrierten, horizontalen Datenstrategie als Grundlage für ein erfolgreiches Datenmanagementprogramm zu gewinnen?

Um Bewusstsein und Zustimmung für eine Datenstrategie zu schaffen, geht es vor allem um das „Warum?". Warum sollte ich mir darüber Gedanken machen? Warum ist das wichtig? Nehmen Sie sich die Zeit, relevante Beispiele zu sammeln, um zu zeigen: „Was hat das für Vorteile für Sie?" (WIIFT- What's In It For Them), wenn sie eine Datenstrategie unterstützen. Es gibt eine

Reihe von sogenannten Business-Impact-Techniken, die hierbei hilfreich sein können. Um einige zu nennen: Sammeln Sie Anekdoten und erzählen Sie die Geschichte, die Daten und Datenstrategie für Ihr Publikum zum Leben erweckt; „Verbinden Sie die Punkte" zwischen Daten, der Rolle der Datenstrategie und Geschäftsanforderungen; zeigen Sie das Risiko, das mit dem Fehlen einer Datenstrategie verbunden ist, usw.

Suchen Sie sich diejenigen aus, die bereits die Bedeutung guter Daten verstehen. Das sind oft diejenigen, die bereits die Auswirkungen von Datenqualitätsproblemen gespürt haben und erlebt haben, wie ein Mangel an hochwertigen Daten ihre Geschäftspläne zunichte gemacht haben.

Arbeiten Sie zunächst mit denjenigen zusammen, die mit Ihnen zusammenarbeiten möchten. Ihre Erfolge werden andere anziehen, die später hinzustoßen können. Wenn Sie einen einflussreichen Gegner haben, versuchen Sie, seine Opposition zu verstehen. Er könnte legitime Bedenken haben, die Sie ausräumen können. Suchen Sie nach Personen, die diesen Gegner beeinflussen können oder zumindest dazu bringen können, den Protest einzustellen.

Pflegen Sie Ihr Netzwerk aus datenfreundlichen Partnern oder Verbündeten auf allen Ebenen der Organisation. Geben Sie ihnen die Worte, um zu kommunizieren. Ermutigen Sie sie, zuzuhören, und fordern Sie Maßnahmen von ihren eigenen Netzwerken an. Sie können nicht alle selbst erreichen.

Entwickeln Sie Kommunikations-, Sensibilisierungs- und Change-Management-Pläne und setzen Sie diese um. Arbeiten Sie mit anderen in Ihrer Organisation zusammen, die über diese Kompetenzen verfügen. Denken Sie daran, dass die Zusammenarbeit mit Menschen und die Berücksichtigung menschlicher Faktoren (habe ich das schon oft genug betont?) Ihre Arbeit an der Datenstrategie nicht behindern – sie ist vielmehr ein wesentlicher Bestandteil Ihrer Arbeit. Und sie ist für Ihren Erfolg unerlässlich!

7.8. Abschließende Bemerkungen

Dieses Werk wurde von einflussreichen Büchern sowie von Expertinnen und Experten im Bereich Datenmanagement inspiriert. Wenn es für Sie eine Inspirationsquelle werden kann, hat sich der Aufwand gelohnt!

Ich ermuntere Sie, die begleitende Website des Buches zu besuchen, um Vorlagen, Fallstudien, Beispiele von Canvases und vieles mehr zu finden.

7.9. Begleitende Website

Auf dieser Website finden Sie:

- Einige Bilder aus dem Buch
- Einsatzbereite Vorlagen
- Beispiele ausgefüllter Canvases
- Ressourcen zum Thema des Buches
- Ein Forum, um Ihre Kommentare, Erfahrungsberichte und Erfahrungen bei der Anwendung der PAC-Methode zur Datenstrategie zu teilen

https://segda.mx/

Folgen Sie mir:

https://www.linkedin.com/in/marilul/

marilu.lopez@segda.com.mx

https://segda.com.mx/

Glossar

In diesem Abschnitt werden die wichtigsten in diesem Buch verwendeten Begriffe aufgelistet, deren klare Definition von wesentlicher Bedeutung ist. Es wurde folgende Konvention befolgt: *Kursive Schrift* stellt die Definition aus der angegebenen Quelle dar, während normale Schrift die Bedeutung innerhalb dieses Buches widerspiegelt.

Agil	*sich schnell und leicht bewegen können (Quelle: Oxford Dictionary).* Merkmal der PAC-Methode zur Datenstrategie, welches die schnelle Erstellung von Datenstrategien auf einfache Weise ermöglicht.
Artefakt	*Ein Gegenstand, der von einem Menschen hergestellt wurde (Quelle: Oxford Dictionary).* Jedes Objekt, das als Beweis für eine etablierte Praxis verwendet werden könnte. Wird verwendet, um die Reifegradstufe als Teil einer Datenmanagement-Reifegradbeurteilung basierend auf Nachweisen zu belegen. Ein Artefakt kann ein Dokument, eine E-Mail-Verteilerliste, Sitzungsprotokolle, Prozessdokumentation usw. sein.
Strategische Unternehmensziele	Die übergeordneten Leitlinien zur Steuerung einer Organisation oder eines Unternehmens werden in einem Plan zur Zielerreichung festgelegt.
Canvas	*Ein Stück Leinwand (ein starkes, schweres, raues Material, das zur Herstellung von Zelten, Segeln usw. verwendet wird) zum Malen (Quelle: Oxford Dictionary).* Eine einzelne Folie, auf der komplexe Ideen oder Konzepte so synthetisiert werden, dass sie leicht verständlich sind, beispielsweise ein Business Model Canvas oder ein Data Management Canvas.
Fähigkeit	Fähigkeit (etwas zu tun/zum Tun von etwas). Die Fähigkeit oder die Qualitäten, die erforderlich sind, um etwas zu tun (Quelle: Oxford Dictionary). Eine Fähigkeit ist die Befähigung, eine bestimmte Maßnahme auszuführen, normalerweise im Zusammenhang mit Prozessen. Eine Fähigkeit kann als Teil des geschäftlichen Alltags etabliert werden, beispielsweise in Form eines Prozesses, einer Reihe von Richtlinien, einer Reihe von Rollendefinitionen und -zuweisungen usw.
Kommunizierbar	*Dass jemand einer anderen Person eine Idee mitteilen kann (Quelle: Oxford Dictionary).* Dies ist ein Merkmal der PAC-Methode zur Datenstrategie, das das Lesen und Verstehen erleichtert.
Kommunikationskanäle	Alle Mittel zur Übertragung einer Nachricht innerhalb einer Organisation/eines Unternehmens. Dazu können physische oder elektronische Ankündigungsboards, gemeinsame Räume, E-Mails, Treffen und Lunches, Town-Hall-Meetings usw. gehören.

Kritisches Datenelement	*Ein Datenelement, das an ein kritisches Geschäftselement ausgerichtet ist und als wesentlich wichtig erachtet wird (Quelle: EDMC DCAM).* Ein kritisches Datenelement (CDE) ist ein Datenelement, dessen Nicht-Erfüllung der erforderlichen Datenqualitätsstufen operative, finanzielle oder reputationsbezogene Auswirkungen verursachen kann.
Daten	*Es repräsentiert Fakten über die Welt und ist ein relevanter Vermögenswert für die Organisation (Quelle: DAMA-DMBOK®, 2. Auflage).*
Datenvermögenswert	*Als Datenvermögenswert wird jede Entität bezeichnet, die aus Daten besteht. Eine Datenbank beispielsweise ist ein Datenvermögenswert, der aus Datensätzen besteht. Ein Datenvermögenswert kann eine System- oder Anwendungsausgabedatei, eine Datenbank, ein Dokument oder eine Website sein. Dazu kann auch ein Service gehören, der bereitgestellt wird, um auf Daten aus einer Anwendung zuzugreifen. Ein Service, der einzelne Datensätze aus einer Datenbank zurückgibt, wäre beispielsweise ein Datenvermögenswert. Ebenso wäre eine Website, die Daten als Antwort auf spezifische Anfragen zurückgibt (z. B. www.weather.com), ein Datenvermögenswert. (Quelle: NIST CSRC)*
Datenkonsumenten	*Jede Person, jedes Team oder jedes System, das Daten nutzt. Der Begriff wird verwendet, um zwischen Datenproduzenten (die Daten erstellen) und denjenigen zu unterscheiden, die Daten nutzen. Ein Datenkonsument für einen Prozess kann ein Datenproduzent für einen anderen Prozess sein. (Quelle: (Sebastian-Coleman, 2022))*
Datendomäne	Eine logische Gruppierung von Daten, die Dinge beschreiben, die für die Organisation relevant sind (Kunden, Produkte, Mitarbeiter usw.)
Data Governance	*Die Ausübung von Autorität, Kontrolle und gemeinsamer Entscheidungsfindung (Planung, Überwachung und Durchsetzung) über die Verwaltung von Datenvermögenswerten (Quelle: Data Governance Institute, Gwen Thomas)*
Data-Governance-Fähigkeiten	Eine Reihe von Kapazitäten zur Etablierung der Data-Governance-Praktiken (z. B. Definition einer Data-Governance-Strategie, Festlegung von Rollen und Verantwortlichkeiten, Etablierung eines Finanzierungsprozesses usw.)
Data-Governance-Praktiken	Kontinuierliche Ausführung der Data-Governance-Fähigkeiten.
Strategische Ziele der Data Governance	Höchstrangige Leitlinien zur Lenkung der Implementierung und Ausführung der Data-Governance-Praktiken.
Datenmanagement	*Die Entwicklung, Ausführung und Überwachung von Plänen, Richtlinien, Programmen und Praktiken, die den Wert von Daten- und Informationsvermögenswerten während ihres gesamten Lebenszyklus bereitstellen, kontrollieren, schützen und verbessern (Quelle: DAMA-DMBOK® 2. Auflage)*

Datenmanagement-Funktionen	Jede der verschiedenen Disziplinen, die zusammen auf kohärente Weise arbeitend die Datenmanagement-Funktion darstellen (Data Governance, Datenbankarchitektur, Datenmodellierung, Datenspeicherung, Datensicherheit, Datenintegration, Dokument- und Content Management, Master Data und Referenzdaten, Data Warehousing, Metadatenmanagement und Datenqualitätsmanagement)
Strategische Ziele des Datenmanagements	Die höchstrangigen Leitlinien zur Lenkung eines Datenmanagementprogramms.
Datenschmerzpunkte	Negative Auswirkungen in der Organisation, die sich aus Problemen im Zusammenhang mit Daten ergeben.
Datenprinzipien	*Prinzip: ein Gesetz, eine Regel oder eine Theorie, auf der etwas basiert (Quelle: Oxford Dictionary).* Datenprinzipien sind jene Regeln, die in der Datenausrichtungsstrategie definiert sind, um das Verhalten von Personen innerhalb der Organisation in Bezug auf Datenvermögenswerte zu lenken.
Datenanbieter	Interne Organisationseinheiten oder externe Entitäten (Organisationen/Unternehmen), die Daten produzieren.
Datenstrategien	Die höchstrangigen Leitlinien in einer Organisation zur intelligenten Zuweisung von Ressourcen für eine integrierte Zusammenarbeit, um datenbezogene Ziele zu erreichen und zum Erreichen strategischer Geschäftsziele beizutragen.
Datenstrategiezyklus	Dritte Komponente der PAC-Methode zur Datenstrategie, bestehend aus zehn Schritten, um vom Definieren des Anwendungsbereichs und der beteiligten Zielgruppen bei der Definition der Datenstrategien auszugehen, durch die Erstellung jedes verschiedenen Typs von Datenstrategien zu gehen, diese zu kommunizieren und mit der Integration in die strategische Unternehmensplanung zu enden. Dies ist ein jährlicher Zyklus, um die Datenstrategien mit der Unternehmensstrategie abgestimmt zu halten.
Datenbezogene Verhaltensweisen	Systematische Maßnahmen, die von den an Daten beteiligten Personen durchgeführt werden, aber Praktiken im Datenmanagement und eine solide Datenkultur nicht unterstützen.
Design Thinking	*Design Thinking ist ein nicht-linearer, iterativer Prozess, den Teams verwenden, um Benutzer zu verstehen, Annahmen zu hinterfragen, Probleme neu zu definieren und innovative Lösungen zu prototypisieren und zu testen. Mit fünf Phasen -Einfühlen, Definieren, Ideen entwickeln, Prototypen erstellen und Testen - ist es am nützlichsten, um schlecht definierte oder unbekannte Probleme zu lösen. (Quelle: Interaction Design Foundation)*
Domäne	*Die vollständige Menge aller möglichen Werte, die einem Attribut zugewiesen werden können. (Quelle: (Hoberman, 2016))*

Unternehmensstrategie	Die höchstrangigen Leitlinien zum Betreiben eines Unternehmens.
Entität	*Eine Sammlung von Informationen über etwas, das das Unternehmen als wichtig und erfassenswert erachtet. Ein Substantiv oder eine Nominalphrase identifiziert eine spezifische Entität. Sie passt in eine von mehreren Kategorien: wer, was, wann, wo, warum oder wie. (Quelle: (Hoberman, 2016))*
Großunternehmen/Großorganisation	Mehr als 1500 Mitarbeiter oder Freiwillige. Lokale oder multinationale Präsenz.
Mittelständisches Unternehmen/Mittelständische Organisation	Mehr als 50 Mitarbeiter oder Freiwillige und weniger als 1.500. Lokale oder multinationale Präsenz.
Partner	Organisationseinheiten oder Stakeholder, die aufgrund ihrer Rolle in der Organisation und ihrer Abhängigkeit von Daten gute Verbündete für das Datenmanagementprogramm sind.
PAC	Pragmatisch, Agil und Kommunizierbar/Vermittelbar. Merkmale der in diesem Buch beschriebenen Methode zur Datenstrategie.
PMO	*Project Management Office.* Normalerweise ein guter Kandidat, um ein Partner des Data-Governance-Teams zu werden.
Pragmatisch	*Probleme auf praktische und vernünftige Weise lösen, anstatt feste Ideen oder Theorien zu haben. (Quelle: Oxford Dictionary))*
Kleinunternehmen/Kleine Organisation	50 oder weniger Mitarbeiter oder Freiwillige.
Kontakte knüpfen	Mit jemandem zusammentreffen, um eine Idee, einen Vorschlag, eine Initiative oder den Fortschritt eines laufenden Vorhabens zu kommunizieren.
Strategische Initiative	Ein Programm (eine Reihe von Projekten) mit Sponsoring und Sichtbarkeit auf der höchsten Ebene der Organisation (z. B. Fusionen und Übernahmen, digitale oder kulturelle Transformation, neue Systemakquisition, Systemmigration usw.)
Strategie	*Strategie ist die **höchstrangige Leitlinie** für eine Organisation, die Aktivitäten auf die **Erreichung artikulierter Ziele** konzentriert und Richtung und spezifische Leitlinien bietet, wenn sie mit einer Reihe von Entscheidungen oder Unsicherheiten konfrontiert ist. (Quelle: (Aiken & Harbour, 2017))*

Literaturverzeichnis

Aiken, P., & Harbour, T. (2017). *Data Strategy and the Enterprise Data Executive.* Technics Publications.

Alexander Osterwalder. (2005). *Canvas.* Abgerufen aus Strategyzer: https://www.strategyzer.com/business-models-the-toolkit-to-design-a-disruptive-company

Britannica Dictionary. (2022). Abgerufen aus https://www.britannica.com/dictionary/capability

DAMA International. (2010,). *Data Management Dictionary.* Abgerufen aus DAMA International: Https://dama.org

DAMA International. (2017). *Data Management Body of Knowledge.* Technics Publications.

DAMA International. (2017). *The DAMA Guide to the Data Management Body of Knowledge (DAM A-DM BOK).* Bradley Beach, NJ: Technics Publications, LLC.

Data Literacy Project. (2021). *The Seven Principles of Data Literacy.*

DATAVERSITY. (2021, October 12). Abgerufen aus Data Topics: https://www.dataversity.net/data-management-vs-data-strategy-a-framework-for-business-success/

Edvinsson, H. (2020). *Data Diplomacy.* New Jersey: Technics Publications.

Enterprise Data Management Council. (2021). *DCAM Data Management Capability Assessment Model 2.2.* EDM Council.

Gartner Group. (2018). Getting Started With Data Literacy and Information as a Second Language: A Gartner Trend Insight Report.

Geeks for Geeks. (2021, November). *Geeks for Geeks What is Semi-structured data?* Abgerufen aus Geeks for Geeks: https://www.geeksforgeeks.org/what-is-semi-structured-data/

Hoberman, S. (2016). *Data Modeling Made Simple.* New Jersey: Technics Publications, LLC.

Inmon, W., Lindstedt, D., & Levins, M. (2019). *Data Architecture A Primer for the Data Scientist Second Edition.* London: Elsevier.

Knight, M. (2021). *What is Data Strategy.* Los Angeles, California: DATAVERSITY.

Manifesto, T. L. (2016). *Leader's Data Manifesto.* Abgerufen aus Dataleaders.og: https://dataleaders.org/manifesto/

Merrian Webster Dictionary. (2022). *Merriam Webster Dictionary - Capability*. Abgerufen aus Merriam Webster Dictionary: https://www.merriam-webster.com/dictionary/capability

Plotkin, D. (2021). *Data Stewardship, second edition*. London: Elsevier.

Sebastian-Coleman, L. (2022). *Meeting the Challenges of Data Quality Management*. London: Elsevier.

Seiner, R. S. (2014). *Npn-Invasive Data Governance*. Basking Ridge, NJ: Technics Publications, LLC.

Simon, H. (2019). The Sciences of the Artificial Third Edition. Boston: The MIT Press.

Stadler, C., Hautz, J., Matzler, K., & Friedrich von den Eichen, S. (2021). *OPEN STRATEGY: Mastering Disruption From Outside the C-suite*. London: England.

TechTarget. (2022). *What is digital transformation?* Abgerufen aus Techtarget Search CIO: https://www.techtarget.com/searchcio/definition/digital-transformation

Wallis, I. (2021). Data Strategy: from definition to execution. BCS.

Wikipedia. (2022). *Digital Transformation*. Abgerufen aus Wikipedia English: https://en.wikipedia.org/wiki/Digital_transformation

Index